思想觀念的帶動者

文化現象的觀察者

本土經驗的整理者

生命故事的關懷者

心靈工坊 PsyGarden

PsychoHistory

歷史的回望
心路的探索
權力的抉擇
人性的反思

L' ÉTRANGER, L'IDENTITÉ

Essai sur l'intégration culturelle

民族という虛構

民族的虛構

小坂井敏晶
Toshiaki Kozakaï

林暉鈞 ——————— 譯

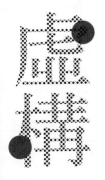

目錄

—推薦序—

睡著也好醒來也罷：讀《民族的虛構》

盧郁佳／作家

「在現代，人們說『上帝已死』，但上帝的概念卻成了幽靈，在社會上飄蕩。」哈哈哈哈！居然拿《共產黨宣言》當內哽！他是史努比嗎（坐在狗屋頂上敲打字機，寫小說每次開頭都是「這是一個黑暗的暴風雨夜晚」，諧擬歌德小說令人噴飯）？小坂井敏晶的前作《上帝的幽靈：現代性的故事》，魔改馬克思《共產黨宣言》——「一個幽靈，共產主義的幽靈，在歐洲上空飄蕩。」他說上帝死後變成鬼，鬼就是人類信仰的自由意志，因為自由意志像上帝一樣也是虛構的。就像怪談故事以「醒醒吧你沒有兒子」結尾，自由意志也不存在。哇靠！這真是我聽過最恐怖的鬼故事，我們住在自由意志作祟的鬼屋裡毫不知情，興高采烈地合理化險象環生的一切。

而《民族的虛構》同樣源遠流長。馬克思指出，下層經濟結構決定意識形態上層結構。葛蘭西（Gramsci）在《獄中札記》修正說，下層結構「制約」、而非「決定」上層結構。文化霸權繁複多層，每個人生存都有賴於特定的不同建構，看似擁有自由意志，實則不察建構的誤導。韋伯在《經濟與社會》說明民族不是先驗存在，而是組織共同體過程發明的概念。傅柯的《規則與懲罰》、《知識的考掘》，闡述歷史、知識生產被現實權力所扭曲。薩伊德的《東方主義》，指出西方社會人工製造出西方比東方優越的神話，合理化列強侵略。安德森則在《想像的共同體》主張民族是社會想像建構的共同體，他比較了史實和民族主義宣傳，揭穿其中的不合邏輯。

日本原本存在崇歐美、輕亞非的現象，現在卻要廣納亞非移民才能維持經濟不墜，也需要與國內賤民、在日朝鮮人和解共生。小坂井敏晶《民族的虛構》為此迎戰種族歧視，繼續前述眾人未竟的旅程，拆解民族、人種概念的虛妄。從各國教科書如何打造民族神話，洗地隱惡揚善，到歐洲學界不敢碰的禁忌黑歷史，勁爆八卦絕無冷場。我們眼中的客觀現實，原是前人為蒙混過關而硬湊的草率對策。譬如殖民御用學者比較頭顱比例長短，見獵心喜，以為逮到證據證明北歐人比南歐人優越，不料反而證明非洲黑人更優越，灰頭土臉無語撤退。各種神話雖然破綻百出，卻沒過幾代就被信以為真。全書後半遂從社會心理學來分析誤導如何成真，可謂社群媒體的認知作戰教科書，也是反洗腦教科書。

作者不愧金句王，如《黑天鵝效應》作者塔雷伯般博學強記、犬儒詼諧，以離經叛道姿態，迴劍一挑點破俗見的荒謬，優雅洗臉對手「這種概念、這種提問本身就有問題」，有如「我是說，在座的各位都是笨蛋」連發，而讀者仍滿堂笑聲不絕。讀者像書中社會心理學實驗的受試者，在解盲後得知，不但「我的意志不是我的意志」，而是同儕壓力的結果，還遭無意識玩弄，像書中教授，受到天啟學術靈感的恩寵，大叫「我發現了」，卻當眾得知，這偉大創見，原是被他嗆爆的學生作業。讀者頓悟了生存的虛矯、笨拙和尷尬，驚聲尖笑。在簡化、選擇性認知、同溫層互相增強、制度歧視等防衛蒙蔽下，如電影《父親》中的失智老人安東尼．霍普金斯般，回神意識到先前認知的架空不實，卻又苦笑、安慰地認同俗見的社會功能。

本書推論輕巧銳利，讀來像看 Netflix 請濱口龍彥拍的本書影集版。濱口龍彥《睡著也好醒來也罷》的女主角在社會建構中拒斥衝動、焦慮徬徨，逃向自由意志，最終反悔。這將令觀眾體悟，每個自由意志的抉擇，背後都有社會建構與心理操縱層面，像剝洋蔥般層層無盡。社會建構（睡著）也好，自由意志（醒來）也罷，自由意志的甦醒，也許就只在點破社會建構的一瞬。

—譯者序—

膚淺的前提，只能導向致命的錯誤：《民族的虛構》譯序

林暉鈞

以下所說的想法，都受限於我個人的知識與直接經驗。

不論宗教、性別、年齡，大多數人（當然不是全部）認識世界的框架都有一個共通點，那就是認為「追求利益是驅動、規範人類行為——不論個人或團體——最主要的動力」。妯娌姑媳互相指責對方自私；左派人士譴責資本主義為了利潤而剝削勞工；而許多人解釋，性騷、性侵犯是為了滿足自己的性慾。換句話說，我們認為「人為了自己的利益，不惜傷害別人」。

真的是這樣嗎？真的只有這樣嗎？

在紹興社區的土地紛爭中，遭到台灣大學迫遷的紹興社區居民就是這樣想的。所以除了訴諸輿論的同情之外，他們絞盡腦汁，尋找在不需要迫遷居民的狀況下，不會影響、甚至可以增進台大利益的方案。但是台大完全不為所動，堅持用訴訟排除居民。終

於經過十幾年，居民老的老、死的死，剩下來的失去家園，流離失所，還要賠償數十萬的「不當得利」。而台大獲得完全的勝利之後，真的依照原訂的計畫將土地交給建商開發，獲得十幾億的新台幣了嗎？不，沒有。趕走所有的居民之後，台大毫無作為，讓那塊土地成為雜草叢生的荒地。台大真正要的是什麼？

中共宣稱他們之所以武力威脅、恫嚇台灣，是為了打擊台獨勢力，收復台灣，因為「台灣是中國不可分割的一部分」。但是他們付出可觀的成本，所達到的卻與他們宣稱的目的正好相反。國共和解、中國開放之後，台灣的資金、人才大量湧進中國。商人看到商機，還沒斷奶的文人投射母親的形象；更多的一般人，不論是為了拓荒冒險或緩解鄉愁，總之對中國充滿幻想。如果中共持續釋出善意，甚至什麼都不做，兩岸早就統一了；所謂的台灣意識，根本是中共親手培養出來的。他們追求的到底是什麼？

的確，「人為了自己的利益，不惜傷害別人」，但不只這樣。更多的時候，「人為了傷害別人，不惜損害自己的利益」。不論團體或個人，而且不限於窮凶惡極的罪犯。傷害別人的衝動存在於大多數人身上，包括狀似無害的「善良百姓」，包括你我。很多人說，人之所以傷害別人是因為缺乏「同理心」，但這是自欺。大部分虐待媳婦的婆婆都曾經是某個人的媳婦。正因為能感受到對方的痛苦，所以樂在其中。只是這個事實太過沉重，大部分人不願意承認而已。

我當然是在借版面控訴，但不僅如此。我也知道「人性」很複雜，不像我說的那麼簡單。但我想表達的是，在提出任何倫理的主張、擬定任何對策之前，我們必須誠實地面對這個問題：「人到底是什麼樣的生物？」而且我們必須知道，任何答案都只能是暫時的；我們不能停止觀察、思考、實地研究。膚淺的前提，只能導向致命的錯誤。

這就是為什麼我選擇將這本《民族的虛構》翻譯成中文的理由。至於其內容如何，就讓作者小坂井敏晶先生自己說吧！

序言

南斯拉夫與蘇聯的瓦解、非洲諸國的內亂、巴勒斯坦問題等等，有關民族的話題多到說不完。但，到底什麼是民族？

在漫長的歷史中，歐洲吸收了許多移民；美國、加拿大、澳洲，更是由移民建立的國家。但即使在這些地方，民族問題仍然是個重要的議題；人們從政治、經濟、教育等角度，摸索各種可能的解決方案。法國的普遍主義、德國的血統主義，以及美國等國家所標榜的多元民族、多元文化主義，其各自的優劣利弊為何？我們應該採取哪一種想法，以作為形成國族（Nation）的原理？這些問題，受到熱烈的討論。

不久之前——雖然已經嫌遲了——日本也開始流行「多元文化」、「混種文化」（法：créole）等詞語。提倡對外開放的國族概念，已成為時代的趨勢。然而，人們依然相信民族是確實存在的東西，將民族視為根源性的群體單位。舉例來說，人們認為庫德族人與朝鮮人等，原本就是應該各自整合為一個共同體的民族，只是因為人為的政治因素，被分割為數個不同的國家。在這裡，我們可以看到這樣的觀念——民族是基於血緣的、自然發生的單位。

近年來，人們逐漸放棄均質單一的國族觀念。人們發現，不僅那些由外部移民所建立的國家——如美國、加拿大、澳洲等等——就算是俗稱「單一民族國家」的日本、德國，也是由多種不同起源的群體，在歷史中融合而成的。於是國族被比喻為分子般的存在，而民族則被視為更根本的構成單位，被賦予原子一般的實體性角色。但事實上，原子並不是最終的基本粒子；而且無論我們如何繼續細分下去，恐怕也無法找到可以賦予它實體性地位的終極單位。民族也是如此；想要將民族視為具有實體性質的基礎單位，這個想法本身就有問題。

即使是以肯定的態度使用多元文化、混種文化等等概念，背地裡仍然暗中假定民族的實在性。有些人提議，不應該以「混種性」的靜態觀念來理解民族，而應該將民族視為一種「混種化」的動態運動。然而，只是確認雜種性與多樣性的歷史事實，或是將雜種性與多樣性視為未來的目標，並不能對「將民族視為本質」的想法，構成根本的批判。

這一類的想法，和反對人種歧視的人常常援用的主張——「世界各地都有混血的情況發生，這世上已經沒有純粹的人種存在」——在某些地方相似。這樣的常識其實是錯誤的。必須注意的是，「混血」的概念本身，在邏輯上原本就假定純粹人種的存在。但所謂的純粹人種，自遠古以來，從來就沒有存在過。人種並非具有客觀根據的自然群體，而僅僅是人為構成的統計範疇。同樣地，民族概念的存在意義本身也必須受到質疑。從邏輯的觀點來看，混種、多樣、多元、雜種這些概念本身，原本就已經包含其對立的概念在內，也就是純粹性。不論我們如何使用混種化、多樣化、多元化、雜種化這些詞語來強調向未來開放的變化可能性，這個邏輯上的事實也不會改變。本書想做的事，是從最根本的問題出發——民族到底是否存在？如果存在，其意義是什麼？——並尋找新的觀點，以重新審視各種民族現象。

日本每年大約有九十萬人死亡，一百二十萬左右的嬰兒出生。只要經過一百年，構成「日本人」這個集合的元素，就會全部汰換完畢。儘管如此，我們還是覺得民族保有同一性，這是為什麼？文化連續性的根據在哪裡？在不斷變化的眾多元素之外，另外有某種始終保持同一的本質性元素或結構存在嗎？如果事實上這種不變的元素或結構並不存在，那麼到底是什麼樣的社會與心理機制，造成我們同一性的錯覺？

本書的論述，基於一個一貫的主張——民族同一性是建立在虛構之上的現象。但這絲毫不表示民族不能行使現實的力量。一般認為虛構與現實是相反的概念，但這樣的常識正是問題所在。

此外，如果不談論記憶的作用，無法探討民族的現象。那麼，什麼是民族的記憶？養育民族的集體記憶中，包含了大量的缺漏與杜撰。但是，我們不能只用否定的角度來看待這種遺忘與扭曲。民族同一性，根本上是由記憶的作用決定的——本書在確認這件事實的同時，也要說明記憶與遺忘、扭曲之間不可分的關係。

但這樣的看法——「儘管是虛構，卻能產生事實」——是消極的；事實上，現實之所以能形成，正因為有虛構的存在。因此我打算更往前跨出一步，揭露虛構與現實之間積極的互補性。而就是這樣的互補性，將虛構與現實結合在一起。我將一方面探討各種民族問題的具體事例，一方面指出，「記憶與遺忘」、「虛構與現實」、「變化與連續」這些成對的概念不但不是反義詞，而且彼此具有密切的關係。

本書雖然以民族作為考察的中心，但同時也要探討更為一般性的問題——什麼是集體現象？支持集體的是什麼樣的邏輯結構？為什麼「個人」這種元素聚集起來，不單單成為集合，而是形成具有內部結構的集體？人與人之間難以切斷的紐帶（日語：絆）來自何處？不僅如此，什麼是集體責任？當我們主張現在活著的人必須為國家過去所犯下的罪行負責，這麼說是什麼意思？對於這些問題，我也想試著提出某種解答。

最後，我想以考察上述問題所得到的知識與見解為基礎，嘗試構築「開放性共同體」的概念。如果要維護多元出身民族各自的特性，建立一個少數派不會受到壓抑的社會，我們應該怎麼做？以加拿大與美國的多元文化、多元民族主義為目標嗎？還是將人類的未來帶向以法國為代表的普遍主義？我將在本書中揭露，多元文化、多元民族主義與普遍主義暗地裡引為根據的認識論，並其問題。同時我也將指出，「何者才是正確的」這種二選一的想法本身，正來自人們對民族的淺薄見解。

一第一章一

民族的虛構性

民族與人種

讓我們從檢討「民族」這個用語開始吧！這是個我們都非常熟悉的字眼。想知道一個詞語在日常會話中表示什麼意思，查閱一般辭典比專業字典更好。舉例來說，《廣辭苑》（第五版）是這樣定義「民族」的：

具有同源意識的人們，因為共有相同的文化傳統而在歷史上所形成的群體。在文化的各層面當中，共同的語言特別受到重視；宗教或營生方式的型態成為民族傳統的情況亦常見。民族雖然是構成社會生活的基本單位，但其成員不必然居住在同一特定區域之內，而多個民族共存的社會也很多。此外，民族與人種或國族

（Nation）的範圍，亦不必然是一致的。

首先可以確認的是，人們為民族分類的根據是語言、宗教、營生型態等等文化要素，而不是身體的性狀（Phenotypic trait，又稱為特徵、特性或形質）。那麼，在這個定義中被視為對比概念的「人種」，一般使用下的意義又是什麼？讓我們再一次參照《廣辭苑》的定義：

基於生物學特徵以區分人類的單位。綜合膚色、頭髮、身高、頭型、血型等等性狀以進行分類。一般分為高加索人種（Caucasoid，類白色人種群）、蒙古人種（Mongoloid，類黃色人種群）、尼格羅人種（Negroid，類黑色人種群）等三大人種群，但亦有加上澳洲人種（Austroloid，類澳洲人種群）、開普敦人種（Capoid，科依桑人種群），分成五大類的方式。

根據上述的說法，在通常的理解與使用方式中，人種的概念是以先天的生物學性狀作為分類基準的範疇。相對地，民族則是以文化這種後天的特徵作為分類基準的範疇。

但實際上，民族與人種這兩個概念的差異，並不像這個定義所說的那麼明確。《廣辭苑》對民族的定義，雖然沒有直接談到血緣關係的有無，但我們可以從「同源意識」

這個詞語看出，定義民族的基準不只是文化特徵；人們對民族的認知，還包含了「來自共同祖先、延續血統的團體」。馬克思・韋伯（Max Weber, 1864-1920）也在主要著作《經濟與社會》中提到，理解民族概念的重要因素之一，是「擁有共同祖先」的信念。

> 就算實際上沒有真正的血緣關係，那些因為外貌或習慣的類似性，或是殖民或移民的記憶，而抱有「共同祖先」的主觀信念之人類群體，我們稱之為「民族」群體。這個信念在共同體的組織化過程中，扮演了重要的角色。血緣關係實際上是否存在，並不構成問題。[1]

我們將在這一章，批判對民族的本質論看法。首先我們將思考人種的概念，並指出以下的事實——人種無法以客觀的方式定義，而只不過是在歷史脈絡中形成的主觀範疇。雖然乍看之下，人種與民族是兩個不同的概念，但仔細觀察其邏輯形式就會發現，它們背後的思考方式是相同的。因此，釐清人種概念的問題，將有助於我們破除以血緣或特有文化內容定義民族的本質論迷思。

1 原註：M. Weber, *Wirtschaft und Gesellschaft*, Mohr, 1956 (tr. fr. *Economie et société*, Plon, vol. 2, 1995, p. 130)

支持人種概念的詭辯

日語中的「人種」一詞因為包含「種」這個字，一般來說很容易引起誤解（譯按：中文也是一樣）。「種」（species）是生物分類學的基本（最小）單位。傳統的生物分類學，將生物全體首先分為「動物界」與「植物界」兩大範疇，以下再依序細分為「門」、「綱」、「目」、「科」、「屬」、「種」等下位概念。

「人種」一詞相當於英語中的「human race」，而「race」是比「種」（species）更下位的區分；如果是人類以外的生物，我們翻譯為「亞種」、「品種」等等。雖然我們用「人種」來表示人類的「race」，但不能與「種」的概念混為一談。

「種」的概念，是由個體間的生殖可能性來定義的。但除此之外的單位，不論是「種」的上位概念或下位概念，都不是透過客觀基準定義出來的概念，而僅僅是一種學術界的習慣而已。[2]

不論是屬於任何人口群體的人類之間，都有交配的可能，因此人類只構成一個「種」。生物學家之所以不再使用「人種」這個概念，並不是因為人道的考量（不願意助長種族歧視），而是因為這個概念本來就沒有意義。

所謂的人種，並不是具有客觀根據的自然群體，而只不過是人為區分出來的統計範疇。只要把著眼點放在不同的身體特徵（身高、體型、頭髮、血型、膚色、虹膜的顏色、頭型、鼻型、唇形、體毛的濃密度等等），分類的方式也會隨之不同。舉例來說，如果是以頭型作為基準，那麼北歐人更接近非洲人，而不是接近義大利人或法國人等等南歐的居民。如果考慮到鼻型，那麼伊努特人（愛斯基摩人）和北歐人一樣有狹窄的鼻孔，和非洲人或亞洲人非常不同。即使是以血型分布的頻度作為基準，不論採用ABO、Rh或是Kell血型系統，都會產生不同的分類結果。[3]

我們找不到任何理由來忽略某種性狀而重視其他性狀。「黑色人種」、「白色人種」、「黃色人種」是最為人熟知的三個範疇，但其他的分類方式也當然是可能的。話說回來，自然人類學對於人類應該分為幾個人種，連「數量」都無法形成一致的看法。十八、十九世紀的人類學家所提倡的人種分類法裡面，可以看到各式各樣的數字。確立生物分類學的林奈（Carl von Linné, 1707-1778）提議將智人（Homo Sapiens，現代人類）分成六個人種，布盧門巴赫（Johann Friedrich Blumenbach, 1752-1840）則將人類分成高加索、蒙古、衣索匹亞、亞美利加、馬來等五個人種。德尼凱（Joseph Deniker,

2 原註：即使是「種」，能夠以生殖隔離來定義的，也只有進行有性生殖的生物而已，因此連「種」的定義也不是周延的。舉例來說，細菌就是透過自我分裂來繁殖，而植物則可以異種交配。換句話說，我們找不到一種可以在全體生物界中定義「種」的客觀基準。

3 原註：J. Ruffié, *De la biologie á la culture*, Fammarion, vol. 2, 1983, p. 114-116.

1852-1918）認為應該分為十七個人種，甚至還有主張人類有六十個人種的學者。

隨著分子生物學的發展，開始有人嘗試以基因的分布狀況為基準來進行分類，並且主張自己發現了形成「黑色人種」、「白色人種」、「黃色人種」的特有因素。[4] 但必須注意的是，這種類型的主張從一開始就是邏輯顛倒的。如果先假定某個特定人種存在，在某些狀況下要找出對應於該特定人種的特有因素，並非完全不可能；但反向的邏輯推論則無法成立。即使我們發現某種因素只分布於人類的某一部分，也無法據此主張，具有該因素的個體的集合，構成了某一人種。

舉例來說，A型血液凝集原與B型血液凝集原的分布，跨越了三大人種（譯按：即黑、白、黃）的分類框架，但是沒有任何學者主張A血型個體的集合為「A血型人種」。還有，雖然現實中沒有人談到「綠眼人種」的概念，但如果我們假定「人種應該以虹膜的顏色進行分類」，那麼「綠眼人種」的分類與其虹膜的顏色是完全吻合的。以人種為根據的種種議論，都是這樣的循環論證，邏輯上是顛倒的。如果真的要證明人種確實存在，就必須先證明分類所採用的基準不是任意的。但是這樣的嘗試，有可能成功嗎？

先前我們參照的《廣辭苑》這麼寫道：「綜合膚色、頭髮、身高、頭型、血型等等性狀以進行分類」。但事實上，問題就出在「綜合」這兩個字；這裡面潛藏著很大的邏輯跳躍。

如果我們只用一個基準來定義對象，那麼要以這個基準把類似的對象集合在一起，是一件容易的事。而且，如果事先決定我們重視的基準，比方在個體的大小或者重量這兩個屬性中，只選擇其一來作為分類的基準，那麼就不會產生任何問題。但是，如果我們在進行分類的時候，同時考慮兩個以上的基準，立刻就會遭遇困難。

假設眼前有許多蘋果。這些蘋果有紅、有綠、有黃，顏色各不相同，大小也不一。而且有的很酸，有的很甜。如果我們在顏色、尺寸、酸度等性質中，只選擇一種作為基準，那麼誰都能為它們分類。但如果想要在分類的時候把所有要素都考慮進去，可就困難了。舉例來說，紅色的酸蘋果，是應該與綠色的酸蘋果分成同一類，還是與紅色但不酸的蘋果分成同一類？

如果想要同時採用兩個以上的基準，就必須決定每一種基準相對的比重；但是我們無法從資料或數據本身，得到重視某種基準勝過其他基準的理由。[5]如果是喜歡酸蘋果的

4 原註：真實的狀況是曖昧的。被指為美洲原住民特徵的 Diego(a) 因子，在不同族群間的分布率從百分之〇到百分之五十等，有極大差異。被認為是「白色人種」特有的 Kell 因子也是如此，不但分布率甚低，在居住於非洲的「黑色人種」身上，亦可確認其存在。*Ibid.*, p. 116.

5 原註：雖然有一種稱為「多變量分析」（Multivariate Analysis）的統計手法，但我們不能被它的名稱所迷惑。多變量分析的原理如下：首先決定由哪些變數構成我們所要的向量（Vektor）。接著，將各變數最終得到的相對比重——在這個階段仍是未知數——乘以各個變數。接著以加入比重的各個變數為項，作成方程式，將多元的向量還原為一元的純量

消費者，看到紅蘋果和青蘋果裝在同一個盒子裡，或許不會介意；但年終送禮的禮盒就不能這麼做——不只顏色要相同，連大小都必須一致。哪一種基準比較重要，無法由蘋果的性質本身決定，完全是人任意的選擇。

分類的行為，並非只依據對象的客觀性質進行。如果沒有分類者的主觀決定，分類根本上是不可能的。換句話說，一旦跳脫人類的認知模式，所有對象的相似度都是一樣的。一個對象雖然是由各種客觀的性質（大小、顏色、重量、形狀等等）所定義，但因為各個性質的價值是相同的，所以我們如果不預先決定這些性質的優先順序——比如決定顏色的基準比尺寸重要，或是忽略形狀的差異、只注意重量等等——分類這個行為根本不可能成立。相似性的概念如果要具有意義，我們就必須為這種種性質，制定出重要程度的差別。反過來說，所謂的分類，是由人類決定某些基準比其他基準重要的行為。分類除了表現出某種主觀的世界觀，沒有其他意義。

這裡所說的「人類的認知模式」與「由人類決定」，同時代表兩個意思：第一，由歷史形成的文化所規定；第二，由人類在生物學上被賦予的條件所規定。人類生活在與狗、蝙蝠、蚊子不同的世界；根據人類特有的、與生俱來的條件所構成的世界秩序，終究只是專屬於人類的東西，並不具有普遍性。不論某種分類形式對人類來說顯得多麼自然，也不代表它客觀反映出世界的樣貌。

以性狀來定義個體的特徵，有無數種方式，而且各性狀之間的優劣，不可能有客觀的決定標準。既然如此，從原理上來說，希望在完全撇除主觀因素的狀況下找出人種分類原則的嘗試，注定是白費工夫。[6]

「黑色人種」、「白色人種」、「黃色人種」的分類標準，是十八、九世紀的時候制定出來的，並且獲得普及。為什麼會產生這樣的分類方式？因為它符合當時西洋殖民主義的意識形態。

當歐洲人在非洲、亞洲、中東、大洋洲等各地區不斷擴大其殖民地的時候，人種理論緊跟在現實之後形成。不僅如此，人種理論之所以採用某些特定身體的性狀以作為判別人種的特徵，也是因為這樣的判別標準，有利於殖民主義的意識形態。當時的學者只重視皮膚的顏色與頭髮的形狀，而忽略身高、虹膜的顏色、髮色等等其他性狀。那是因為，歐洲人在征服其他地區、建立殖民帝國、將非歐洲人統合為二等國民的過程中，需

（scalar）。舉例來說，將身高與體重這兩個變數合併，還原為單一的變數之後，再根據下列原則——如何最大化數據整體的分散程度？如何讓預先假定的群組（group）間差異達到最大化？——計算出當初暫時乘上之相對比重（原本為未知數）。從這個程序可以看出來，考慮複數的變數時，必須引進不包含在資料或數據本身的外在條件，比如上述的「將分散程度最大化」或是「盡可能擴大假定群組間差異」等等。要同時以複數的基準進行比較，邏輯上來說是不可能的。

6 原註：關於分類的任意性，我參考了池田清彥的《分類的思想》（『分類という思想』新潮選書、一九九二年）。此外，渡辺慧的《何謂知道——認識學序論》（『知るということ——認識学序説』東京大学出版会、一九八六年）的第四章〈客體與述語〉與第五章〈語言．邏輯的相對性〉從邏輯學的立場進行了嚴密的論證，亦值得參考。

要某種方法以區別「歐洲人」與「其他人」；而身高、虹膜的顏色與髮色，並不適用於這個目的。[7]換句話說，歐洲人在支配其他地區人民的過程中，為了將所遇見的他者界定為根本上的異質存在，他們忽視這些他者與自己的共通點，而把注意的焦點放在兩者之間的差異上，藉以進行系統性的分類。他們之所以重視皮膚的顏色與頭髮的形狀，更勝於身高、虹膜的顏色與髮色，是因為這麼做有助於「歐洲人 vs. 非歐洲人」這個既定公式的成立。

有一件與頭骨指數（Cephalic index，頭蓋骨長度與寬度的比例[8]）有關的軼事趣聞，清楚地顯示出這樣的選擇基準，完全由學者本身的意識形態立場所決定。那是十九世紀中葉的事。一位瑞典的學者[9]發表學說指出，石器時代的歐洲曾經有過短頭（與長度比起來，頭蓋骨的寬度相對較大）的原始種族居住，但後來被長頭的優等人種「雅利安人」（Aryan）淘汰。依照這份學說的邏輯，將得到一個結論——因為「北方人種」（瑞典人、挪威人、德國人、英國人等等）的頭蓋骨比「拉丁人種」（法國人、義大利人、西班牙人等等）長，所以是比較優秀的人種。對於身為瑞典人的那位學者來說，這當然是個悅耳動聽的理論；但是那些被貶為劣等人種的南歐各國學者，可就無法默不做聲了。雙方開始了你來我往的論戰（實際上大多是牽強附會），同時「新學說」也接二連三地發表。

然而，支撐這場論戰的根本前提，不久之後就露出破綻。原因是這些學者們發現了一個事實——被視為最劣等人種的「非洲黑人」與「澳洲土人」，他們的頭蓋骨遠比雅利安人長。不僅如此，他們還發現那個時期出土的、舊石器時代的克羅馬濃人（Cro-Magnon），頭蓋骨也比現代歐洲人長了許多。他們若是要堅持自己的學說，就不得不承認歐洲人的歷史，是一部退化、退步的歷史。就因為這個緣故，那些胡說八道逐漸消失了蹤影。

事實上，在成長過程中，個人的頭骨指數會有顯著的變化，同時也會受到環境很大的影響。舉例來說，來自歐洲的美國移民與他們的子女之間頭骨指數的差異，就大於北歐系美國人與拉丁系美國人之間的差異。[10]

從這些例子我們可以了解，「人種」並不是一種可以用對象的客觀性質直接定義的中性的概念。

以基因分布的狀況計算個體間的距離所劃定的集合、範疇，並沒有實質的意義，頂

7 原註：P. Wade, "'Race', Nature and Culture", *Man, 28*, 1993, p. 17-34.

8 譯註：頭骨指數的計算方式如下：將頭蓋骨的最大寬度乘以一百，再除以前後的長度。當得出的數值「女大於七十五，男小於七五・九」稱為「長頭」（dolichocephalic），「女七五～八三，男七六～八一」稱為「中頭」（mesaticephalic），「女大於八十三，男大於八一・一」稱為「短頭」（brachycephalic）。

9 譯註：這位學者是瑞典的解剖學家安德斯・瑞特組斯（Anders Adolph Retzius, 1796-1860）。

10 原註：S. J. Gould, *The Mismeasure of Man* (tr. fr. *La mal-mesure de l'Homme*, Editions Ramsay, 1983, p. 111-113).

多只能表示在統計上來說，具有某種性狀的個體在該集合、範疇中數量相對較多而已。

雖然我們的語言中有「混血」這個詞語，但其實自遠古以來，就從來沒有過純粹人種這種東西。這不只是歷史事實的問題，而是從更根本的、認識論的觀點得出的結論。話說回來，原本人們就誤解了「純粹」這兩個字在這裡的意思。如果我們所說的「純粹」是與家畜的品種同樣的意思，那麼把倫理道德的問題擱在一旁，想要製造出純粹的人類團體，並不是不可能的；只要一再反覆進行近親交配，把性狀、特徵極度相近的個人集合在一起，在這個團體內部一代一代繁衍下去即可。但是在這種情況下所謂的「純粹」，只是表示各個性狀在這個團體內的分布一致而均勻——換句話說，屬於這個團體的所有個體都非常相像——如此而已，沒有更進一步的意義，與該團體各個成員的純粹性沒有關係。舉例來說，如果我們把同時具有金色捲髮、厚嘴唇、明顯的蒙古摺（內眼角的上眼皮覆蓋住下眼皮）、黑皮膚、綠色虹膜、鷹鉤鼻等性狀特徵的個體聚集在一起，那麼這個集合——以和家畜的品種同樣的意義來說——就構成了純粹人種。我們不能根據自己單純的感覺，就認為具有這些性狀特徵的個體是混血兒。各個個體的形狀特徵之間的相關關係——比如黑皮膚與黑眼珠的組合——和集合的純粹性是不同的兩件事，不能混為一談。[11]

既然人種概念的客觀根據如此薄弱，為什麼至今仍然瀰漫在大多數人的常識裡？[12]讓我們簡單地舉出幾個這一類偏見難以消除的理由。第一，人因為生活所需而必須理解、掌握外界的時候，必定會透過某種範疇化，將外界龐雜的資訊單純化。但是這分類的行為，幾乎無可避免地會造成認知上的錯覺，很容易就會將我們自己構想出來的範疇，視為實體。

平均來說，美國人的個子比日本人高，但「美國人比日本人高」這句話並不能套用到所有的人身上。兩個群體平均值的差不到十公分，但在各自群體的內部，最大值與最小值的差別至少也有五十公分。

當我們說A集合與B集合彼此不同，頂多只是表示A集合與B集合並不是由完全相同的要素所構成，如此而已；事實上A集合與B集合仍然有許多共同的要素。然而一旦我們將它們範疇化，就會產生「A集合與B集合所有內含的要素都不同」的錯覺。還有，各個集合實際上都包含了多樣的要素，然而一旦我們用單一的名稱來認識它們，又會產生「集合內部所有的要素都具有均一的性質」的錯覺。一般來說，當我們創造出A、B兩個範疇時，都有誇大A、B間差異的傾向，同時產生A、B各自的內部為均質

11 譯註：譯者認為，小坂井先生的意思是，「純粹性」是集合的屬性，並不適用於個體。

12 原註：一般來說，日本對「人種」這個概念並沒有太強烈的懷疑。實際上，不但在日常會話中頻繁地使用「人種」這個詞語來形容世界上的各個民族，甚至若無其事地使用「蒙古人種」（Mongoloid）這一類的字眼，作為書籍的正式標題。

的錯覺。[13]

第二，人的心理有一種傾向，就是只接受符合自己習慣想法的資訊，而忽視與自己習慣不符的資訊。這種選擇性認知，通常是在無意識的狀況下自然進行的。舉例來說，假設有一個人認為A這個民族的人很暴力，當他遇見符合其偏見的事實，就會確認自己的信念是正確的；但是當其他民族行使同樣的暴力行為時，他卻不容易注意到。因此，即使這個人一開始的想法並沒有根據，但由於他只接收支持自己想法的資訊，因此偏見很容易維持。[14]

第三，我們的錯誤信念，大部分是與社會其他成員共有的。因此，透過觀察周圍人們的態度與行動，經由與他人的對話，我們很容易產生錯覺，即使是毫無根據的偏見，也會覺得是對的。所以，偏見總是很難消除。

最後的第四點——即使我們的信念從一開始就是錯誤的，這樣的偏見卻能扭曲現實；我們往往會製造出符合我們偏見的狀況。舉例來說，假設女性、外國人或是身障者等等，在居住與就職的方面受到歧視。處在困難的條件下，他們很可能被迫失業，有些時候甚至被迫走上犯罪的路。這些狀況明明是歧視造成的結果，但人們卻會根據這樣的狀況來確認自己的偏見：「那些傢伙就是懶惰……能力很差……」或是「那是一些不遵守社會規則、亂七八糟的人」等等。

於是出現了惡性循環——雖然這些偏見一開始是毫無根據的，卻讓我們在現實中製造出足以「證明」我們想法的狀況。因為偏見而製造出來的狀況，反過來為最初的偏見正當化。對群體同一性的捏造來說，這種循環過程扮演了重要的角色。關於這一點，我們將在第三章詳細檢討。

以上，我們指出了人種概念的謬誤，也說明了群體同一性與範疇化的密切關聯。接下來，讓我們以批判的態度，來探討「民族」的概念。我們將會清楚地看到，民族概念所根據的邏輯，與人種非常相近。

什麼是民族？

長久以來，人們在為民族分類的時候，會考慮語言、宗教、習俗等文化要素，經濟的自律性、政治組織的型態、地理的鄰接性，或是民族的名稱等等各式各樣的因素。但

13原註：H. Taifel & A. L. Wilkes, "Classification and Quantitative Judgment", *British Journal of Psychology, 54*, 1963, p. 101-114; W. Doise, J. C. Deschamps & G. Meyer, "Accentuation des ressemblances intracategorielles", in W. Doise (Ed.), *Experiences entre groups*, Mouton, 1979, p. 281-292.

14原註：範疇化與選擇性認知這兩種心理機制，來自生物學上先天條件的限制，是人類基本認知結構的特徵，因此事實的歪曲是不可能完全避免的。但是，「人類的認知必然有某種歪曲」，和它「受到什麼樣的歪曲」，是兩個不同的問題。也就是說，生物學上的先天條件，並沒有規定事實必須以何種方式範疇化。

實際上當我們試著以這些基準來為民族進行分類的時候，各個基準所形成的分類體系之間，將會出現矛盾。舉例來說，以母語為基準被歸為同一民族的兩個人，若是換成以宗教或經濟型態、政治組織等其他基準來觀察，很可能就會被分類為不同的民族。

先前我們已經指出，光是從對象本身的客觀性質，是無法為對象進行分類的。而既然文化的特徵有許多種類，為民族進行客觀的分類是不可能的事。就像人種並不是從身體方面的因素直接導出的範疇，而是社會在歷史中建構而成的概念，同樣地，民族也是由該民族群體的成員與群體外部的人，所逐漸形成的主觀範疇。[15]

挪威的民族學者弗雷德里克·巴特（Thomas Fredrik Weybye Barth, 1928-2016）從實證的立場，批判「以固有的文化內容作為定義一個民族的基準」這種傳統的想法。他主張，我們應該注意的是被表述為不同民族的多個群體之間，人為畫出的**界線**。[16]

巴特的想法，讓我們聯想到索緒爾（Ferdinand de Saussure, 1857-1913）在語言學領域所提倡的關係主義的認識論。過去傳統的語言觀念認為，我們所指向的對象，客觀地存在於世界；而對應於這些對象的符號（單詞）的總體，就是語言。但索緒爾反對這樣的傳統語言觀念。他主張對象並非先驗地存在；相反地，對象是語言這個差異化體系所創造出來的。[17]

同樣地，巴特也反對以本質主義的方式來看待民族，而主張關係才是根源的因素。一群人的集合之所以顯現為民族，並不是因為該群體擁有固有的文化內容；而是因為人們透過範疇化，為多個群體作出區別，並且將它們視為不同的民族。同一性並非一開始就存在。事實正好相反——是差異化的運動，在事後建構了同一性。

巴特認為應該注意的是群體之間的界線，而不是其固有的文化內容。對於這樣的立場來說，要如何捕捉兩個民族之間的差異，是重要的課題。群體有無數的文化要素，想要在畫定界線的時候考慮所有的要素，是不可能的。如前所述，分類是主觀的行為；人們會將注意的焦點放在某些特定的要素，作為區隔民族的符號，而給予其他要素過低的評價，甚至完全忽視。

先前我們所參照的《廣辭苑》，舉出語言與宗教作為定義民族的主要因素。它的敘述，似乎是認為有一些區隔民族的普遍要素，是不受時代與文化影響的。但這種說法並不正確。社會成員認定為重要的特徵，其實強烈地受到歷史與社會狀況影響。

舉例來說，今日居住在魁北克州的加拿大人，以法語作為他們同一性的主要依據。但是從歷史上來看，過去長期區隔魁北克人與其他加拿大居民的主要符號，並不是語言

15 原註：當本書說「主觀」的時候，指的不是個人的主觀性，而是經由社會的相互作用而構成的主體間性（intersubjectivity，或譯交互主體性）。
16 原註：F. Barth (Ed), *Ethnic Groups and Boundaries: The Social Organization of Culture Difference*, Universitetsforlaget, 1969.
17 原註：F. d. Saussure, *Cours de linguistique Générale*. Édition préparée par Tullio de Mauro, Payot, 1972.

的差異，而是天主教與新教的宗教對立。[18]

此外，對猶太人來說，語言並不是保證他們同一性的重要因素。現在的以色列，將希伯來語及阿拉伯語定為公用的語言；但是在建國當初，居住在以色列的猶太人，有百分之九十是講意第緒語（Yiddish）的。而且當時大家都推測，將來這個國家的共通語言，應該會是意第緒語或英語。但後來由於以色列政府的強力主導，希伯來語迅速地普及。

從這些實際的例子可以看出，就算是語言或宗教，也不必然是民族同一性的根據。人們之所以選擇某種特定的要素作為民族同一性的符號，並不是因為它具有客觀的重要性。有時候，對立的民族會認為某些要素是造成他們彼此的隔閡與嫌隙的原因；但是對外部觀察者來說，那些卻只是微不足道的事情。這樣的情況不在少數。相反地，有時候在外部觀察者的眼裡看來，某一個群體中包含著好幾種不同的文化，但是該群體的成員本身卻看不到任何分隔的界線，仍然認為自己是同一個民族。

要掌握民族的現象，重要的不是分析區隔民族的符號的客觀特徵，而是去理解人們賦予這些符號的意義與功能。文化人類學家艾德蒙．李區（Sir Edmund Ronald Leach, 1910-1989）這麼說：

> 克欽族[19]的女性在結婚前，並不會把一頭短髮隱藏起來；可是一旦結婚，就會用

華麗顯眼的頭巾纏繞在頭部，似乎刻意要吸引人目光一般。為什麼要這麼做？我不明白。而英國的女性，為了公開表示自己的身分發生了變化，則會把戒指戴在特定的手指上。這麼做的理由是什麼？我也無法明白。但我想知道的只是，克欽族女性包頭巾的現象，有什麼象徵的意義？頭巾的存在告訴我們什麼關於女性身分的事？[20]

被稱為民族的群體，經常會接受來自其他群體的語言或宗教等等文化要素。但是，即使該民族的文化內容產生了變質，群體本身也不會因此就被影響他們的其他群體所吸收，大致上都還能維持群體本身的同一性。那是因為，共同體成員的注意力只關注在群體間的差異，也就是各群體的象徵符號，而很容易忽略兩群體之間其他許多共通之處。

數個民族之間隨著相互交流的深化，文化內容的差異會逐漸減少；但有時候，各民族反而會因此更加強調自己的特性。從一九六〇年代開始，以非裔公民為首，美國的民族認同情緒高漲。但由於語言與習俗的均一化，以及民族間的通婚，各民族的文化內容

18 原註：D. Meintel, "Transnationalité et transethnicité chez les jeunes issus de milieus immigrés à Montréal", *Revue Internationale des Migrations Européennes*, 9, 1993, p. 63-79.

19 譯註：克欽族（Kachin People）主要居住在緬甸東北部，也有一部分在印度與中國。

20 原註：E. Leach, *Political Systems of Highland Burma*, Bell, 1954（引用自P. Poutignant & J. Streiff-Fenart, *Théories de l'ethnicité*, PUF, 1995, p. 144).

的差距，事實上是縮小的。在以色列也可以看到同樣的傾向。北非出身的猶太人與歐洲出身的猶太人之間的文化距離，事實上隨著彼此的交流而縮小；但越是如此，各群體反而越是強力主張各自固有的同一性。[21]

於是我們可以看到，民族界線所產生的變化（也就是同一性的強化或弱化），與文化內容層面所發生的變化，是兩種不同的社會心理過程。

支持民族同一性的根據，並非來自該群體的內在特性，而是來自製造差異的運動——要理解這個主張，只要想一想以下的事實即可。當戰爭爆發，原本在國內造成分裂的宗教對立、階級衝突、地區紛爭等等，都會瞬間消失無蹤；全體國民團結一致以對抗敵人。因此，為了讓人民看不見國內的矛盾，國家權力經常運用對外戰爭作為手段。從這個例子我們可以明白，即使是原本並不覺得彼此屬於同一群體的一群人，一旦受到共同的威脅，就會形成「我們」的群體，以作為對抗外敵的單位，同時也會產生「我們屬於同一個群體」的感覺。

這種群體同一化的例子，不勝枚舉。許多國家是從對抗舊宗主國的反殖民鬥爭中誕生、並且達成國內的統一的。日本也是如此。在群雄割據的時代，「國」這個字的意思原本指的是「藩」；從那個時代到統一成為近代國家、形成「日本人」的同一性，最重要的契機就是來自歐美列強的威脅。這是不容忘記的事。

我們也可以來思考一下，由猶太人移民所建立的以色列這個國家。儘管這些來自世界各地的移民有著各種不同的語言、宗教、習俗以及身體的性狀，卻被塑造成單一民族的形象。「猶太人是上帝的選民」這個神話，對於維持這個形象的貢獻不可忽視。但不僅如此，我們還必須加上一件事實：在漫長的歷史中，猶太人一直受到懷有敵意者的威脅，現在也仍然被外敵（阿拉伯諸國）環繞。

一位以色列歷史學家這麼說：「事實上，猶太人建立國家最強的原動力，毫無疑問是希特勒。」[22]民族誕生的機制，就濃縮在這句話裡。錫安主義（Zionism，又稱猶太復國主義）長期為拯救猶太人而努力；諷刺的是，對他們的成就貢獻最大的，卻是反猶太主義。但這並非偶然。如果沒有外部，內部也不會存在——這是支持群體同一性的最根本的邏輯。就像西奧多・赫茨爾（Theodor Herzl，1860-1904，錫安主義創建者）書信中所寫的：「反猶太主義者是我們最可靠的友人；對我們來說，反猶太主義的國家是友邦。」錫安主義的領導人們，為了運動的發展而利用反猶太主義，這是眾所週知的事實。[23]

21 原註：A. Weingrod, "Recent Trends in Israeli Ethnicity", *Ethnic and Racial Studies, 2*, 1979, p. 55-65.

22 原註：E. Barnavi, *Une histoire modern d'Israël*, Flammarion (1e édi., 1982), 1988, p. 27.

23 原註：S. J. El-Azem, "Sionisme. B. Une entreprise de colonization", *Encyclopedia Universalis*, 1989, vol. 21, p. 63-65. 在經歷長達兩千年的漫長迫害之後，歐洲的猶太人終於在法國大革命所帶來的解放中，看到希望的光芒。法國的普遍主義所追求的方向，並不是解放作為一個民族的猶太人全體，而是讓作為個人的、一個一個的猶太人得到自由。因此，這個解巴爾幹半島與非洲無止境的民族紛爭，幾乎沒有停息的時候。許多人認為，那是因為民族的界線與國境不一致的緣故。但是，這種對情勢的分析並不正確。非洲大陸各國像直線切割般的國界，清楚地反映出過去殖民地形成的歷史。但是，強烈受到歷史的偶然所左右的，不只是國界而已。政治、經濟等外在條件將人們分隔開來，設下界線；民族這種單位，也是這樣成立的。

並不是因為有多個國族或民族存在，所以有國界或民族的界線。事實正好相反。首先是對立的運動形成了邊界，後來才是閉鎖在邊界內的各種不同的人，被表述為一個國族或民族。而這些人透過共同參與政治、經濟領域的活動，也逐漸進行文化上的均一化。

讓我們以西非象牙海岸共和國的民族狀況為例，來具體掌握民族同一性在對立關係中成立的過程。[24]集中居住在象牙海岸南部的貝帖族人（Bété people），佔了大約全國總人口的百分之二十，現在是這個國家最大的民族群體之一。雖然也有人接受官方的說法，主張貝帖族的起源來自賴比瑞亞，但那只是沿用殖民地時代的法國學者根據語言分析所提出的假設。實際的情形，是在殖民地形成的過程中，從各個不同出身地區移入的人們，被統合在單一民族名稱之下；殖民化的初期，並沒有「貝帖」這樣的民族存在。查閱當時的殖民地行政記錄就可以明白，移居到這個地區的人，來自東、西、北部等各自不同的方位；而且在殖民時代以前，當事者本身甚至沒有聽過「貝帖」這個民族名稱。貝帖人居住的地區，也沒有形成均一的商業、經濟圈。一部分人從事狩獵，還有許多人從事其他種類的經濟活動，貝帖族內部有各式各樣的營生型態；而且有不少村落與鄰近的非貝帖民族，根本無法分辨。

法國監管整個殖民地，為了促進經濟發展而引進貨幣經濟，並實施課稅，獎勵橡膠與可樂果等經濟作物的栽種，徵用勞役以建設道路等政策。同時，作為殖民地管理必要

放運動可預期的結果，是個別猶太人與居住地文化的同化。對西洋近代寄予信賴的猶太人接受了這個方向，開始走上同化的路。在這種解放的氛圍中，拒絕同化、追求在巴勒斯坦建立猶太人國家的錫安主義，並沒有得到猶太人的支持。要等到十九世紀末，反猶太主義再度興起，讓猶太人心生恐懼，錫安主義運動才開始擁有了少許的勢力。

在反猶太主義的威脅逐漸增強的狀況中，完全斬斷猶太人對同化的期待、對錫安主義的悲願做出最大「貢獻」的，是將數百萬猶太人送進集中營毒氣室的希特勒。猶太人總人口的大約三分之一遭受殺害。這場悲劇以事實證明了錫安主義的主張是正確的——除了像其他民族一樣建立自己的國家，「猶太問題」不可能有最終的解決。大屠殺帶來的心理衝擊，瞬間加強了猶太人對錫安主義的信賴感。不僅如此，在現實中，二次戰後各國處理這個問題的方式，也完全阻斷了猶太人同化的道路。聯軍勝利之後，所有國家都推三阻四，不願意收容存活下來的大約十萬名猶太人。剩下來唯一的可能性，就是移居巴勒斯坦。

對於「猶太問題」的解決，歷史給了猶太人四種「選擇」的可能性。第一，以少數民族的身分，繼續居住在各個國家的內部。第二，從解放走向同化，也就是作為民族的猶太人消失。第三是希特勒所代表的方式：一個一個被殺死，從物理上滅絕。最後一個可能性，則是與其他民族一樣形成國族國家（nation-state），也就是在巴勒斯坦的土地上建立以色列這個國家。納粹所謂的「猶太問題的最終解決」當然就不用提了；要是在解放之後，周圍的居民能停止對猶太人的迫害，和他們建立友好的關係，以色列這個國家說不定也就不會成立了。

24 原註：J.-P. Dozon, “Les Bété: une creation coloniale”, in J.-L. Amselle & E. M'Bokolo (Eds.), *Au cœur de l'ethnie. Ethnie, tribalisme et Etat en Afrique*, La Découverte (1e éd., 1985), 1999, p. 49-85.

的行政措施，他們也進行地區的劃分。在這個過程中，有一些人被強制從其他地方搬遷到貝帖地區；相反地，為了躲避勞役而逃亡到其他地方的當地住民，也不在少數。後來為了生計，這些逃亡的人經常頻繁地到經濟比較發達的都市地區從事勞動工作。而因為這些出外勞動者與都市居民的經濟差距非常明顯，因此在都市地區，「貝帖」成為單純勞動者的代名詞。這是形成貝帖民族同一性的第一步。出外勞動者在其他地區工作一段時間後回到自己的土地，這也強化了他們「自己屬於貝帖族」的意識。

另一方面，貝帖地區的內部也出現了提高民族意識的因素。法國殖民政府為了確保貝帖地區的大型農園有足夠的勞動力，獎勵其他地區的人們移居到貝帖，並且讓移居者有購買土地的可能性。原先在非洲的傳統習俗裡，土地屬於世世代代的祖先所有；即使土地的使用權可以交易，但土地本身是不能買賣的。不過，由於殖民政府制定了土地買賣的政策，導致來自外部的非洲人大量移居到貝帖地區。一開始，貝帖人與其他非洲人的關係是互補的，但後來逐漸發展出彼此競爭的關係，而形成外群體與內群體的對立結構。最後為了對抗殖民政府「貝帖族來自賴比瑞亞」的說法，他們創造出「貝帖族自太古以來就居住在這片土地」的神話，甚至發起要求外來者歸還土地的政治運動。

於是殖民主義的人為政策，在短短數十年間虛構出「貝帖」這個民族。從這個例子我們可以清楚地看到，民族的同一性並非一開始就存在；相反地，是對立的差異創造出同一性的現象。

民族對立的原因

人們很容易就認為，民族對立與民族紛爭來自多個民族之間彼此無法相容的利害關係、不同的信仰，以及文化內容的差異；而因為這些先天的條件，所以不同的民族很難和平共存。但是，就像我們一路下來所說的，以固定的同一性作為出發點來思考民族，這件事本身就是錯誤的。而且，群體之間的對立，也不一定來自現實的利害關係或文化的差異。

社會心理學的實證研究清楚的顯示，即使兩個群體之間沒有任何利害關係的對立，只要範疇化發生，人們就會傾向於優待自己所屬的群體，而歧視其他群體的成員。[25]舉例來說，只要以隨機的方式——比方丟銅板——將參加實驗的人一半命名為「紅組」，剩下的一半稱為「白組」，受測者就會開始支持自己所屬的組別。這個實驗慎重地排除了分組以外的因素。受測者彼此毫不相識，所有的人都是初次見面；在實驗當中，受測者不論是與同一組的成員，或是另一組的成員，都沒有任何接觸。受測者唯一知道的事情是自己屬於哪一組；至於其他受測者、哪一個人屬於哪一組，則完全不知情。也就是

25 原註：H. Tajfel (Ed.), *Differentiation between Social Groupes: Studies in the Social Psychology of Intergroup Relations*, Academic Press, 1978.

說，實驗是在匿名的狀態下進行的。各個受測者對其他受測者進行評價，但並不評價自己。因此，就算優待同組的其他受測者，自己並不會得到任何利益。分組完全是以隨機且人為的方式進行的。

以常識來思考的話，在這樣的條件下，不可能產生任何差別待遇的動機。但是，只要進行分組，也就是範疇化，人們就會歧視其他組的成員，而優待與自己同組的其他成員。比方，請受測者對一幅畫進行評價。如果告訴他這幅畫的作者與他屬於同一組，那麼受測者就會給予較高的點數；但如果告訴他這幅畫是另一組的成員的作品，即使是完全相同的一幅畫，受測者也會給予較低的點數。

對我們所關心的面向來說，這個現象中重要的是以下的事實：歧視的產生，並不是因為追求自己的組的最大利益。歧視來自這樣的動機——希望將自己的組與其他組的差距最大化。舉例來說，實驗者對受測者提出兩種選項：（A）如果自己的組的成員，每個人得到一千元，另一組的成員將得到八百元；（B）如果自己的組的成員每個人得到五百元，另一組的成員將得到兩百元。結果受測者紛紛選擇了（B）。也就是說，就算自己的組會因此蒙受損失，受測者也選擇拉大自己與其他組的差距。

各群體的價值，並不會單獨成為問題；群體間的關係或差異，才是最根本的因素。許許多多後續的實驗證實，範疇化本身就造成了歧視的行為；而且這是人類基本的認知模式，與年齡、性別、社會階層、文化都無關。26

如果說對立是因為範疇化本身而產生的，那麼反過來，只要來自範疇化的區別變得模糊，甚至消失，對立也應該會自動減輕。當人們只被當作個人而不是群體的成員來看待時，「我們」與「他們」的區別將會減弱，歧視的傾向也會得到緩和。[27]或者，當不同群體的成員為了相同的目的而相互合作時，事實上將會製造出涵蓋所有這些群體的同一性，內部的區別因此淡化，結果歧視與對立也會減弱。[28]

我們每個人都同時受到性別、國籍、所屬組織等等各種社會範疇的規定。而因為這些範疇彼此交錯，群體的區別通常不會形成「我們」對「他們」這麼單純的對立結構。因此，上述的範疇化本身所造成的歧視、對立，並不會明確地顯現。即使在某一個基準（比如國籍）下被分為不同群體的兩個人，如果在另一個基準下（比如性別）屬於同一個群體，那麼範疇化所造成的對立將會互相抵消而減弱。[29]

26 原註：R. Y. Bourhis, A. Gagnon & L. C. Moïse, "Discrimination et relations intergroupes", *in* R. Y. Bourhis & J.-P. Leyens (Eds.), *Stéréotypes, discrimination et relations intergroupes*, Mardaga, 1994, p. 161-200.

27 原註：D. A. Wilder, "Reduction of Intergroup Discrimination through Individuation of the Outgroup", *Journal of Personality and Social Psychology, 36*, 1978, P.1361-1374.

28 原註：M. Sherif & C. W. Sherif, "Ingroup and Intergoup Relations, Experimental Analysis", *in* M. Sherf & C. W. Sherif (Eds), *Social Psychology*, Harper & Row, 1969, p. 221-266.

29 原註：J.-C. Deschamps & W. Doise, "L'effet du croisement des appurtenances catégorielles", *in* W. Doise (Ed.), *Expériences entre groupes*, Mouton, 1979, p. 293-326.

但是，有時候也會因為某些原因而產生兩極對立的結構。巴勒斯坦、南斯拉夫、北愛爾蘭等地區的民族紛爭之所以呈現激烈與極端的型態，部分的原因就來自像《羅密歐與茱麗葉》或《西城故事》情節中那樣的兩極化構圖。

相對地，與盧安達、蒲隆地等經歷過大屠殺的國家比較起來，前述象牙海岸共和國的政情則一向安定。原因之一，是這個國家有六十個以上的民族共存，很難一分為二，形成單純的兩極化範疇。[30]

不過，最近象牙海岸也開始產生內部的紛爭。不久之前，這個國家才達成了驚人的經濟發展，但隨之而來的，是從其他非洲國家湧進的大量勞動者；如今全國人口總數有將近四成是外國人。因為這種人口結構的變化，而產生了「外國人對象牙海岸人」的兩極對立結構，成為容易發生內部紛爭的社會。

我們所有人都是社會性的存在，無法脫離民族、宗教、職業、性別等等範疇而得到完全的自由。即使某種歷史形成的範疇被其他範疇取代，但是從原理上來說，只要人還是人，「範疇化」這種認知模式是不可能消失的。舉例來說，當數個不同的群體因為面對共同的外敵而形成合作關係時，群體之間的對立會減輕。儘管如此，那只是重新定義「我們」與「他們」，形成新的秩序而已；「內部」對「外部」的這種構圖本身，並沒有任何改變。就算我們主張應該極力避免兩極化的結構，但「民族」這個歷史製造出來的範疇，經由政治、經濟、文化等等所有的層面捆綁住我們，並不是透過觀念的操作就可以簡單改變的。

但我們當下的目的，並不是要提出減少民族紛爭的具體方針。開放式共同體的概念，讓我們留到最後一章再來討論，在這裡先讓我們確認一件事實：民族對立的起因，來自範疇化本身。如果只有內部，無法完成民族的同一性。內部的成立，需要外部的存在。

歧視的真身

本書主張，同一性是因為差異化的運動而產生的。讓我們以民族歧視的真實案例，來具體說明這個主張。經常有人說，一個民族之所以受到其他民族的排斥，是因為宗教或生活習慣的不同。[31]從這樣的意見可以看出一種思考傾向，那就是將民族同一性視為一

30 原註：J.-P. Donzon, *op. cit.*, p. 53-54.

31 原註：法國居住著許多外國人，以及歸化入籍法國的人。大約從一九八〇年代開始，隨著移民問題日益浮上檯面，大眾媒體與政客的發言中，開始出現「耐受限度」（seuil de tolérance）的說法。這句話所代表的想法是，人對於異質者的容忍度是有限的；一旦外國居民的比例超過某個臨界點，必定會產生社會問題。但這樣的想法，與事實正好相反。舉例來說，一九九六年所進行的一項社會調查顯示，在外國居民比例低於百分之一的地區，有百分之七十六的居民埋怨「法國有太多阿拉伯人了」；但是在外國居民比例佔全體百分之十以上的地區，只有百分之四十五的人表示同樣的意見

種本質。但是，這樣的常識是正確的嗎？

讓我們想想遭到納粹屠殺的猶太人吧。當時東歐的猶太人被集中閉鎖在猶太人居住區（ghetto，編按：也譯作「隔都」），因此保留了傳統的文化。但住在西歐的猶太人則不同。受到法國大革命以及隨後拿破崙的影響，他們擺脫了中世紀以來的傳統習俗，急速地與當地人同化。因為這樣的背景，德國的猶太人充分融入當地社會，與非猶太人幾乎無法區分。舉例來說，納粹強迫猶太人必須在身上配戴「黃星」（德：Judenstern）徽章，但那不只是為了羞辱他們，而是因為如果不這麼做，很難區別猶太人與非猶太人。[32]

但就在這同化進行得最徹底的德國，反猶太主義最為激烈，並且得到居民狂熱的支持。法國思想家阿蘭．芬基爾克羅（Alain Finkielkraut, 1949-）在《想像的猶太人》（*Le Juif imaginaire*, 1981）一書中，探討了近親性與憎惡的關係：

一般人相信，儘管猶太人努力與其他民族同化，仍然無法逃脫被集體屠殺的命運。但事實正好相反——同化的努力本身所引起的**反作用**，才是發生屠殺的原因。對其他人來說，猶太人越是非猶太化，就越令人害怕；越是隱藏自己的出身，反猶太主義的輿論加諸他們的詛咒就越加激烈。讓自己非猶太化、融入其他的居民之中，竟然會引起這麼激烈的憎惡，在啟蒙主義下成長的猶太人，應該是怎麼也無法想像的吧！他們一心以為，敵人所攻擊的是殘留在他們身上猶太習性。但事實上激起敵人恐懼與憤怒的，正是他們「非猶太人」的新身分。同化的猶太人認為，殘留在自己身上的所有猶太性質，都應該全部消除，所以用心、細心地致力於讓自己「純化」。然而這種文化上的順服所引起的激烈反應，卻是過去人們對猶太居住區居民的傳統式嫌惡，所無法比擬的。[33]（強調標記來自原作者）

這個例子清楚顯示出，距離越是靠近，為了保持界線所進行的差異化，力量就越強大。我們可以在許多地方看到這種傾向——比起異質性，同質性反而更容易成為歧視的原因。讓我們再舉出其他幾個例子，來確認這一點。

現在法國受到人種歧視最嚴重的，是出身阿爾及利亞、摩洛哥以及突尼西亞等，通

（"Plus il y a d'etrangers, moins il y a de racistes", *Le Monde*, 21/03/1996, p. 12）。

32 原註：S. M. Lymann & W. Douglass, "Ethnicity: Strategies of Collective and Individual Impression Management", *Social Research*, 40, 1973, p. 344-365.

33 原註：A. Finkielkraut, *Le Juif imaginaire*, Seuil, 1980, p. 88. 法國社會學家艾德加・莫杭（Edgar Morin, 1921-）也報告了同樣的現象。一九六〇年代末期，位居巴黎南方的城市奧爾良（Orléans）流傳著這樣的謠言：服裝店麻醉並綁架進入試衣間的女性，將她們販賣到國外充作賣淫的奴隸。謠言所中傷的對象，全部都是已經充分與法國社會同化、難以判別其出身的猶太人所經營的店家。相反地，一看就知道其出身、帶有濃重東歐口音的猶太人，則沒有受到謠言攻擊。E. Morin, *La rumeur d'Orléans*, Seuil, 1969, p. 25, 48-56.

稱為馬格里布地區（Maghreb，非洲西北部）的人。和他們比起來，中國人與出身原法屬印度支那的人，所受到的歧視並不是那麼嚴重。許多法國人以為，歧視的原因來自馬格里布出身者的異質性。[34]但事實上，不論是語言的學習、與法國文化同化的程度，或是宗教的類似性，馬格里布出身者都比東南亞人更接近法國人。從身體的特徵來看更是如此；馬格里布出身者與法國人從外觀上很難看出差別。[35]

從日本的部落民歧視[36]問題也可以看出來，歧視並不是客觀差異的問題。即使所謂的部落民在文化上、身體特徵上都看不出任何不同，人們仍然執拗地探查他們的「家譜」，以捏造他們的異質性。沒有任何異質性是原本就存在的。

也有不少日本人主張，「在日朝鮮人」受到日本社會歧視的原因，來自他們的異質性。然而在現實中，不論從語言、文化、身體特徵各方面來看，沒有人比朝鮮人更接近日本人。不僅如此，絕大部分的在日朝鮮人都是在日本出生、在日本長大的世代；雖然被迫以「外國人」的身分生活，但大多數只會講日語。而且因為有不少人與日本人結婚，在日朝鮮人與日本人的同質性很高。[37]

即使在今日，日本人排斥黑人的情況仍然層出不窮。有的人表示，那來自「生理上的嫌惡感」。隱藏在這句話裡的，是這樣的想法——首先存在的是無法克服的、肉體上的差異；因此而產生的排斥，則是一種「自然的情感」[38]。但是，這種邏輯顛倒的說明，已經無法說服我們。舉例來說，一位美國南部出身的白人作家，分析了自己對黑人的、

34 原註：在一份一九八九年進行的調查中，百分之五十一的法國人表示移民、特別是馬格里布出身的人「與我們太過不同，不可能融入法國社會」。*L'Etat de l'opinion*, rapport annuel de la Fores, 1991.（引用自R. Kastoryano, *La France, l'Allemagne & leurs immigrés: négocier l'identité*, Armand Colin, 1995, p. 74）

35 原註：觀察十六歲之後才來到法國的外國人（不論有沒有取得法國籍），其學會法語的程度，阿爾及利亞出身者有百分之五十八可以沒有障礙地以法語交談，東南亞出身者則是百分之五十一，數字略低。從識字率來看也是如此，阿爾及利亞出身者比東南亞出身者，更傾向與法國文化同化。阿爾及利亞出身者的母語（阿拉伯語、柏柏爾語）識字率為百分之二十六，法語的識字率則有百分之三十八，在法語方面有較高的讀寫能力。東南亞出身者的傾向正好相反，法語的識字率為百分之五十二，母語的識字率則高出許多，高達百分之八十三。

如果是從小時候就住在法國（十六歲以前來到法國）的人，不論阿爾及利亞出身者或東南亞出身者的法語識字率，都遠遠高於母語的識字率。阿爾及利亞出身者的法語識字率為百分之九十二，東南亞出身者則是百分之八十六。在母語識字率方面，阿爾及利亞出身者為百分之八，相對地東南亞出身者則是百分之三十七。因此，不但阿爾及利亞出身者的法語識字率高於東南亞出身者，而且東南亞出身者更強力地保存母語。

此外，父母在家中與小孩對話時所使用的語言，是一個重要的指標。不論他們當時同化的程度如何，家中所使用的語言，可以看出父母對於未來融入法國社會的意願。以十六歲之後來到法國的人為對象進行比較，有百分之三十五的阿爾及利亞出身者對小孩說話的時候只使用法語，但只有百分之二十三的東南亞出身的父母會這麼做。從以上的調查報告可以看出來，阿爾及利亞出身者比東南亞出身者，更熱心地想要與法國文化同化。更多的詳情，請參閱拙著《接納不同文化的弔詭》（『異文化受容のパラドックス』、朝日選書、一九九六年），八三~八七頁。

36 譯註：日本的「部落民」指的是封建時代最下層的「賤民階級」的子孫。「賤民」的身分是世襲的，被迫居住在無法耕種、對外隔絕的地區，從事一般人不願意做的工作，服裝也與一般人不同。雖然封建制度在一八七一年廢除，部落民也在法律上得到解放，但是一般人對部落民出身的人仍然抱有歧視。有些人會透過身家調查，禁止子女與部落民後代結婚；有些公司拒絕採用部落民後代。

37 原註：關於在日朝鮮人，我們將在第六章再次探討。

38 原註：關於日本人對黑人的偏見，請參閱我妻洋、米山俊直《偏見的結構——日本人的人種觀念》（『偏見の構造——日本人の人種観』、NHKブックス、一九六七年）第四章，John G. Russell《日本人的黑人觀——問題不只是「小黑人桑波」》（『日本人の黒人観——問題は「ちびくろサンボ」だけではない』、新評論、一九九一年），以及前述的拙著第二章等等。

不合理的歧視情感。

……年輕時搬到北部、開始與黑人們以對等的立場來往的時候，我以為自己不論在情感上、認知上，都已經消除了對黑人的偏見。但是……每次和黑人握手，我都有一種不合理的、強烈的衝動，想要趕快去洗手。我感到慌張、困惑，覺得自己很可恥。但我怎麼也無法抑制，和黑人握手會弄髒我的手的感覺。這真的是難以置信的、奇怪的感覺。因為，我一生下來，就被黑人女僕的黑色手臂抱著、由黑色的手幫我洗澡、從黑色的乳房喝奶、吃著黑色的手做的飯菜長大，但一次也沒有覺得她們黑色的皮膚是骯髒的。[39]

界線越是模糊，差異化的力量就會為了確保界線，而發揮更強力的作用。種族歧視不是異質性的問題；相反地，它是來自同質性的問題。種族歧視並不是既有的差異造成的；種族歧視本身，就是對同質的事物進行差異化的運動。[40]問題不在於客觀的距離。人際關係或群體間關係的距離，原本就是社會心理過程中產生的現象。

許多人認為民族同一性的建立，以文化、習俗、身體要素等客觀的固有性質為根據。本章批判這樣的想法，並且主張民族同一性是主觀創造出來的虛構。但是，光是指出將民族視為實體的想法是錯誤的，並不能讓我們充分理解民族同一性的真身。一般人認為，民族是從共同的祖先繁衍出來的；民族透過血緣保持其連續性。因此，接下來我們必須把探討的焦點，放在以下這個一般的認知：「民族超越時間而保持其自我同一性」。

39 原註：G. B. Leonard, "A Southerner Appeals to the North: Don't Make sour Mistake", *Look, 28*, 1964, p. 16, 18. 轉載自前述我妻、米山著書，二一一～二一二頁。

40 原註：社會心理學的實驗研究，證實了以下的事實：比起異質性，同質性蘊藏了更大的心理問題。請參閱以下文獻：J. M. Marques & V. Y. Yzerbyt, "The Black Sheep Effect: Judgmental Extremity towards Ingroup Members in Inter- and Intra-group Situations", *European Journal of Social Psychology, 18*, 1988, p. 287-292; J. M. Marques, V. Y. Yzerbyt & J.-P. Leyens, "The 'Black Sheep Effect'; Extremity of Judgments towards Ingroup Members as a Function of Group Identification", *European Journal of Social Psychology, 18*, p. 1-16.

一第二章一

民族同一性的機制

到目前為止，我們重新檢視了構成民族的人們的類似性，並且從這個觀點探討同一性的問題。同一性原本的意思，是指某件事物與它本身是同一個東西；但是民族「同一性」的意義，與這本來的意思是不同的。要充分理解民族的同一性，不能只關注其成員之間的關係，還必須釐清整體而言，該群體本身如何保持其連續性。

讓我們來想想「我和鄰居開同樣的車」這句話。這句話的意思是，我和鄰居各自擁有一輛同一家工廠（公司）製造、同一機種、相同排氣量、相同顏色塗裝的汽車。儘管這兩輛車可能因為太過相像而不容易分辨，但是對象有兩個，這是沒有疑問的。

相對地，如果我們說「車子剛修好回來，變得像新的一樣，我都認不出來了」，這時候成為問題的對象只有一個。修理前與修理後的車完全不像。儘管如此，車子就只有一輛，這個事實是不會改變的。

上一章，我們以前者的意義思考了民族同一性。這一章，我們將以後者的意義，來探討同一性。

人們認為，儘管民族的各種要素會隨著時間的經過而產生變化，民族這個群體中有某些東西是綿延不斷、持續存在的。我們該如何理解這種跨越時間而存在的同一性？為什麼人們一方面知道它不斷變化，同時卻又感覺到它的連續性？每天都有嬰兒出生，每天都有老人死去；儘管如此，日本人始終保持是日本人——這種想法的根據在哪裡？[1]通常人們提出三種理由，作為民族連續性的根據。第一，民族中有某種超越各個個人的本質存在。第二，成員之間的血緣連續性，維持了民族的連續性。第三，雖然構成民族的個人會替換，但只要文化繼續，民族同一性就能得到保存。

換個方式來說，第一種想法認為「民族精神」是一種有別於實際的個人、超越歷史的實體，而且假定這樣的實體確實存在。第二種想法將民族視為保有血緣的大家族。至於第三種想法，則是一種提案；主張只要能維繫某些重要的文化要素，就可以作為民族連續性的依據。讓我們依序來檢討這些想法。

民族是實體嗎？

隨著時間流逝，人類群體的成員必然會發生替換。既然如此，成員的集合本身，是不可能具有同一性的。於是有人提出一種想法，認為民族具有某種超越歷史的內在本質；該本質有別於具體的成員，並獨立於成員之外，而持續存在。過去的思想家，經常在文章中以生物作為比喻，來說明人類社會的有機結合。比方盧梭（Jean-Jacques Rousseau, 1712-1778）就這麼說：

個別的政治組織，可以看作是像人一樣的、有機的生命體。主權者相當於頭部，法律與習俗則扮演腦與神經的角色，掌管思考與意志的中樞。法官與行政官員相當於內臟。商業、工業、農業是負責物資補給的口與胃。就像將養分與生命分配到身體各處是心臟的功能一樣，公民本身就是啟動並活化裝置、促使裝置工作的組織體本身，也是它的構成要素。不論哪一個部分，都不能受到損傷。這個動物的健

1 原註：本書刻意使用「同一性」這種詰屈聱牙的說法來翻譯 identity 這個字，而不用大家較為習慣的「認同」，是有理由的。因為若是使用後者，identity 很容易被理解為主體（Noesis）認為自己所具有的歸屬內容與表象（Noema）。在西洋語言中，identity 這個字本來的意思就是同一性。但是當艾瑞克・艾瑞克森（Erik Erikson）將這個概念引進心理學之後（比如 E. H. Erikson, *Identity and the Life Cycle*, International Universities Press, 1959），它成為社會上常用的一般語言。從那時候以來，人們忘記了「主體（或對象）與它本身同一（譯按：A＝A）是什麼意思」這個自古以來哲學議論的重要問題，而只把 identity 理解為「自我意象」（self-image）的同義詞。本書在思考群體同一性的時候所要探討的，並不是「將自己視為日本人」或「將自己視為中國人」這種歸屬內容的問題，而是所謂的日本人、中國人，或是日本、中國，這樣的對象是否真的存在？如果說它們存在，我們該怎麼了解這所謂的「存在」的意思？換句話說，本書思考的是存在論的問題：群體現象在什麼地方？在個人的腦子裡嗎？真的有群體這樣的東西嗎？

康狀態，會透過痛覺直接傳達到腦部。[2]

像這樣的有機體論並不罕見。但是，它們大多數只是單純為了幫助理解的比喻而已；真心認為民族與政治共同體是超越性存在的思想家非常稀少，上述的盧梭也不例外。盧梭認為，共同體是透過各式各樣的個人締結理性的契約而成立的；有這樣的思想的人，不可能將民族與政治共同體視為超越性的存在。原本盧梭在談到這個比喻之前，已經預先聲明：「雖然實際上在許多地方都欠缺正確性，但是為了方便傳達我的想法，請讀者允許我使用這樣的比較。」[3]

在我們的時代，個人主義式的「人」的形象早已普及成為一般常識，現在已經很少有思想家將民族視為超越個人的存在了。因此，我們應該不需要再針對這種想法進行批判[4]，還不如把篇幅用來消除一般對社會學中「群體」這個概念常見的誤解。社會學一般認為，群體本身與構成群體的個人之間存在著性質的差異，社會現象無法還原為個人心理。但這種想法並不表示將社會或群體視為實體。民族不應被實體化；讓我們以法國社會學家艾彌爾．涂爾幹（Émile Durkheim, 1858-1917）為例，來確認這一點。涂爾幹主張，個別成員的行為與群體現象，各有其不同的法則；研究個人或集體現象，應該用不同的方法。

> 許許多多的個人精神集合起來，互相影響、融合，會成為不同的精神性存在，而產生新種類的精神個體性。因此，要找出以這個方式所形成的現象之直接的、決定性的原因，必須觀察的不是各個構成要素的性質，而是這被形成的個體性本身。群體的思考、感覺、行動方式，與成員各自孤立時的狀態是不同的。[5]

> 群體的行動傾向，遵循群體固有的法則。讓群體產生功能的力量與物理性的力量雖然性質相異，但同樣是真實存在的力量，都從外部對個人行使其力量。[6]

但是，我們不能被這些文字誤導，而誤解了涂爾幹真正的意思。他所探討的集體意識這個概念，是以反思的方式所認識的現象，並不是思考與行為的主體。就像涂爾幹在底下這段文字所明白表示的，他並沒有主張超越個人的實體存在的意思。

2 原註：J.-J. Rousseau, *Economie morale et politique*, *Encyclopédie*, t. V, 1755, "la métaphore", p. 338, cité par J. Schlanger, *Les métaphores de l'organisme*, L'Harmattan, 1995, p. 134-135.
3 原註：*Ibid.*
4 原註：關於二十世紀前半席捲全世界的極權主義（totalitarinism），我們將在第五章探討。
5 原註：E. Durkheim, *Les régles de la méthode sociologique*, PUF (1e edition, 1937), 1981, p. 103.
6 原註：E. Durkheim, *Le suicide*, PUF (1e édition, 1930), 1993, p.348.

> 不論是個人的或是社會的意識，意識絕對不是實體，而只是或多或少以有機的方式結合的現象群。雖然我再三明白地表示這個看法，但仍然一直有人攻擊我的立場是實在論，或是存在論主義。[7]

從涂爾幹的這段文字可以明白，即使他主張群體不僅是個人的總和，那也只是認識論的觀點，並不是存在論。他的社會學理論中頻頻出現的「群體意識」或「群體的精神個體性」等等說法，只是為了強調個人現象與群體現象之間難以跨越的鴻溝，只是一種比喻而已。

否定群體的實體性，與不將群體還原為個人的方法論之間，並沒有矛盾。德國社會學家格奧爾格．齊美爾（Georg Simmel, 1858-1918）的這段文字清楚地說明了這一點，因此雖然篇幅稍長，我們仍然引用如下：

> ……人所製造的東西，實際存在於人的外部的，只有物質性的東西。而我們在這裡所談的人類產物（社會現象）是精神性的東西，因此只能存在於各個個人的知識之中。既然除了個人以外，沒有任何實際存在的東西，我們要如何說明群體現象超越個人的特徵，以及社會結構的自主性？要消除這個二律背反（antinomy）只有一個方法，那就是承認對完美的智能來說，真正存在的只有個人。對於能夠看穿一

切事物根底的視線來說，所有那些超越各個個人的新現象、看起來獨立於各個個人之外的現象，應該都可以還原為個人之間交叉互動的行為群吧！遺憾的是，我們並沒有被賦予這種全能的智力。因為連結各個個人的關係群過於複雜，想要將此關係群還原為根源的要素，終究只是無法達成的夢想。除了將這些現象當作各自保有自足的同一性來處理，我們別無他法。因此，雖然我們在面對國家、權利、法律、流行等等現象時，彷彿將它們當作單一的存在來討論，但那只是方法上的手續而已。[8]

我們將在第三章詳細探討集體現象。相對於形成這些現象的人類本身，集體現象以自主的方式行動；對我們來說，它是客觀的外力。儘管集體現象是人類的產物，卻不受人類控制，彷彿有自己的生命一般。話雖如此，集體現象必定來自人與人之間的相互作用；脫離了人，就不會有集體現象存在。就算看起來民族的行動是自主自律的，但我們不能認為它是具有主體性的實體。[9]

7原註：E. Durkheim, "Préface" de la seconde édition, in *Les régles de la méthode socologique, op. cit.*, p. XI. 另外在 *Le suicide, op. cit.*, p. 361-362 中，也有同樣的說法。

8原註：G. Simmel, "Comment les forms sociales se maintiennent", in *Sociologie et* épistémologie, PUF, 1981, p. 174.

9原註：木村敏在思考有關生命的問題時，談到了群體的主體性。珊瑚與連體嬰，物理上是連結在一起的，而一群候鳥之間，並沒有肉眼可見的、物理性的結合。但是，「如果沒有可視

血緣神話

人們為民族連續性所找的第二個常見的理由，是共同體成員的血緣關係。就像馬克斯．韋伯（Max Weber, 1864-1920）所說的，想要理解民族的概念，我們必須注意「擁有共同祖先」這個信念。但是，這個信念真的是以事實為基礎嗎？

共同體成員若是要共同擁有「來自相同祖先」的感覺，那麼遺傳所造成的身體相似性，當然是不可忽視的條件。但是，並非身體特徵相似，就一定會產生血緣的感覺。只有在特定的文化、歷史脈絡中經過解釋，天生的客觀性狀被理解為血族關係的證據，才會產生屬於同一民族的感覺。身體的要素本身，和文化遺產、習俗、語言等一樣，只不過是產生這種信念的條件之一。

當人們感覺彼此具有血緣關係時，會形成政治共同體，而逐漸在共同生活中，發展出共通的語言與文化。但也有相反的情況。有時候許多人們一起描繪共通的未來並建構作為命運共同體的政治組織，之後才在共同生活幾個世代之後，開始形成「同一祖先」的神話。這種例子也不在少數。

馬克斯．韋伯舉出希伯來十二支派，以及古希臘各族作為例子。以古希臘來說，儘管它因為政治上的理由而區分為眾多城邦，但透過崇拜相同的神，各族分別創造出虛構的祖先，形成血緣相連的神話。同樣地，希伯來十二支派的起源也是政治上的區分；各的、空間上的、物質性的結合就無法形成單一的生命體」，這樣的想法究竟有什麼根據？……有時候蝗蟲會大量繁殖，在地球各處形成異常的巨大群體。在形成這種群體的時候，即使是同一種蝗蟲，其身體也會產生與平常完全不同的特徵。一隻一隻單獨生活的蝗蟲（散居型）與形成大型群體的蝗蟲（群居型），身體結構之所以產生改變，很可能是荷爾蒙的影響；但究竟是什麼因素讓牠們分泌荷爾蒙，進而改變生命體的物質結構？雖然說是群生，但牠們彼此之間並沒有肉眼可見的連結；一隻一隻的蝗蟲，在空間中是分離的。儘管如此，這樣的群體難道不是受到強大的主體性——強大到足以改變個別個體的物質結構——所支配嗎？我們難道不能說，這樣的群體是單一的生命體嗎？（《生命的形式／形式的生命》『生命のかたち／かたちの生命』〔青土社、一九九五年〕，四六～四七頁）

但是，木村自己也說了：「以候鳥來說吧！我們是將整體鳥群視為一個主體？還是將個別的鳥分別視為不同的主體？這種視點的移動，正是問題所在。……當我們把注意力放在鳥群的整體，我們與整體鳥群處於主體與主體的相互關係，因此整體鳥群看起來像是一個單獨的生物。但如果我們把視線朝向其中的一隻鳥，這時候則會變成與一隻鳥形成主體之間的關係，那隻鳥看起來就成為個別的生物」（同書三一～三二頁）。這是認識論層次的問題，如果因此就把群體本身視為具有自主性的生命，那是邏輯上的跳躍。所有的生物在生態系中都有其功能，也因此互相連結在一起；但如果因為這樣的相互作用就認為群體是一個生命體，既不恰當，也沒有意義。

還有，雖然生物與它本身的過去在物質上是連續的，但若是以物質上的連續為理由，就認定只有一個生命存在，那是錯誤的想法。這種想法會導致下述不合理的結論。父親的精子與母親的卵子結合而形成胎兒，人類透過這個過程而進行再生產（繁衍）。構成「我」的最初的細胞，來自雙親的物質。也就是說，我是雙親的肉體的一部分。今天我之所以活著，是因為我的父母、我父母的父母、以及他們的父母……一直到我出現之前，屬於這個血統的所有祖先，沒有任何人在留下小孩之前就死亡。其中只要有任何一個人在達到生殖年齡之前死去，就不會有我的存在。以這個意義來說，我們所有人都必然是「萬世一系」的。

我是從一個受精卵經過細胞分裂而形成的存在，因此構成現在的我的所有細胞，都與最初的受精卵有物質上的連續性。而最初的受精卵，是雙親肉體的一部分。如果反覆進行這樣的推論，那麼不論說是亞當與夏娃這樣的一對男女也好，或是複數的人類群體也好，總之會回溯到最早的人類。因此，我們所有的人類，都與相同的起源在物質上相連。

不過，這樣的推論不會就此打住。人類是從猿猴進化而來的。猿猴又是從其他哺乳類進化而來的。就算其間有性質的變化（突變），但物質的連續性並不會因此中斷；先前的推論將越過人類的範疇而貫通下去。因此我的物質連續性可以經過更原始的動物、通過細菌，最後追溯到「原生質」。換句話說，過去、現在、未來，不僅所有的人類，還包括所有的動物、植物，一切有生命的東西都透過物質的連續性而連結在一起。

支派輪流在共同體內部負責每個月的儀式活動。一開始這樣的區分只不過是為了實際上的方便，後來大家卻忘了最初的理由，而捏造出共有血緣關係的故事。韋伯注意到，這種「族」的數量經常是三或十二之類，對稱而工整的數字。比方三位一體、十二門徒等等，就是如此。韋伯指出，那是因為這些共同體是為了政治的目的而人為製造出來的；這樣的數字就是那過程遺留下來的痕跡。[10]

一般認為，撇開二十世紀之後流入的移民不論，法國、德國、義大利、日本等這些「國族國家」基本上是單一民族所構成的。但事實上又是如何？

契約主義的國家理念不以血緣作為國籍規定的依據，只要表明歸屬意願者就是國民。法國大革命之後，這樣的理念逐漸普及。因此法國採用了對外開放的國籍概念，要歸化為法國人相對是比較容易的。統計顯示，一八八〇年到一九八〇年的一百年間出生的法國人當中，有一千八百萬人的父母是第一、第二或第三代移民。也就是說，只要回溯到幾代以前，現在的法國人就有三成會變成是外國出身的。[11]

除此之外，為了理解外國人大量流入法國的原因，我們還必須考慮人口方面的重要因素。從拿破崙時代到第二次世界大戰這段時期，德國的人口增加為四倍，但相對地法國的人口只增加了百分之五十。十九世紀中葉到二次大戰後的期間，其他歐洲各國紛紛向外部送出移民，只有法國例外。與其他國家比較起來，法國大約提早了一個世紀出現人口控制的傾向，因此為了填補勞動力的不足，而接受來自比利時、義大利、西班牙、波蘭、亞美尼亞、葡萄牙以及北非的移民。

除了最近才移居法國的第一代外國人，幾乎所有外國出身者都認為自己是法國人。而且，也很少有法國人會覺得他們是外國人。於是僅僅經過幾個世代的時間，外國人相對簡單地被統合到「單一民族」國家中。[12]

德國與法國正好形成對比。雖然最近修改了國籍法，對於外國人歸化的限制變得比較寬鬆，但德國仍然採用以血緣為基礎的國籍概念。因此，如果只看十九世紀後半統一以後的時期，血緣的確某種程度保證了德國的民族連續性。

但如果回溯到更早的時代，我們就會看到，四世紀到六世紀左右的民族大遷徙，徹

更進一步來說，根據現在生物學的見解，既然把生命還原為去氧核糖核酸（DNA），最終來說，甚至在生物界，都已經無法找到在物質上隔離我與世界的界線。單純的無生命物質，也和我連結在一起。而且，除了透過生殖以外，物質連續性還有其他的方式。「我」這個細胞群死去以後回歸大地（儘管如此，「我是物質」這件事實仍然不變），經過植物、動物等等生態系的循環，成為構成其他人類的物質的一部分。於是，上述的推論方式將導致奇妙荒誕、毫無用處的結論——我與世界無縫相接。我就是世界，世界就是我。

10 原註：M. Weber, *Wirtschaft und Gesellschaft*, Mohr, 1956 (tr. fr. *Economie et société*, Plon, vol. 2, 1995, p. 137).

11 原註：D. Frémy & M. Frémy, *Quid*, Robert Laffont, 1995, p. 647.

12 原註：這麼說，並不表示法國社會沒有人種歧視。以這一點來說，法國的情況與美國是類似的；雖然美國的黑人受到歧視，但沒有人認為他們是外國人。相對地，在日本出生、只會講日語的朝鮮人，在日本卻必須以外國人的身分生活。如果不談歧視、只看國民概念的問題，那麼法國對國籍的看法，與日本是不同的。

底改寫了歐洲的民族地圖；現在所謂的德意志人的祖先，事實上是「日耳曼人」、「凱爾特人」、「斯拉夫人」等等的混合。所謂的德意志民族、德意志文化等等，原本就是在歌德、赫爾德（Johann Gottfried Herder, 1744-1803）等浪漫派思想家活躍的十八世紀後半之後，才形成的範疇。在那之前，「德意志人的同一性」這個概念本身是沒有意義的。

十九世紀後半才開始興起統一運動的義大利，也是相同的情形。統一完成後最早的國會曾經有過一場著名的演講，是這麼說的：「義大利已經完成了。接下來，我們必須創造出義大利人。」從這裡我們也可以明白，所謂「義大利人」的同一性，是最近的產物。[13]

順帶一提，如果觀察外國人在總人口數中所佔的比例，一九九〇年時滯留在法國的外國人佔百分之六．四，舊西德則是百分之八．二。和德國比起來，法國的比例較低。那是因為德國的歸化困難，滯留的外國人始終保持原國籍；而許多居住在法國的外國人則透過歸化取得法國國籍（大多仍保有原國籍而成為雙重國籍者），因此不會出現在統計數字中。如果比較一九八〇年代的數字，西德每年大約有四萬名土耳其人嬰兒出生，其中取得德國國籍的僅有一千人左右。相對地在法國，由外國人父母生下的約三萬名嬰兒中，除了兩千人以外，其他全部被賦予法國國籍。[14]而根據一九九九年的人口普查，距離前一次調查的九年間，有五十五萬外國人歸化成為法國人。[15]

至今仍然有許多人相信「日本人是單一民族」這個說法，不斷有人發表日本人論、日本文化論之類的言論。但是在歷史學家的努力下，已經證明那只不過是虛妄的幻想，我們沒有必要針對這一點再重新檢討。[16]日本人是單一民族的說法，是戰後開始流傳的。在那之前，主流的看法認為日本人是吸收眾多民族而形成的。戰前公開表示天皇家的祖先是朝鮮氏族的國家主義者，亦不在少數。[17]

猶太人所建立的以色列，是國族國家的一種特殊型態。以色列和美國、加拿大、澳洲一樣，都是由來自外部的移民定居下來所形成的國家。

移居到新大陸（美洲）的歐洲人脫離母國，在新大陸獲得其新的同一性。以這種方式形成的國家，通常標榜多民族國家的形象。對應於這樣的形象，這些國家不重視血緣，而採用屬地主義（Jus soli，出生地主義）的國籍觀念。

然而以色列的情況不同。以色列是以「散居在世界各地的猶太人，回到他們本來的

13原註：E. J. Hobsbawm, *Nations and Nationalism since 1780. Program, Myth, Reality*, Cambridge University Press, 1990 (tr. fr. *Nations et nationalism depuis 1780*, Gallimard, 1992. P. 62).
14原註：D. Schnapper, *La France de l'intégration. Sociologie de la nation en 1990*, Gallimard, 1990, p. 58.
15原註：*Le Monde*, 10/11/2000, p. 19; *Le Monde*, 18/11/2000, p. 8.
16原註：比方網野善彥的《日本社會的歷史》（『日本社会の歴史』〔上〕，岩波新書、一九九七年）。
17原註：小熊英二『単一民族神話の起源』（新曜社、一九九五年）。

土地」這樣的劇情設定為前提，開始建設他們的國家的。因此，雖然是由移民所形成的國家，但是在人們的認知裡，以色列的民族同一性是自古一直延續下來的。不過，這是事實嗎？

一九五〇年制定的「回歸法」，讓全世界所有的猶太人都得以「返回」以色列。猶太人是母系血統的社會；根據正統的定義，只有猶太人母親生下的小孩，才會被承認是猶太人。因此，就算父親是猶太人，如果母親不是猶太人，生下來的小孩並不被會當作是猶太人。但實際上「回歸法」適用的對象，卻包括非猶太人母親生下的孩子，以及猶太人的非猶太配偶。現實中，猶太人與非猶太人結婚是常有的事。摩洛哥出身的以色列人與外族通婚的比例是最低的；但即使是他們，男性也有百分之四十六，女性更高達百分之五十一。換句話說，每兩個猶太人，就有一個是與非猶太人結婚的。

許多人從俄羅斯移入以色列。從二十世紀初到蘇聯瓦解的期間，移居巴勒斯坦的俄羅斯人佔以色列移入人口總數的大約三分之一；蘇聯瓦解後的移入者，更寫下五十萬人的記錄。儘管有許多俄羅斯人，在移居之後對以色列的實況感到失望，而離開巴勒斯坦之地，但他們仍然是以色列人口的主要來源。但接下來我們要說明，這些俄羅斯出身者之中，事實上夾雜著許多非猶太人。

根據一九八九年度的統計，居住在蘇聯的猶太人有一百四十萬人（孩童與老人也全部包含在內），與猶太人結婚的非猶太配偶者有八十萬人。全部這兩百二十萬人，都擁有「返回」以色列的權利。

此外，也有許多非猶太人為了逃離共產主義體制，而透過虛偽申報「變成」了猶太人。以虛偽申報移居以色列的非猶太人，根據不同的估算，至少佔來自蘇聯的移民總數的十分之一，也有人認為高達三分之一。

一九九〇年代，隨著蘇聯瓦解而開始了大量的移民。不可思議的是，居住在以色列的基督教徒人數也急速增加。原因並不是原來的猶太教徒改信基督教，而是自蘇聯移入的「猶太人」其實夾雜著許多基督教徒。一九八九年之前，以色列的基督教徒人數，每年大約增加兩千人；但一九九〇年之後，以五倍的速率每年增加一萬人，而一九九五年更高達兩萬一千人。也就是說，與來自蘇聯的大量移民開始之前比較起來，基督徒增加的速率提高了十倍。

於是有大量的非猶太人，成為定居以色列的猶太人。

血緣的連續性，還有其他值得懷疑的要素。衣索匹亞有一個主張自己是猶太人，但被稱為法拉沙人（Falasha）的黑人族群。但因為其膚色等身體上的差異，以及他們的信仰在其他猶太人眼裡顯得怪異等等理由，一直到一九八〇年代之前，拉比（Rabbi，猶太教的精神領袖）們並不承認他們是猶太人，也因此他們被拒絕移民到以色列。但是，以色列這個國家賦予自己接納散居在世界各地所有猶太人的使命；對以色列來說，接受法拉沙人的移民，具有重大的意義。結果，以色列政府不顧大半國民的反對，從一九八四年十一月到隔年初，以航空輸送的強硬手段，營救面臨內戰與饑荒威脅的法拉沙人，將他們從衣索比亞運送到以色列。於是黑皮膚的以色列人誕生了。[18]

人們很容易認為，猶太人是以血緣穩固連結的代表性民族。但從上述的考察可以看出，那只不過是神話而已。[19]

法國、德國、義大利、日本這幾個國家，並非一開始就由單一民族所構成。相反地，它們因為內部形成了政治上的統一，所以在事後建構了單一民族的表象。以色列的情況也是如此；事實上它是由各種身體特徵、文化、宗教、政治信念都非常不同的人所組成的。但是，「上帝選民」這個虛構的信念，再加上受迫害的歷史，以及遭到敵對阿拉伯各國包圍的現況，使他們經常意識到外部的存在，因此得以維持單一民族的表象。蘇聯與南斯拉夫之所以從內部瓦解的原因，並非因為它們是多民族國家，而是因為它們無法成功地塑造一個國族的表象，以整合多樣的人口族群。

人們稱呼美國、加拿大、澳洲等等，是多民族共存的多元民族國家。相對地，法國、德國、義大利、日本則被稱為國族國家，認為這些國家的國民由單一民族構成。但是，社會必定是由來自各種不同民族的人所組成的。不論我們將近代國家的構成要素視為單一範疇，或是劃分為數個單位，不管哪個近代國家，都是由多個民族所組成的。

多元民族國家與國族國家（單一民族國家）的差別，並不在於一個是集合了多個民族所形成，而另一個是單一民族原封不動直接建立起來的。換句話說，這兩種國家型態的差別，並不是在於出發點。相反地，那是從「現在」這個臨時的到達點所看到的區別。

血緣的意義

從上述的事實我們已經可以確認，想要以血緣作為民族的根據，是極為困難的事。接下來讓我們從更根本的觀點，來思考血緣這個概念本身。透過血緣所建立的連續性，究竟是什麼意思？

直系親屬相互之間的親近感，來自何處？是因為生物學上的關聯而自然產生的嗎？為了回答這個問題，讓我們假設這樣的情境：剛出生的兩個嬰兒，產房的護理師弄錯他

18原註：關於以色列人口結構的資料，我得自Y. Courbage, "Qui sont les peoples d'Israël?", in *Israël, De Moïse aux accords d'Oslo*, Seuil, 1988, p. 487-495。

19原註：除此之外，分散在東歐的阿什肯納茲猶太人（Ashkenazi Jews）以及北非的塞法迪猶太人（Sephardic Jews），有很大的可能性，事實上並非當年被逐出巴勒斯坦的猶太人的後裔，而是各地改信猶太教者的子孫。但如果這是事實，那麼以色列持續拒絕那些遭到他們驅逐的巴勒斯坦人、不讓他們返回家鄉，卻承認在以色列之外地區出生長大的猶太人的「回歸」，這樣的政策的正當性將從根本受到動搖。因此在歐洲的歷史學界，關於這個主題的研究是一個不可碰觸的禁忌。M. Ferro, *Les tabous de l'Histoire*, Nil éditions, 2002, p. 115-135.

們的父母了。如果在血型或膚色方面沒有明顯的差異，兩組父母與小孩本身，大概都會在不知情的狀況下度過一生吧！兩個小孩也會各自在其「養父母」的愛之下長大。

再讓我們假設，這兩個嬰兒的出生地不是日本，而是在巴勒斯坦或南斯拉夫。來自各種不同民族的孕婦，一起在婦產科醫院裡待產。讓我們想像，因為某種失誤而抱錯小孩，使得猶太人的嬰兒變成巴勒斯坦人，而塞爾維亞人的小孩在阿爾巴尼亞人的家庭裡長大。如果只看孩子的外表，是無法發現這樣的錯誤的。這些小孩的未來，將會發生什麼變化？被當成巴勒斯坦人養育成人的猶太人小孩，說不定會對以色列軍隊進行自殺式攻擊，為了「祖國」的榮耀而犧牲生命。而被阿爾巴尼亞家庭抱走的塞爾維亞少年，後來在爆發民族衝突的時候，說不定會以阿爾巴尼亞人的身分成為受迫害的一方，遭到塞爾維亞人的屠殺，年紀輕輕就喪失生命。

同一民族成員或親屬之間的親近感，並不是來自生物上的先天條件。這樣的情感來自共同生活的經驗、過去一起培養的記憶，或是該文化中普遍的家族概念、規範等等社會或意識形態的要素。

鳥類有一種稱為「銘印」（imprinting）的現象。剛從卵中孵化出來的雛鳥，會先入為主地將最先看到的、會動的對象，視為自己的父母。雖然親鳥通常就在身邊，但也有例外的時候；雛鳥一睜眼偶然看到的運動物體，不管是其他的鳥、人類，甚至是閃爍的燈泡，都會誤認為那是自己的父母。在猿猴、老鼠等哺乳類身上，也可以看到同樣的現象。若是小時候由親生父母之外的生物餵養照顧，長大之後就無法區別親生父母與養父母。連野生的動物都沒有可以分辨親生父母的「野生嗅覺」，實在無法想像人類會具有更敏銳的感覺。

血緣的概念本來就是主觀的東西，是社會過程下的虛構產物。[20]

當我們發現自己的父母並不是親生父母，大多數人的確會受到打擊而不知所措，說不定會開始四處尋找真正的父母。但是，就算這樣的行為很自然，我們也不可能找到生物學上的原因。造成問題的是「過去一直以為是親生父母的人，其實不是」這個認知。只要不知道這件事，就不會發生任何問題。

或者也可能有相反的情形。即使事實上真的是親生父母，但如果因為某些理由讓我們產生懷疑，我們一樣會心神不寧，開始尋找「真正的父母」吧！

與經過陣痛、生出小孩的母親不同，對做父親的人來說，眼前的這個小孩是否真的

20原註：所謂的血緣這個說法本身，原本就是不恰當的。只要血型相同，非洲人與日本人之間也可以相互輸血；但如果血型不同，那麼即使是父母子女之間，也不能輸血。讓我們假設這樣的狀況：母親是A型，父親是B型；他們生下來的孩子，哥哥是A型，弟弟是B型。父親與哥哥不能互相輸血，母親與弟弟之間，也不能相互輸血。也有這樣的情況：兄弟姐妹之間無法進行骨髓移植，完全不相干的陌生人卻可以。如果是這樣，那麼我們是不是要說，無法輸血與移植骨髓的親兄弟之間，沒有血緣？這不是在強詞奪理。就像在第一章確認過的，如果不隨性地選擇某些基準，我們無法談論兩個個人的近親性質。以完全客觀的觀點來說，父母與子女的身體要素，並不一定相似。

來自己的精子，如果不經過檢測，是不會知道的。但大多數人並不會真的去確認這件事，直接就認定「這是我的孩子」。而且一般來說，並不會發生任何問題。

人總想要知道、記得自己來自何處，有時候甚至不惜捏造。正因為有這樣的欲望為前提，血緣這個概念對我們的生活才有意義。也就是說，血緣或民族，與集體記憶有密切的關係。

細菌透過細胞分裂而繁殖，但人不一樣；人必須透過有性生殖才能繁殖。因此，隨著世代繁衍，血緣必然會越來越薄。

絕大部分的社會都禁止近親相姦。李維史陀（Claude Lévi-Strauss, 1908-2009）認為，近親相姦的禁忌，主要不是為了禁止與血緣相近的女性結婚，而是為了透過將女兒贈與其他族群，以維繫族群之間的關係。換句話說，婚姻制度不但不能守護純正的血統，反而始終會讓兩個不同的血統混合，讓外部滲入內部。[21]

一個人是否被認為屬於某個民族集團，還要看該民族集團是父系社會或母系社會。舉例來說，猶太人是母系血統的社會；只要母親是猶太人，就算父親不是猶太人，生出來的小孩也被認為是延續了猶太人的血統。在這裡之所以產生血統連續的感覺，是因為只重視母系的連結；但如果我們轉而用父系的角度來觀看相同的情形，得到的結論卻正好相反——隨著世代的繁衍，婚姻切斷了血統。所謂的血緣，是製造社會記憶機制的虛構。

實際的血緣連續性，與同一性的維持沒有關係。這一點可以在日本的家族制度中看得非常清楚。就像「先祖代代之家」這句話所表示的，日本社會至今仍然強調家族的連續性；婚姻也不只是兩個個人的結合，而被賦予融合兩個家族的意義。特別是在能劇、狂言等傳統藝能的世界，一般採取世襲制。如果不是來自主角家族的人，就不能扮演主角；而出生在配角家庭的人，就只能演配角。但另一方面，儘管對家族的存續如此堅持，收養子的風氣卻非常盛行。[22]

而且，與嚴格父系血統主義的中國或朝鮮不同，日本人在結婚的時候，可以很輕易地就變更名字。中國與朝鮮的家族，是具體個人的集合；而且他們認為，若是以父系的系譜回溯，兩個同姓的個人將追溯到共同的祖先。因此，同姓男女的婚姻相當於近親結婚，在社會上是受到禁止的。還有，女性結婚後也不會失去她原有的姓氏，仍繼續使用原生家庭的姓，也就是父親的姓。[23]

21原註：C. Lévi-Strauss, *Les structures élémentaires de la parenté* (2e éd.), Mouton, 1967.

22原註：領養孤兒的案件被稱為「特別養子」，一年大約有一千件左右。相對地，作為擬制（legal fiction，或稱法律擬制）、具有契約性格的「普通養子」，一年則高達八萬、甚至九萬件。一旦訂定養子契約，契約期間內就不用說了，即使中途解約或契約終止，一度形成親戚關係的男女間的婚姻，也不再受到承認（日本民法第七三六條）。制定這樣的法律，是為了補強作為擬制的親子關係。大村敦志『家族法』（有斐閣、一九九九年），一八七～一九八頁。

23原註：渡辺浩『近世日本社会と宋学』（東京大学出版会、一九八五年），一一六～一六〇頁。

中國與朝鮮的血緣的虛構直接而醒目；相對地，日本的家族制度則帶有某種形式化組織的性格。日本的家族不是個人的集合，而是形式上的組織；雖然家族的運作以個人為媒介，卻是超越其具體成員的存在。日本的家族制度，事實上並不重視血統的連續性。儘管如此，家族這個虛構仍然擔負了重要的意義。乍看之下這兩點是互相矛盾的，但其實不然。重視血統的世界觀，與公然破壞血統連續性（比方收養子、改名字）的行為共存，並不是因為偽善或欺騙；而是因為，維持強固的共有祖先的表象，與實際上血緣是否連續，是兩個不同的問題。

為了理解這一點，讓我們轉而看看中世紀的歐洲。為什麼人們會認為王國、基督教會、職業公會、大學等這一類的團體，是永續的存在？歷史學家康托洛維茨（Ernst Hartwig Kantorowicz, 1895-1963）詳細分析了這個問題。「儘管成員替換，共同體本身永續存在」這個想法，是透過中世紀的神學家與法學家而逐漸形成的。如果截取某個時間點來看，共同體是由多樣的成員構成的；如果從時間系列來看，構成共同體的人，會隨著時間的經過，不斷被新的世代更替。但是，不論這水平或垂直的多樣性，都逐漸被人們忘記，而保留了共同體連續的感覺。

在這過程中扮演中心角色的觀念，就是被視為各共同體本質的目的或使命。共同體總是被賦予特有的目的或使命，人們也因此認為共同體超越其成員而存在，而且還形成倒果為因的構圖——在某個歷史時間點屬於某個共同體的、現實中的成員，被視為只不過是達成該共同體目的之手段。依照這個邏輯推論到底，甚至連國王的地位，也被貶為代表王國的物質性媒介。即使現實中國王的身體消滅，作為本質的國王是永恆不滅的——這樣的世界觀，就是這麼形成的。[24]

丸山真男指出，戰前日本天皇的形象與歐洲的絕對君主不同，並不是被當作秩序的建立者、自由的政治主體[25]，而是延續萬世一系的皇統、以皇祖皇宗的遺訓統治的繼承者。天皇是國體的根源與根據；而以天皇為依據所形成的共同體，則超越了在現實中統治的天皇個人，毫不間斷地從過去一直延續到現在。這樣的同一性的虛構，曾經是日本這個國家運作的依據。[26]

這樣的邏輯，更進一步衍生出折口信夫（1887-1953）的理論——「天皇靈」是永恆存續的唯一本質，歷代的天皇只不過是讓「天皇靈」寄宿的物質材料。在他的解釋裡，天皇並非一出生就具備了天皇靈；天皇靈是外部的靈魂，經過名為「大嘗祭」的巫術儀式，才附著於天皇的身體。折口的理論認為，天皇制並非萬世一系，而是萬世一

24 原註：E. Kantorowicz, The King's Two Bodies. A study in Mediaeval Political Theology, Princeton University Pres, 1957. 特別是第六章。
25 原註：這裡所說的，是被表徵為自由的政治主體，但自由的政治主體的正當性或根據，並不是由近代西洋所確立的。請參閱第三章與第五章。
26 原註：丸山眞男「超国家主義の論理と心理」『增補版　現代政治の思想と行動』（未来社、一九六四年）。

帝；天皇的正統性，並非來自天皇家的血緣連續性，而在於天皇靈的一貫性與不變性。[27]

歐洲與日本的文化基礎不同，但為了建立統治者的正統性，卻發展出同樣的邏輯，這件事非常有趣。必須存續的是制度本身；制度底下的各個個人，則成為支持制度的物質性媒介，只是次要的存在。

當然，既然家族是血緣關係的虛構，要從外部迎進新成員的時候，需要某種控管。但因為家族這個制度被表徵為超越其成員本身的存在，現實中成員的身分可以被集體意識忽略，因此接受外部要素作為家族的成員是可能的。於是我們可以理解，為了家族血統的存續而透過收養子導入外部要素，這個矛盾的現象，是虛構裝置為了自我保存的運動。

不論在什麼樣的文化環境底下，婚姻制度都是將外部因素內部化的機制。因此，血緣的概念必定是由社會過程捏造出來的虛構所支持。為了讓血緣看起來是有意義的，人們想出各種意識形態的花招，什麼君權神授說、純粹人種、血統等等，都是此類。但是，為了將一個群體表象為一個有機的整體存在，而不只是個人單純的集合，必定需要邏輯上的跳躍；而這社會性的虛構沒有別的作用，就只是為了掩蓋這邏輯上的跳躍而已。[28]

不斷變化的文化

那麼，第三種嘗試——以文化的連續性作為民族同一性的依據——是否可能？日本文化中，是否存在著貫穿歷史的特有結構或內容？

過去曾經發生過無數次的運動，試圖排除日本思想中的外來要素，尋找純粹日本原生的思想。然而，「純粹」這兩個字在這裡若是要具有任何意義，日本文化中就必須存在某種固有的本質。但就像丸山真男所指出的，這種純化的努力跟剝洋蔥的皮一樣，都是徒勞。剔除外來要素以後，不會留下任何東西。[29]

日語的文字原本借用自中國文字；被視為日本文化象徵的京都與奈良的建築物，基本上是模仿中國與朝鮮的建築樣式。佛教本是喬達摩・悉達多創立的異教，如今成為日本人心靈的寄託。當然，接受外來文化並非日本社會獨有的現象。人們常以基督教，作為歐洲與南北美洲各文化的最大特徵之一，但基督教也是猶太人耶穌在中東地區傳布的

27原註：『折口信夫全集』二（中央公論社、一九五五年）。關於折口信夫的分析，我參考了津田博幸「天皇がまとう魂」『別冊宝島九四　もっと知りたいあなたのための天皇制・入門』，一三二～一五一頁。

28原註：我們還會在第五章進一步探討這個問題。

29原註：丸山眞男「原型・古層・執拗低音」加藤周一・木下順二・武田清子『日本文化のかくれた形』（岩波書店、一九八四年）所収，八七～一五二頁。

異教。

小孩生下來後，學習社會的規範與價值觀以進行社會化。因此從某個意義來說，文化是會再生產的。然而，再生產之後的結果，並非完全一樣的內容。每個世代的文化都會偏離前一個世代而產生變化；我們不可能找到自古以來一直保持同樣型態的文化要素。語言通常被稱為是民族的靈魂；但是一個語言的文法、詞彙、符號系統，始終不斷地產生變化。話說回來，世代之間的衝突，不就是因為文化的變遷而來的嗎？

所謂的國語，是人為發展而成的。這個事實，可以從日本的標準語化政策，以及土耳其語的書寫改採拉丁字母等等，看得很清楚。法國人引以為傲的法語，同時也被視為法國文化同一性的泉源；但事實上一直要等到第一次世界大戰時期，法語才大致上普及到全部法國領土。法國大革命發生的十八世紀末，大約只有一半的法國人使用法語；而且即使是以法語交談，許多人的用法也和現代法語非常不同。[30]第一次大戰爆發的一九一四年當時，除了法語以外，法國各地還使用德語、亞爾薩斯語、布列塔尼語、巴斯克語、奧克語、加泰隆尼亞語、科西嘉語等七種語言，而且各自有根深蒂固的傳統。順帶一提，現在這種型態的法語之所以能固定下來成為標準語，第三共和制下義務教育的普及，有很大的貢獻。

以人為的方式發展國語還有一個極端的例子，那就是以色列。以色列將阿拉伯語及希伯來語，一起指定為官方語言。在以色列建國過程中，東歐出身的猶太人扮演了核心的角色；但他們在很早的時候就放棄了希伯來語，日常生活所使用的是意第緒語。十九世紀，猶太人以聖經中的古希伯來語為基礎，創造了近代希伯來語，但是在一般猶太人之間並無法通用。我們在本書第一章也曾經提過，以色列建國的時候，百分之九十國民的母語是意第緒語。當時大多數人推測，以色列通用的語言應該會是英語或意第緒語，無法相信大家能以希伯來語交談。但是在建國後極短的期間內，這個半人工製作出來的語言，就成為官方語言之一。[31]

文化必定會變遷。從太古延續下來的傳統，大概都是後代人虛構出來的故事。舉例來說，蘇格蘭裙被視為蘇格蘭文化的象徵。但事實上，蘇格蘭裙是住在蘭卡斯特郡的英國企業家在十八世紀發明的。不僅如此，「蘇格蘭人」這種民族本身，在近代以前是不存在的。大家都知道，現在住在蘇格蘭北部的人們，祖先來自愛爾蘭。一直到十七世紀末為止，北部人與愛爾蘭人的交流，比和蘇格蘭南部撒克遜人的關係更為緊

30 原註：*Atlas de la langue française*, Bordas, 1995, p. 22.

31 原註：國語的發展過程，必定包含人為的因素。「言文一致」這句話，並不像一般人所理解的那樣；它的意思，並不是將口說的語言用來書寫。我們現在所使用的口語和書寫語言之所以相似，原因正好相反；那是因為我們把書寫的文章，拿來當作說話的語言使用。但丁、笛卡兒、路德以義大利文、法文、德文所寫下的書籍，現在我們還是可以閱讀，並不是因為幾百年來這些語言的變化不大；相反地，是因為這幾個國家的國語，就是由這幾位作家的作品所形成的。請參閱柄谷行人的〈文字論〉『「戰前」的思考』（文藝春秋、一九九四年），一二三～一五六頁。

密。這是理所當然的；當時海上交通遠比路上交通容易。

蘇格蘭裙的問世，是一七〇七年英格蘭併吞蘇格蘭北部之後二十年左右的事情。它一開始就受到下層庶民的歡迎，但並沒有引起中上流階層的興趣。一七四五年發生蘇格蘭叛亂之後，英國政府禁止穿著蘇格蘭裙，以作為其同化政策的一環。從那時候起，穿著蘇格蘭裙的習慣急速衰退。然而一七八〇年解禁之後，不可思議地，原本被視為下層階級低俗衣飾的蘇格蘭裙，突然受到中上流階層熱烈喜愛。結果，蘇格蘭裙成為蘇格蘭人的代表性服裝，只不過是十八世紀後半之後的事。

不只是蘇格蘭裙，蘇格蘭的「傳統文化」也是從那時候開始，到十九世紀前半這段期間發明出來的。其過程的第一階段，首先是切斷蘇格蘭與其本家愛爾蘭的關聯。他們杜撰故事，將實際上原本來起源於愛爾蘭的文化要素，說成是蘇格蘭北部自古以來就有的東西。並且透過竄改歷史，倒轉本家與分家，將蘇格蘭北部的文化與愛爾蘭文化的相似性，解釋成前者向後者的文化傳播。接下來的階段是歪曲事實，將全新創造出來的文化要素——比方上述的蘇格蘭裙——描述成自古以來就存在。而最後的第三階段，當居住在蘇格蘭低地的撒克遜人、皮克特人、諾曼人等等，都開始接受「蘇格蘭傳統文化」的時候，蘇格蘭全體的傳統於是虛構完成。[32]

勒南（Joseph Ernest Renan, 1823-1892）曾經留下著名的一段話：「遺忘——說得更徹底一點，歷史的謬誤——是形成國族的根本要素。因此，歷史研究的發展對國族來說，是危險的勾當。」就因為人們忘記了實際上發生過的變化與成員的多樣性，民族同一性的錯覺才可能形成。[33]

截至目前，我們駁斥了將民族與文化視為實體的想法，批判了以血緣作為民族連續性根據的主張。儘管如此，民族保有同一性的感覺，卻難以去除。這是為什麼？

作為心理現象的同一性

讓我們在心裡描繪這樣的情景吧！和平的漁村裡，漁夫過著平靜的生活。他們每天早晨划著木船出海，或多或少捕些魚回來。但因為是木頭做的船，慢慢就有了損壞。有些地方開始腐朽，偶爾也會擦撞到岩石，因此每隔一陣就需要修理，以新的木材更換毀損的船板。漁夫逐漸老去，到了該退休的時候了。於是他跟兒子說，從今天開始你來划船吧！就把自己的船給了兒子。兒子也一樣，每天出海捕魚。船的狀況也繼續惡化，繼續修復。接下來又傳到孫子那一代……。因為這木頭的船，每次修理都會更換零件，到

32 原註：H. Trevor-Roper, "The Invention of Tradition: The Highland Tradition of Scotland", in E. Hobsbawn & T. Ranger (Eds.), *The Invention of Tradition*, Cambridge University Press, 1996, p. 15-41.

33 原註：E. Renan, "Qu.est-ce qu'une nation?", in *Discours et conférences*, Pocket, 1992 (1e édition, 1887), p.41.

了某個時間點，所有的零件都被更換過了，當初的材料一點也不剩。於是問題來了——這艘船和爺爺的船，是同一個東西嗎？因為每天都在使用，感覺上當然是同一艘船；但是從材料的觀點來看，孫子的船上，已經沒有任何當年爺爺船上的材料。這樣還能說是同一艘船嗎？

上面說的這個例子，是從古希臘以來就不斷有人討論的神話「忒修斯之船」。讓我們透過「忒修斯之船」的情境，來思考群體維持同一性的手法。既然材料全部更換過了，為什麼還是同一艘船？對於這個問題，亞里士多德曾提出他的解答。他認為，即使構成這艘船的木材——質料——已經發生變化，但是讓這艘船成為這艘船的形式——相當於設計圖——則維持不變。因此，即使這艘船所有零件都已被替換過，仍然可以視為本質上是同一艘船。

但只要想像一下以下的情況，就知道事情不像亞里士多德所說的那麼簡單。假設我們親手一口氣將這艘船完全破壞，然後照著設計圖，用全新的材料，建造一艘結構完全相同的船。孫子知道爺爺留下來的寶貴的船遭到破壞，大吃一驚。如果這時候我們對他說：「看吧，我把你爺爺的船變成全新的了！」孫子聽了一定很生氣：「這鬼東西才不是我爺爺的船！這只不過是複製品！」其實不論是花一百年的時間慢慢更換材料，或是一口氣全部換掉，所有的材料都已經變成新的，這一點是一樣的；但是在心理上，卻是完全不同的感覺。即使所有的零件都被替換過了，只要其過程所耗費的時間夠長，就自然會產生好像還是同一艘船的感覺。

我們所抱有的同一性的感覺，其實是一種心理的現象。讓我們仿效霍布斯的推論方式，來仔細說明這一點。[34]如果每一次只要有船板損傷，我們就用新的材料更換，但並不丟掉舊的材料，而是保存下來。當這艘船上所有最初的材料都換成新的了，我們再用保存下來的、原來的舊材料，照著原來的設計圖重新組合起來。於是在概念上，可以想像有三艘船的存在：一開始的船Ａ，慢慢用新的材料修復而成的船Ｂ，還有用原來的材料重新組合的船Ｃ。如果每次修理都把舊材料丟掉，船Ｃ不可能出現，那麼我們就能感受到船Ａ與船Ｂ之間的連續性。但是當使用舊材料組合而成的船Ｃ出現時，我們的信心動搖了。一看到破舊而傷痕累累的船Ｃ，我們原本視為和船Ａ是同一艘船的船Ｂ，立刻降格成為複製品；我們頓時感慨萬千，覺得破舊不堪的船Ｃ才真正是爺爺的那艘船。假設我們又看到古老船板上、小時候畫的塗鴉，更會回想起與爺爺共度的快樂時光；充滿現實感的回憶，彷彿就在眼前。

從上述的例子我們可以明白，形式的連續性並不能保證同一性的存在；除了形式的

34 原註：T. Hobbes, "Of Identity and Difference" (ch. 11), *De corpore* in *The English Works of Thomas Hobbes*, t. I, edited by Sir W. Molesworth, Hohn Bohn, 1839, p. 136（我依據的是 *L'Identité*, textes choisis et présentés par S. Ferret, GF-Flammarion, 1998, p.113-114）。

連續性，還需要某種其他的因素。但是，這「某種因素」並不存在於船本身。那麼，它存在於何處？同一性的根據，隱藏在對象的外部。

再讓我們想像，眼前有一塊固體的物質。假如經過一段時間後，這塊東西的所有部分都沒有任何變化，仍然維持相同的狀態，那麼這塊東西保有同一性。接下來讓我們想像，從這塊東西上面取下極少量的部分，或是對它添加極少量的其他材料。嚴格來說，這時候它的同一性已經被破壞了。但實際上，一般來說我們不會想得這麼嚴密；只要變化非常細微，我們就會覺得同一性依然保持。如果人注意不到的微小變化，一個接一個、慢慢發生，即使經過一段時間後，變化的總量已達到可觀的程度，我們仍然不會發現同一性其實已經中斷了。[35]

換句話說，是觀察者不斷將對象的不同狀態同一化所產生的表象，形成了同一性的感覺，而不是對象本身具有某種超越時間持續存在的本質，保證了其自我同一性。對象的同一性是一種現象，而這種現象，是由相信對象沒有改變的外部觀察者所建構的。同一性並非來自對象的內在狀態；同一性的根源，是同一化的運動所帶來的社會、心理現象。[36]

就像不斷更換零組件的船，民族群體的成員也不斷更替。日本每年大約有九十萬人死亡，一百二十萬左右的嬰兒出生。不需要一百年，幾乎所有的成員都會遭到替換；再稍微等個幾年，「日本人」的構成要素就會完全更新。儘管如此，我們卻覺得民族群體保有同一性；那是因為群體的成員並不是一口氣全部一起更換，而是一小部分、一小部分連續進行替換。日本社會每日更換的成員，只不過佔總人口的百分之〇・〇〇二左右，維持不變的佔壓倒性的多數。因為從一個狀態到另一個狀態的轉移沒有斷斷續續的感覺，而是非常的平順，所以「日本人」這個同一性的感覺得以保持。

特別是因為人類和許多其他的動物不同，生殖活動期不受季節的限制，因此群體的更新並沒有特定的時期。變化沒有分隔點，而是連續地進行，這也使得民族群體容易產生同一性的錯覺。

休謨指出，要產生「對象維持同一性」的感覺，條件之一是對象的各個部分相互依

35原註：D. Hume, *A Treatise of Human Nature*, Edited with an Introduction by E' C. Mossenr, Harmondsworth, Penguin Classics (1st ed. 1739-40), 1969, p. 238-268 (Book 1, Part 4, Sec. 2: "Of scepticism with regard to the senses") & p. 299-311 (Sec. 6: "Of personal identity"). 我特別請參考了第三〇三～三〇四頁。本書所說的「觀察者」或「行為者」，意思並不是個人，而是指透過社會性的相互作用所構成的交互主體性（intersubjectivity）。因此，對象的自我同一性錯覺的成立，並不需要觀察主體的自我同一性的作用。稍後我們還會再探討這一點。

36原註：人格解體（Depersonalization）患者無法正常感覺到時間的連續性。在大多數人的認識裡，時間是不斷流動而去的東西；但是對人格解體患者來說，只有許多稱為「現在」的瞬間零散地出現，無法在它們之間看到自然的連續性。就像我們眨眼睛之前與之後，視界是被切斷的，客觀來看，我們從外界所接收到的資訊，也是斷斷續續的。對精神正常的人來說，這些斷斷續續的資訊並不是許多稱為「現在」的剎那的集合，而是連續的經驗。之所以能有這樣的感覺，是因為我們在無意識中捏造主觀的故事。也就是說，甚至連時間，也不是獨立於人之外的客觀存在，而是由主體構成的。請參閱木村敏『時間と自己』（中公新書、一九八二年）。

存，朝著共通的目的形成有機的結合。上述的那艘船，儘管經過一再的修理而產生了顯著的變化，但因為在我們的認知裡，船的各個部分都為了同一個目的而持續存在，所以「那艘船保有同一性」的感覺不會消失。當我們想像部分與全體之間存在著必然的關係，就會產生全體脫離其組成的部分而單獨存在的錯覺；因此就算材料再怎麼更換，還是很容易維持船本身具有同一性的感覺。

再讓我們想像，有一座紅磚建造的教堂，經過漫長的歲月開始頹圮。信眾合力重建，但不再使用紅磚而改用石材，建築也採用現代的風格。與之前漁船的情況不同，在這個例子裡改變的不只是材料，連外型也與以前的教堂不同。但由於對信眾來說，這新舊兩個教堂有同樣的目的，因此兩個不同的對象被同一化，教堂維持了自我同一性。[37]不僅如此；建造新教堂的時候，舊教堂已經完全拆除、不再存在，但這反而更強化了同一性的感覺。國家、民族、大學、法人等共同體的成立與維繫，其背後都隱藏了這種形成同一性的心理機制。

我們在上一章說明，意味著成員均質性的民族同一性，來自範疇化所造成的錯覺；接著我們又確認，超越時間而保持的自我同一性，是人透過不斷的同一化所創作出來的虛構故事。我們批判了主張「同一性的根據內在於共同體本身」的立場。

在這個過程中，我們檢討了兩種讓變化與同一性並存的可能性。第一種想法認為，隨著時間不斷變化的只是外表的現象，並且假定某種不受變化影響而保持自我同一性的形式，或是恆在不變的實體存在。相對地，第二種想法否定這種不變的形式或實體的存在；萬物皆變化，實際上並不能保有所謂的自我同一性。在這第二種立場裡，自我同一性並不是對象本身內在的性質，而只不過是外部的觀察者，因為不斷對對象進行同一化，所產生的錯覺。換句話說，雖然變化與同一性在邏輯上不可能並存，但因為觀察者並沒有察覺到接連發生的變化，所以產生了同一性的錯覺。當觀察者在事後注意到對象隨著時間所產生的改變時，因為同時認知到變化與同一性，所以感覺彷彿有超越變化的實體存在。

很明顯地，本書採取的是第二種立場。讓我們再說得清楚一些。第一種想法認為，作為本質的同一性，以及作為偶然性質的變化，都是對象本身的性質；而且在對象這單一項目的內部，同時完整具備這兩種性質。相對地，本書的立場則並非只關注對象，而是在主體與客體之間的關係中，讓同一性與變化同時成立。在這個意義下可以說，本書將同一性與變化，移到二元關係這個擴大的認知環境下探討。

但是這裡所說的主體，並非與客體分離的精神，也不是獨立在他者之外的個人主體。這裡所說的主體，必須理解為交互主體性（intersubjectivity）。同一性與變化，必

37 原註：D. Hume, op. cit., p. 305-306.

須理解為對象、主體、他者交織而成的三元關係所產生的現象或事件。更進一步地說，構成社會的這三個項目本身，也是在循環的迴路中相互作用、不斷變化的過程中所形成的暫時沉澱物，並不是固定不動的定點。

萬物流轉。對象與主體，都不斷在變化；我們不能將它們的同一性理解為「物」，而必須理解為「事」。[38]群體的同一性，是由共同體的各成員在不斷相連的每個瞬間中構成、再構成的。如果把群體的同一性實體化，將使我們陷入「實體的變化」這種形容語的矛盾（拉丁語：Contradictio in adjecto）而失去方向。我們必須從根本轉換想法。支撐世界的並非同一性與連續性；相反地，世界是由斷續的現象群，以及永不間斷的生成、消滅所形成。

我們不斷地在無意識中製造虛構的故事，將斷續的現象群同一化。若不是這樣的運動，連續性不會出現在我們眼前。我們稱之為民族記憶與文化的表象群，沒有一刻是具有同一性的。因此，我們必須探討的問題，並不是群體的同一性如何變化，而是說明作為虛構故事的群體同一性，在每一個瞬間被構成、再構成的過程。[39]讓我們在下一章，分析對象、主體、他者這三項交織而成的關係，並且探討，為什麼虛構的故事能夠產生現實的力量。

38 原註：關於主體的存在型態的詳細考察，請參閱拙著『責任という虛構』第四章。

39 原註：我將在第六章詳細討論這個主題。

一第三章一
虛構與現實

民族，是沒有虛構的支持就無法成立的一種現象，但同時也是從最根本之處規範我們的生存的現實。先前我們詳細分析並指出，民族同一性是錯覺的產物，這麼說的目的，並不是要呼籲大家從那樣的錯覺中清醒過來，以自主的個人的身分生活。我沒有這樣的意思。

說不定大家會產生疑問——如果民族只不過是虛構，為什麼民族問題會有這麼可怕的力量，襲擊每個人，將每個人捲入苦惱之中？其實不只是民族，在許多地方——從個人的心理到複雜的社會現象——虛構與現實都有著密切的關聯。一說到虛構，我們很容易想到說謊、欺騙、謠言之類，與事實不符的面向。但是，虛構並非事實的否定。不僅如此，我們必須知道，如果沒有虛構的幫助，圍繞著我們周遭的事實，甚至無法成立。

我們將在這一章分析，社會的價值經由成員的相互作用而形成的過程。不論什麼樣的社會、心理現象，都是由虛構所支持；沒有了虛構，社會生活本身不可能存在。將虛構與現實視為兩個對立的概念，這種想法本身就是錯誤的。只要人活著，虛構就扮演了不可或缺的角色。

捏造的現實

虛構以各式各樣的型態，支持著我們的生存。為了理解這一點，讓我們從思考以下這個日常生活的情境開始。討厭的人出現在面前，我們無意識地採取否定的態度。對方感受到我們的情緒所反應出來的態度，當然令人不舒服。於是我們確認「那傢伙就是討人厭」，自己的態度得到正當化。相反地，當我們抱著好感與對方交談，對方也會反應我們的態度，以彬彬有禮的言詞回覆。於是我們確認「就像一開始所想的，這是個溫柔的好人」。我們因為自己最初先入為主的想法——令人舒服或不舒服的人——而採取不同的行動，而對方則反應我們的行動而成為討厭的傢伙、或是好人。我們的想法形成了「現實」。

社會學家羅伯特・金・莫頓（Robert King Merton, 1910-2003）將這種信念創造現實的循環現象，稱為「預言的自我實現」，並進行了許多研究。[1]

只要將一群人區分成兩個範疇，即使區分的方式是隨機、任意的，人就會對與自己屬於不同集合的人產生歧視的態度——這件事我們已經在第一章敘述過。接下來，會發生以下的狀態。受到不公平對待的人心生不滿，在某些狀況下也很可能訴諸暴力。這樣一來，最初顯示歧視態度的人們，看到對方負面的反應，確信自己一開始的判斷果然是正確的，更強化了歧視的想法。於是形成了惡循環。

北愛爾蘭的天主教徒對新教徒、巴勒斯坦人與以色列人、巴爾幹半島的塞爾維亞人與阿爾巴尼亞人、還有近在身邊的日本人與朝鮮人之間，不斷擴散的互相不信任與敵意的背後，都可以看到這樣的運作架構。當然，我並不是要把歷史所形成的對立，單純歸因於範疇化的認知機制，也不是要將統治者與被統治者一視同仁。舉出這些例子所要探討的問題，是「無根據的偏見製造出現實」這個事實。[2]

韋伯在《新教倫理與資本主義精神》中展開的論證，也和莫頓所考察的、虛構與現

1 原註：*R. K. Merton,* Social Theory and Social Structure, *The Free Press, 1957, ch.11.*

2 原註：男、女只是單純的範疇，但民族與國族是群體，其成員之間會實際發生相互作用；這兩者的不同極為重要。前者只是認知次元的區別，而後者是由不斷反覆的相互作用產生的，呈現動態的發展。下列的論文，從實驗社會心理學的立場研究範疇與群體的差異，以及相互作用所產生的效果，值得參考：*A. I. Teger & D. G. Pruitt, "Components of Grouprisk Taking"*, Journal of Experimental Social Psychology, *3, 1967, p. 189-205; S. Moscovici, W. Doise & R. Dulong, "Studies in Group Decision II: Differences of Positions, Differences of Opinion and Group Polarization"*, European Journal of Social Psychology, *2, 1972, p. 385-398; S. Moscovici & R. Lécuyer, "Studies in Group Decision I; Patterns of Communication and Group Consensus,"* European Journal of Social Psychology, *2, 1972, p. 221-244.* 此外，*S. Moscovici & W. Doise,* Dissensions et consensus, Une théorie Générale des décisions collectives, *PUF, 1992.* 則嘗試將有關群體相互作用的各種現象，予以一般性的理論化。

實的循環，有同樣的形式。資本主義發展的原因是否真的像韋伯的歷史分析，不是我們要討論的問題；在這裡我們關注的，是論證的邏輯本身。

韋伯主張，為了形成支持資本主義的世界觀，需要某種宗教性的精神革命。不把透過勞動得到的利益拿來消費，實行禁欲的生活管理，並且將利益投資在下一階段的生產，以追求更大的利益——若不是這種想法的普及，就不會有資本主義經濟的發展。

然而在基督教傳統的世界觀裡，物質生活與靈魂的救贖是分離的。舉例來說，聖保羅從末世論的觀點批評，對世俗物質生活的關心是愚蠢的：

> 人生是如此短促的旅程，在乎我們從事什麼職業是荒謬的。追求所需以上的物質利益，正是未受神的恩寵的證明。如果不犧牲他人，不可能得到這樣的利益。所以，對於物質利益的追求，絕對必須排除。[3]

為了資本主義精神的發展，這樣的想法必須改變。而韋伯認為，這場精神革命的開端，是喀爾文（Jean Calvin, 1509-1564）的思想。天主教會主張，日常生活中虔敬的努力，可以為靈魂帶來永恆的救贖。但喀爾文主義否定這種帶有巫術色彩的想法。對喀爾文來說，認為「人只要努力並期待回報，就可以得到救贖」的想法，不但是愚蠢的迷信，而且是對全能神的冒瀆。就像我們在《西敏信條》（*Westminster Confession of Faith,*

1647）中看到的這句話：「因為神的意志、為了彰顯神的榮光，有些人註定得到永恆的生命，有些人註定永遠死亡」，喀爾文所提倡的「救贖預定論」與過去神學的想法截然不同。他主張，人只不過是神為了成就自己榮光的工具而已。神並非為了人而存在；相反地，人是為了神而被創造出來的。一旦神決定了各個信徒的命運，不管他們做什麼，都不能改變。而且，人的能力有限，無法知道神賦予我們什麼樣的命運。自己將得到救贖嗎？還是永遠只能順服受到詛咒的命運？我們完全沒有辦法知道。

註定要得到救贖的人，不論幹了什麼壞事，甚至拒絕神的恩寵，不管他願不願意，都會得到救贖。相反地，命中註定受到詛咒的人，不論積了多少善行，也無法得到神的眷顧。那麼，在這個人的意志或努力受到忽視的決定論世界裡，人會有什麼樣的行為？以常識的角度來想，應該是走向看破一切的宿命論吧！如果命運一開始就決定我要下地獄，那麼我再怎麼努力也得不到回報。相反地，不管我怎麼懶惰，甚至危害他人，只要我受到神的恩寵、註定要得到救贖，那就不用擔心地獄的事。如果是這樣，還有人會不辭勞苦地幫助他人，或是努力追求更良善的生存方式嗎？

但是韋伯主張，救贖預定論並沒有引起這種合乎理性的行為。「無須贅言，預定說

3原註：*M. Weber,* Gesammelte Aufsätze zur Religionssoziologie, *Band I, 4, Aufl. Mohr, 1947 (tr. fr.* L'éthique protestante et l'esprit deu capitalism, *Plon, 1964, p. 98).*

合乎邏輯的結論是宿命觀。但是透過引進『試煉』的概念，實際產生的心理結果是完全相反的。」[4]

事實上——儘管是間接的——想要知道自己是不是神所揀選之人，只有一個方法。人確實沒有知悉神的意志的能力。但是，神所揀選之人，是為了實現神的榮光的工具；既然如此，那必定是有能力且過著虔敬生活的人，不可能是逃避現實、耽溺於酒色的傢伙。換句話說，經由禁欲的生活這種外在的表徵，人得到主觀的確信——確信自己是神所揀選之人，自己的存在不是毫無意義的。因為從不倦怠地持續追求勤勉，信徒的物質與精神生活都越來越豐富。同時另一方面，經濟的繁榮也加強了自己是被揀選的存在的信念，形成了循環。於是最初的虛構，創造出明確的現實。[5]

人總是抱著某種先入為主的觀念，與外界接觸。對象的意義，並非獨立存在於觀察者、行為者之外，而是每次在不同的情境下，由對象與其觀察者、行為者的關係所決定的。觀察者、行為者只能透過他們習慣的表象、他們所構成的表象，來認識、理解現實。因此，當我們認定對方充滿惡意——先不管那是不是事實——我們會根據自己所以為的表象而行動。於是，即使一開始表象與現實不符，因為表象而產生的行動最終將扭曲現實，為我們所認為的表象正當化。不論在正面或負面的意義下，這樣的事態都會發生。[6]

4 原註：*Note 67, in tr. fr.,* op. cit., *p. 141.* 傍線為引用者所強調。

5 原註：實驗社會心理學家也從他們的立場，研究了這樣的現象。為了研究求職面試時，無意識中發生的人種歧視傾向，在美國曾經做過這樣的實驗。第一階段的實驗，分析了白人的雇主在面對白人或黑人的求職者時，態度會有什麼樣的不同。但這些參加面試的白人與黑人求職者，並不是真正的求職者，而是由受過訓練、全員態度一致的實驗助手所偽裝的，只有擔任主考官的雇主是不知情的真正的雇主。結果從側錄的影像可以清楚地看出，白人雇主在面對黑人求職者的時候，（與白人求職者的場合相較起來）身體離得比較遠，提問的時候頻繁出錯，給每個求職者的面試時間也比較短。在無意識的狀況下，白人雇主對待黑人或白人求職者的態度上，有明顯的不同。

第二階段的實驗，則起用白人的實驗助手假扮主考官，訓練他們上述（對待黑人或白人）的兩種態度。這一次的求職者都是不知情的真正的求職者，而且都是白人。實驗者將他們分成兩組，一組以第一階段對待黑人的態度對待他們，也就是誇張地拉開身體的距離、常常講錯話，而且縮短面試的時間；另一組則以上述對待白人的態度進行面試。結果當假扮的主考官（實驗者）採取對待黑人的態度時（雖然對象是白人），應考的求職者反應都不理想；不只是面試的成績比較差，面試中也明顯地露出緊張的神情（*C. O. Word, M. P. Zanna & J. Cooper, "The Nonverbal Mediation of Self-fulfilling Prophecies in Interracial Interaction",* Journal of Experimental Social Psychology, 10, *1974, p. 109-120*）。

另外，還有一種稱為「比馬龍」（*Pygmalion*）的現象，顯示出非常相似的循環。當教師對不同的學生，抱有學習能力高或低的不同印象時，即使教師本人認為自己對待所有的學生都是同樣的態度，但實際上無意識中會對不同的學生表現出不同的反應。結果，學生的身上會真的出現客觀的、學習能力的差異（*R. Rosenthal & L. Jacobson,* Pygmalion in the Classroom, *Holt, Rinehart & Winston, 1968*）。*M. Snyder, "When Belief Creates Reality", in L. Berkowitz (Ed.),* Advances in Experimental Social Psychology, vol. XVIII, *Academic Press, 1984, p. 247-305.* 對這個領域的研究作了總括性的檢討。

6 原註：我們可以從安慰劑（*placebo*）的效果，看見精神狀態影響生理機能的事實。讓患者服用外型與真正的藥物完全相同，但不含任何治療成分的錠劑，或是為患者注射生理食鹽水，對病患造成的效果不只是主觀的錯覺而已；包含胃酸量，瞳孔放大的程度，血液中的脂蛋白、白血球、皮質激素、葡萄糖、膽固醇等等的含量，甚至血壓等客觀的因素，也會出現變化。安慰劑在止痛方面的效果廣為人知。有人提出假設來說明這種現象，認為那是因為心理作用而促進了腦內啡（一種體內合成的物質，與嗎啡有極類似的止痛作用）的分泌。如果這個假設是正確的，那麼為病患注射納洛酮（一種與腦內啡強力拮抗的物質）將中和腦內啡的止痛作用，患者將恢復疼痛。實際實驗的結果，符合該假設的預測（J. Levine, N. C. Gordon & H. L. Fields, "The Mechanism of Placebo Analgesia", The Lancet, 1, 1978, p. 654-657）。另外關於安慰劑效果的一般性解說，請參閱 P. Lemoine, Le mystére du placebo, Odile Jacob, 1996。這些例子雖然與民族問

從無根據出發

雖然一開始是虛構，但因為既成事實不斷累積，現實將受到扭曲——方才我們探討了這樣的機制。但是，如果我們將虛構與現實視為相反的概念，那麼虛構仍然會被理解為虛假、欺騙。如果我們只從這種消極、否定的面向來理解虛構，就看不到虛構在人類的生活中所扮演的不可或缺的角色。我們必須從更積極的角度來看待虛構的意義。

如果將虛構與現實分開來理解，我們很容易就認為，現實受到虛構與謊言箝制，而原本應有的、真實的社會秩序，存在於其他的地方。但實際上，在任何狀況下，我們生活於其中的現實都包含著最根本的任意性；現實的成立，並沒有絕對的根據。而世界若是要在無根據的狀況下順利運轉，人類就必須創造出各式各樣的虛構，同時自己深信不疑。在自然生成這些虛構故事的同時，人必須自己將其虛構性隱藏起來。虛構與現實不但不是相反詞，兩者根本是互補而不可分離的關係。

一個文化圈的法律、權利、道德、習俗等等廣義的社會制度，雖然是在特有的歷史狀況規定下發展出來的，但終究是偶然的產物。見面打招呼的時候，是該握手、點頭，或是彼此碰觸臉頰，都沒有任何必然性。就算廣為人接受的不是當前的規範，而是另一種規範，也一點都不奇怪。關於法的隨意性，帕斯卡（Blaise Pascal, 1623-1662）這麼說：

習俗之所以成為對錯的基準，只有一個原因，那就是它為世人所接受……清楚指出習俗的權威來自何處的人，同時也破壞了它的權威。以糾正過錯為目的的法律，事實上錯得最厲害……凡是認真調查、研究法律之根據的人應該都知道，法律一點都不可信賴，既馬虎又草率……想要背叛國家、顛覆國家，最好的方法就是追溯既成習俗的起源，指出該習俗沒有任何權威或正義作為根據，以動搖該習俗。……能讓民眾知道，法律是一場騙局。當初法律的引進並沒有任何根據，如今它已成為合乎事理的東西。我們必須隱藏法律的起源，讓民眾認為法律是永遠正確的存在，否則它立刻就會滅亡。[7]

題沒有直接的關係，但或許可以幫助我們了解信念的機制。即使沒有客觀事實的支持，但只要相信，就能產生現實。

7 原註：*B. Pascal*, Pensées, *Br. 294.* 眾所周知，帕斯卡關於法的任意性的陳述，受到蒙田《隨筆》的啟發。然而，信仰上帝的帕斯卡，為什麼會有這種相對主義的想法？在帕斯卡的思想裡，對事實的認知，以及對超越事實的可能性的認識，複雜地交錯在一起。舉例來說，「人是悲慘的存在」是對人類現狀——原罪造成理性的墮落——的事實認知；而「人是透過思考而理解自己悲慘的偉大存在」則是對人類可能性的認識。而這兩者，同時出現在帕斯卡的思想裡。又比方說，帕斯卡會在詳細地論證「人無法認識神」之後，緊接著表示「但是人可以透過信仰而認識神」。但這並不是帕斯卡特有的現象；其實只要仔細思考就可以明白，相對主義的認識與信仰的需要不但沒有矛盾，它們根本有邏輯上的關係。正因為無法以理性充分理解世界而產生的絕望感，所以尋求信仰的幫助，不是嗎？關於這一點，請參閱山上浩嗣「パスカルにおける『中間』の問題」（〈帕斯卡思想中的「中間」的問題〉）『関西学院大学社会学部紀要』九十一號（二〇〇二年），一一三～一三六頁。順帶一提，許多論者在探討法的任意性時，都會提到帕斯卡，比如 *P. Bourdieu*, Méditations pascaliennes, *Seuil, 1997; J. Derrida*, Force de loi, Galilée, *1994* 等等。

如果我們觀察社會制度剛發生的時期，在制定者的眼裡，說不定它是主觀的、透過契約產生的人造物。但是對下一個世代的社會成員來說，制度已成為客觀的秩序與結構，獨立存在於他們的意志之外。

舉例來說，日本的法律禁止未成年人吸菸。一開始這樣的法律只不過是任意制定的協議，但不久之後人們就忘記了它的隨意性，未成年人吸菸開始被視為可恥的行為。法律超越了單純「適用與否」的次元，而變成一種道德價值。抽大麻被檢舉的情況，也是如此。本來只不過是當事者的健康問題而已，行為本身並沒有任何值得羞愧的理由，但藝人等知名人士遭到檢舉之後，總是要召開記者會，向社會大眾道歉。那是因為，雖然法律原本只是契約制度上的安排，後來卻扮演了絕對價值的角色。

日常生活中束縛著我們的現實，並不是因為有什麼邏輯上的根據而成立的。我們稱之為現實的現象，是一種社會的沉澱物；一開始只不過是主觀且任意的安排，經過一段時間以後，卻在我們眼裡呈現出客觀性。

語言、宗教、道德、習俗，甚至近親相姦的禁忌，既不是哪個人有意識地決定的，也無法確定是由什麼人開始的。大多數的社會制度，從起源開始就具有集體的性格。但是，這些制度一定是由某些人引進的。不論是以暴力的方式引進，或是從一開始就顯現出自然的模樣，人們都會忘記它的起源，將隨意性轉變為客觀性，這一點是一樣的。

相對於受到文化與時代制約、人為制定的實在法（positive law），人們認為自然法

（natural law）以人類的本性為基礎，體現了超越時空的普遍真理。但是，自然法的根據在哪裡？

「個人」這種人的形象，是近代以前從未出現過的。透過形成「個人」的概念，確立近代的世界觀，人從神的手上取回主權，獲得了自由。人的世界脫離了自然與神的支配，開始由人——以人本身為目的——自己治理。在這個將人視為自主存在的世界觀裡，「正確的秩序」建立在什麼樣的基礎之上？如果不倚賴宗教的虛構故事，我們有可能為社會秩序找到根據嗎？如果有可能，那麼應該以什麼樣的原理為依據？簡單來說，這就是以馬基維利、霍布斯、盧梭為代表的近代政治哲學，所面對的中心課題。我們有沒有可能，不要將主權的根據，投影到超越社會成員的神或自然等「外部」，而在共同體的內部為社會秩序找到正當性？

如果不允許「外部」的權威或根據侵害人的主權，那麼掌管人的世界的法律，就必須由人自己制定。但是，既然人的存在受到歷史與文化的限制，不論我們如何遵循理性，如何深思熟慮，也無法完全去除實在法的隨意性。因此，對於這除了人的思維以外沒有任何根據的實在法，我們必須賦予它有如物理法則般的客觀性，抬高它的地位，讓它脫離制定者——人——而存在。要採取什麼樣的手段，才能發生奇蹟，讓實在法變成自然法？既然知道法律只不過是人制定的規則，怎麼樣才能相信法律的絕對性？

但就像盧梭所說的，從一開始，這就是個不可能解決的難題。[8]如果不利用神或自然之類的這種共同體「外部」的黑盒子，不可能為社會秩序找到根據。社會秩序不可能在自己的內部找到根據；如果沒有虛構的支持，不可能成立。如同帕斯卡所說的，多虧了各式各樣的虛構，社會秩序才能發揮功能；但這件事不能讓人知道，否則社會秩序將失去正當性。也就是說，虛構的機制，必須在虛構成立的同時被隱藏起來；社會生活要能夠運行，這是不可缺少的條件。我所主張的，並不是「雖然是虛構，卻能發揮現實的力量」；我們不能以這種消極的方式，來理解虛構與現實的關係。我們必須看到，兩者之間從根本上就是不可分離的關係；要不然我們就無法理解，為什麼虛構能產生如此激烈的現實力量。

社會的自主運作

我們周遭的各種社會現象，來自人與人的相互關係。如果人不在了，社會現象當然也同時消失。實際上從事思考、行動的是一個、一個的人，並沒有什麼「歷史的意志」、「民族的命運」這種脫離個人而存在的實體，在推動我們的世界。但是，這並不表示個人可以自由地、有意識地操縱社會現象。社會是人類各種行為的產物，但並非人有計劃地製造出來的。社會成員的相互作用所產生的結果，經常出乎意料地與當事人的意圖相反。有誰可以預見蘇聯的瓦解與柏林圍牆的倒塌？一直到發生的瞬間之前，連當事者都想像不到的事件，接二連三地發生。我們的感覺，就像被無法控制的巨大外力，捲入眼前的歷史轉變之中。

社會現象與制度，出現在超越人類的層次。社會制度儘管是人類的產物，卻脫離人的控制而自主運作；雖然是人類相互關係的總和，卻成為逼迫人類的客觀外力。人失去了主體性。明明是人類製造出來的宗教、意識形態、生產關係等等，卻反過來操縱人類。主體與客體的位置顛倒。

假設因為某個不明的原因而發生了恐慌，此時任何人若是處在像雪崩一樣的人潮當中，不管是誰都會拼命想要逃走。但是形成這人體雪崩的不是別的，就是這些想要逃走的人本身。於是發生了弔詭的現象——正因為大家都想逃，所以一個也逃不掉。如果所有的人一起停止逃竄，群眾的雪崩也會同時消失得無影無蹤。從這個例子我們可以明白，主張只有人才是引起社會現象的原因，和人無法駕馭社會現象這件事實之間，並沒有任何矛盾。社會（整體）運行的軌跡，偏離了成員（要素）的意識與行為，於是我們產生這樣的感覺，彷彿它是一種脫離我們的手而運作的力量。

8 原註：*J.-J., Rousseau,* Considérations sur le gouvernement de Pologne et sur sa reformation projetée en avril 1772, *in* Œuvre complète, III, *Gallimard, 1964, p. 955.* 我們將在第五章再次探討盧梭的思想。

「異化」這個詞的意思，是表示人被自己製造出來的商品、制度、宗教等社會條件俘虜，因而失去了主體性的狀況。一般人從馬克思主義的脈絡去理解這個概念。而且一直有人大聲疾呼，要恢復人的主體性。但是，只從否定的角度理解異化、認為它是脫離人類本來應有樣貌的異常狀態，是錯誤的想法。

異化的概念包含了兩種不同的意思。德語中表示異化的有兩個字，分別是Entäusserung和Entfremdung。前者表示集體現象脫離人類本身，彷彿外部的存在般地自主運動；相對地，後者表示人感覺自己似乎成為自己所產生的現象的阻礙，而遭到排除的狀態。[9]也就是說，異化的意思不只是各種制度（作為逼迫人類的外力）將我們排除在外的現象（譯按：Entfremdung）；讓人們在諸多外力的包圍下，產生共存感覺的事態（譯按：Entäusserung），也是異化概念的一個重要面向。

換句話說，第一個意義下（Entäusserung）的異化，指的是每個個人的主觀價值與行為，經由相互作用，轉變為與社會大多數其他成員共有的客觀價值與行為的過程。異化現象讓我們感覺到，社會似乎是自主運作的。但人是社會性的動物，因此異化現象對於人的生存來說，具有根源的性格；從原理來說，是不可能消失的。

支配所扮演的角色

人活在意義的世界裡。人具有對外界開放的認知結構，是其他生物所無法比擬的。因為不受固定本能的束縛，人得以形成「文化」這種複雜的意義體系。

然而，生物只有在某種封閉式迴路的內部，才能安定地存活。生物不斷地調節自己的內部環境，比方體溫、水分的比例、鉀元素等無機物的含量等等，讓它們的變化不超過一定的範圍。因為內部環境保持穩定，生物才能隨時適應富於變化的外界而生存下去。

同樣地，正因為在認知上對外界開放，人需要一種機制，將延伸擴大到外部的自我關閉起來。而那就是文化。所謂文化，就是在人的體外創造出來的「內部」；因此，人強烈地依賴社會制度，那是邏輯上必然的。人掙脫生物的本能，取得了自主性；而無法避免受到文化的影響，則是每個個人不得不支付的代價。

文化透過各種規範、價值，約束我們的思考與行動。雖然在這個意義下，人的自由受到限制，但也因為文化的社會規定性，我們才得以在日常生活的各種情境中行動。狗

9原註：*P. Ricœur, "Aliénation"*, Encyclopœdia Universalis, t. I, *1990, p. 821.*

搖尾巴，以表示沒有攻擊對方的意思；這種行為模式，大致上是由基因決定的。但相對於這種生物性的既定條件，人擁有更多的自由。同樣為了表示善意，人發展出許多種不同的表現方式。因此，如果沒有社會制度加諸我們思考與行動的限制，我們甚至無法決定該如何向對方表示善意，而對方也無法判斷我們的表現具有什麼意義。即使免除生物學上既定條件的限制而獲得很大的自由，人還是能安定地生活，就是因為社會限制了人的自由，以作為補償作用。[10]

因此，社會制度加諸於人思考與行動的規定與限制，是人得以生存的必要條件。話雖如此，一旦察覺這些社會制度只不過是人製造出來的規則，赤裸裸地看到其任意的本質，我們將覺得它們是來自他者的強制力，很難營造出平順的社會生活。因此，社會環境加諸我們的規定與限制，必須被賦予某種正當性。群體所行使的力量，最好採取內化規範的型態，而不是來自外部的強制暴力，才能讓成員在自然的感情下、自願地服從。社會秩序必須在我們的眼裡呈現超然的樣貌，彷彿來自人類全體。雖然社會制度充其量只不過是由人決定出來的習俗，但只有在它根本的隨意性受到隱蔽，讓人們覺得它是自然的道理，才能正常發揮功能。

讓我們以支配的概念為例來思考這一點。通常一說到支配，就會引起人們負面的反應，認為那是必須打倒的惡。但這是淺薄的看法。韋伯認為，所謂的支配是這樣的關係：首先，至少必須有兩個人（或群體）處於上下序列的非對稱關係。當個人（或群體）A對個人（或群體）B發出命令或暗示，B即採取符合該命令或暗示的行動；而且，如果A沒有發出命令或暗示，B就不會做出該行為。這種情況下，我們說「A支配B」。[11]

問題是，讓支配得以成立的是什麼樣的手段、方法？能促使支配型態發生與存續的，並不是只有物理性的強制力或拘束力——比方殺死或傷害對方、讓對方處於飢餓狀態等以直接或間接的方式讓對方受苦的能力。事實上正好相反。這種赤裸裸的強制力，並不能帶來持續、穩定的支配。就像韋伯所說的，「某種最小限度的服從意願，也就是對於服從具有某種外在或內在的利害關心，是所有真正的支配關係的要件。」[12]在真正的支配裡，支配者必須讓他的命令看起來像是有所根據。被支配者本身的合意，是支配關係的前提。

如果被支配者的合意被表徵為來自自然的情感，而不是強制力的結果，那麼支配將

10原註：外部與文化所行使的規範與制度，能夠為認知環境帶來安定的效果。除此之外，「我們周遭的世界遵循一定的法則而運行」這個錯覺，也支持認知環境的安定化。請參閱 *E. J. Langer, "The Illusion of Control"*, Journal of Personality and Social Psychology, *32, 1975, p. 311-328; M. J. Lerner & C. H. Simmons, "Observer's Reaction to the 'Innocent Vitim': Compassion or Rejection?"*, Journal of Personality and Social Psychology, 4, 1966, *p. 203-210.*

11原註：*M. Weber,* Wirtschaft und Gesellschaft, *Mohr, 1956 (tr. fr.* Economie et Société, *Plon, 1995, vol. 1, 1966, p. 95).*

12原註：*M. Weber, tr. fr.* op. cit., *p. 285.* 旁線為引用者所強調。

是穩固的。當支配保持在理想的狀態時，會將它真正的樣貌隱藏起來，而表現為自然的道理。信賴關係是產生正當性感覺的來源。根據信賴關係的性質，韋伯歸納出三種不同理念型的支配：「傳統支配」、「法制支配」以及「魅力支配」。但不論哪一種情況，支配的本質在於雙方對正當性的合意，這一點是不變的。[13]

這種以最根本的意義所理解的支配，是維持安定的社會秩序不可或缺的必要條件。沒有支配的社會只不過是空想的產物；想要建立那樣的烏托邦——就像希臘語的原意「不存在於任何地方的場所」——是不可能的事情。並不是因為人類的努力還不夠，所以還無法將世界從支配中解放出來。支配構成了我們生活根本的部分，幾乎可以說是社會與人類的同義詞。因此，消除支配關係從原理上來說是不可能的。

雖然社會的成員之間必然會產生上下關係，但必須用某種方法為這種地位的差異正當化，否則成員間將發生無止境的鬥爭，社會將無法順利運行。如果沒有充分的正當化，人無法長期忍受地位的差別。早在以平等為理想的民主社會出現之前，法國思想家托克維爾（Alexis de Tocqueville, 1805-1859）已尖銳地指出這一點。

他們破壞了一小部分同胞享受的邪惡特權，卻反而因此造成了萬人之間的競爭。分隔地位的界線並沒有消失，只是界線的形式改變了而已……當不平等是社會的常識時，即使面對最嚴重的不平等，人也不會在意。相反地，當幾乎所有的人都接近平等的時候，就算再小的不平等，也會傷害人的感情。正因為如此，平等越是進步，人們希望更加平等的願望就越難滿足；更多的平等，只會招來更大的不滿。[14]

我並不是主張我們應該接受現在的支配體制。社會的內部必然包含矛盾；而正因為有矛盾，所以會不斷發生變化。因此，隨著一定的時間，支配者與被支配者會交替，新的支配型態也會取代舊的支配型態。但即使具體的支配型態改變，韋伯所說的、根本意義下的支配關係本身，是絕對不會消失的。我們甚至可以說，如果硬要消滅支配關係，只會將社會性動物的人類，引向滅亡的道路而已。

就連近代的民主社會，也不是成員間沒有上下階級的平等社會。不平等是社會生活的本質。當然，不平等會隨著時代與地區的不同，而有各式各樣的型態；為不平等正當化的方法，也各自不同。但不論是哪種型態的社會，不平等是不可能完全消失的。想要建立沒有支配的自由社會，就像試圖畫出四個邊的三角形一樣，在原理上是自相矛盾的。[15]

13 原註：Ibid., *p. 289 sq.*

14 原註：*A. de Tocqueville,* De la démocratie en Amérique, *Gallimard, 1961, t. II, 2e partie, ch. 13, p. 192-193.*

15 原註：也許有人會批判，我的這個說法將差異與不平等混為一談，但是他們的批判並沒有切中要點。有些人認為，子女法國文化人類學家路易・杜蒙（Louis Dumont, 1911-1998）犀利地指出近代的問題。進入近代以後，奴隸制遭到廢除，人類的平等受到普遍的認同；但是，種族歧視的意識形態抬頭，也正是從這時候開始的。杜蒙如此提出警告：

> 這恐怕是平等主義種種意想不到的結果中，最戲劇化的例子……我絕對不是要主張身分制比平等好，或是（以這個例子來說）奴隸制度比種族歧視好……我想說的是，這件事實告訴我們，以意識形態改革世界的可能性，必然有其極限；而對這個極限無知是危險的，極可能產生與我們所追求的目標正好相反的結果。16

因為異化而可能產生的自由

在馬克思主義的脈絡下談論近代人的異化時，人們總是把問題焦點放在人無法發揮其主體性，以及人沒有意識到異化的機關裝置。韋伯也同樣對近代人的異化表示憂慮，但他所想的，和馬克思所想的意義完全相反。韋伯認為，近代人發現神已死，現在的世界秩序是人自己創作出來的；社會秩序已失去過去被賦予的超越性意義，曝露出根本的隨意性。對韋伯來說，這才是問題所在。換句話說，馬克思關心的問題是自由的喪失，而韋伯在意的是意義的喪失。[17]

一般對異化的理解，認為那是「人反過來受到自己所製造出來的產物、制度所支配」的一種負面狀態。但是，人會意識到自己受到支配，都是在支配已經無法以理想的狀態運作的時候。正因為「社會秩序原本就只是任意制訂出來的東西」這件事已經隱瞞不住，才會發生這種狀況。如果支配關係正常發揮功能，社會秩序將被表徵為自然的道理，我們甚至不會感覺到異化的狀態。

社會徹頭徹尾是人製造出來的東西。如果沒有人與人之間各種複雜的相互作用，不但不會產生任何社會秩序，也不會發生任何變化。決定我們生活世界的去向的，是人本

與父母、學生與老師、社員與社長各自擔任其角色是正當的；這裡面沒有不平等，只有角色的不同而已。這些人之所以會有這樣的想法，是因為他們並未質疑，為什麼這樣的角色分配是正當的？正因為他們已經接受了某種支配體制，才會有這種天真的想法。只要將「父母／子女」、「老師／學生」、「社長／社員」等等這些組合替換為「男／女」來想想就會明白，認為上述的「角色分配」中沒有不平等的人，顯然是身陷時代、文化、政治體制所規定的框架中而不自知。

16 原註：*L. Dumont, Homo aequalis. Genèse et épanouissement de l'idéologie économique, Gallimard, 1977, p. 21.* 關於個人主義與近代想法的問題，我們將在第五章詳細探討。

17 原註：本書採取廣義的解釋，將「異化」與「物象化」視為同義詞來使用。我已經有心理準備，這樣的做法免不了引來激烈的抨擊。確實，一般來說在馬克思的用語中，「異化」與「物象化」是有所區別的（請參閱廣松涉『物象化論の構図』〔岩波書店、一九八三年〕，特別是四五～七二頁）。此外，韋伯並沒有使用「異化」的說法。不只是他，托克維爾、涂爾幹、齊美爾等人雖然也都用了不同的表現方式，但是以內容來說，探討的都是同樣的問題。

身；並沒有什麼「歷史的意志」、「民族的命運」之類的集合性實體，超越具體生活的人類存在。但正如前述，社會秩序在我們的面前，必定會顯現出超越其生產者——也就是人本身——的樣貌。如果社會秩序看起來沒有根據，只是人隨意想出來的，那麼在我們眼裡，來自外部的各種制約，就會變成單純只是暴力與不當的強制力。

在隨意性完全暴露的世界裡，人無法感覺自己是主體，也無法感覺自己的生命是自由的。這樣說或許聽起來很矛盾，但事實上正因為異化，個人的自由才得到保障。這不是在玩弄文字。正因為在我們眼裡，社會秩序是位於所有人外部的存在、沒有任何人可以操控，我們才能感覺它是公平的規則，體現了普遍的價值。而因為我們認為社會秩序獨立於所有人之外，「每個個人都是自由且自主的存在」這個虛構，才能成立。

因為有這樣的社會過程與機制，想要排除虛構是沒有意義的。如果硬要那麼做，甚至可以說是從根底威脅人類生存的行為，是不會被允許的。「社會」是一種集合的現象，對我們來說，不可能是透明的。我們所面對的現實，必定是由某種虛構所支撐。但我們不應該純粹從否定的角度來看待這件事。同時我們必須了解，讓產生並維持社會制度的人類本身、看不到社會制度的隨意性，讓社會秩序獲得客觀的外表，是社會成立的必要條件。

這一章所論述的主張，可以歸納成下列三點：第一，虛構之所以能產生現實的力量，是因為人們相信該虛構是真實的。第二，虛構與現實緊密相連、不可分離，所有的現實都必定受到某種虛構所支持。第三，虛構如果要作為現實而運行，那麼其機制就必須隱藏起來，不讓構成這世界的人看穿。接下來的這一章，我們將檢討記憶。對於民族所保有的同一性，記憶扮演了不可或缺的角色。同時，我們也將更深入地探索群體同一性的真實內容。

|第四章|

作為虛構故事的記憶

如果不先釐清記憶的作用，是不可能討論民族的現象的。群體的記憶裡，不只參雜著許多當權者刻意捏造的謊言，還有民眾之間在無意識的狀況下形成的虛構故事。不過，我們不能只以否定的角度來看待這種記憶的歪曲。一般人認為，遺忘與歪曲單純只是記憶的失敗；但我們必須摒除這樣的「常識」。我們不能只看到遺忘、歪曲與記憶之間的對立，我們必須看到它們的互補關係。接下來我們將確認一件事實：同一性基本上是由記憶的作用決定的。同時我們也將指出，記憶與其遺忘、歪曲之間不可分離的關係。跟著讓我們闡明，從原理上來說，同一性是由虛構所支持的。

我們在上一章檢證了虛構與現實緊密交織的關係。接下來我希望以同樣的方式，不把考察的對象侷限於民族，而是回到基礎的次元，從普遍的觀點檢討記憶究竟是什麼。我們將暫時與民族的問題拉開距離，徹底審視個人記憶與群體記憶的真實面貌。這麼做或許是繞了點遠路，但一定能讓我們對民族有更充實的了解。首先我們將考察個人記憶的機制，接著再探討「什麼是集體記憶」的問題。

自我同一性與記憶

笛卡兒認為，在不斷變化的思考內容與情感之外，有一個恆久不變的自我存在。而第一位放棄笛卡兒這種將自我視為實體的想法，主張自我同一性的根據來自意識的連續性的思想家，應該是約翰・洛克（John Locke, 1632-1703）。[1]我們與透過記憶的作用與世界連結在一起；而這樣的連結，則保證了我們的同一性。

從幼年起一直生活在一起的回憶，將我和父母連結在一起。「親生父母」這句話強調的是血緣，但實際上將我們連結在一起的，並不是血緣。日本發生大地震，造成許多人傷亡的時候，身處異國的我之所以為同胞的死感到哀傷，是因為由虛構所支持的記憶的作用。其實地震的犧牲者，我一位也不認識；但是「日本人」這個虛構加諸於我的力量，並不是透過理性的思考就可以簡單擺脫的。明明知道那只是愚蠢的同一性幻想，但是看到日本選手在奧運會上傑出的表現，我仍然不由自主地感到熱血沸騰。那是因為透過記憶，我的現在與被稱為「日本人」的表象連結在一起。我並非擁有這些記憶，我就是這些記憶本身；就像我並非擁有這個身體，我就是這個身體一樣。不論是個人或群體，從根源處支持我們存在的記憶，究竟是什麼？

我們稱之為「自我」的東西，是在社會磁場的力量下形成的。不論是看起來多麼個人化的情感或好惡，都受到其成長的文化圈強烈的影響。當然，我們並非原封不動地接受社會流行的價值觀。所謂的自我，其實是一個動態的過程；這個過程是由社會價值內在化所形成的客觀因素，以及經常採取反抗態度的主觀因素所交織而成的。我們不能將自我視為「物」，而必須把它當作「事件」或「現象」來理解。[2]

記憶必定會受到我們某種結構化的加工，而不只是事實認知的單純堆積而已。所謂的記憶，並不是經過內化的社會關係本身。內化的社會關係只是記憶的出發點；每一個瞬間，記憶都被重新組裝、建構。記憶是動態的過程，也是這過程的沉澱物。如果我們以這個方式來理解記憶，那麼它必然包含遺忘與歪曲，也就理所當然了。

1 原註：*J. Locke, "Of Identity and Diversity",* An Essay concerning Human Understanding *(2nd ed.), Book II, chapter xxvii, 1964*（英法對譯 *Identité et différence,* L'invention de la conscience. *Traduit et commenté par E. Balibar, Seuil, 1998*）.

2 原註：請參閱 *G. H. Mead,* Mind, Self, and Society: From the Standpoing of a Social Behaviorist, *edited by C. W. Morris, The University of Chicago Press, 1934.* 米德所說的「*I*」並不是笛卡兒式的「我」。如果以笛卡兒的方式來理解米德的概念，我們將會產生誤解，以為有某種獨立於社會關係之外的主觀因素存在。主體本身是無法單獨存在的要素；我們只能以這個方式理解主體——「相對於來自社會的外在價值，它總是帶來偏差」。米德所說的「*I*」近似於佛洛伊德的「本我」（*es*，編按：id）。順帶一提，米德所說的「*Me*」意思是他者的反應與態度在我們身上內在化的產物，相當於佛洛伊德理論中的「超我」；而米德的「*self*」則可對照於佛洛伊德的「自我」。*R. M. Farr,* The Roots of Modern Social Psychology, *Blackwell, 1996, p. 125; J. B. Pontalis,* Vocabulaire de la psychoanalyse, *PUF, 1967, p. 241.*

遺忘與扭曲不是記憶的失敗。相反地，如果沒有遺忘與歪曲，記憶根本無法成立——我們在佛洛伊德身上也可以看到這樣的想法。佛洛伊德說，每一次性衝動要上升到意識的層面時，自我就會受到威脅。為了保護自我免於這樣的危險，意識的內容會受到歪曲或遺忘。但事實上，歪曲與遺忘的對象，不只是負面的內容。接下來我們要以社會心理學與大腦生理學的實證研究為依據，具體指出記憶不斷被重新建構的實際情況。

自主性的幻想

日常生活中，我們暴露在複雜的資訊下，而這些資訊經常是互相矛盾的。以愛吸菸的人為例吧！大家都知道吸菸有害健康，但是卻戒不掉。「香菸有害健康」與「我一直在抽菸」這兩種認知互相衝突。由於這樣的矛盾令人心裡不舒服，因此人總想要盡可能緩和這樣的狀況。或者竄改互相衝突的資訊，或者添加別的情報，總之想辦法減輕矛盾。只要想出一些理由就可以，比方「雖然說吸菸會導致癌症，但現代生活到處充滿危險，只把香菸戒掉也沒有意義」、「我的父親是老菸槍，卻活了超過八十歲。我家有長壽的基因，所以不用擔心」等等。當不同的資訊彼此矛盾，我們會在無意識中發生認知變化以減輕矛盾的衝擊。[3]讓我們以具體的例子來說明這一點。

一九六〇年代，美國各地的大學興起了學生運動。為了平息抗議示威的風潮，警察進入校園以暴力鎮壓。在這個事件的刺激下，反抗警察權力介入、主張守護大學自治的意見，普遍在學生之間擴散開來。社會心理學家就在這樣的社會狀況下，進行了以下的實驗：實驗主持人以「為了充分理解學生們對這次事件的看法，以提升大學生活的品質，我們正在進行調查研究，因此對於警察介入一事，需要廣泛徵求贊成與反對雙方的意見」為理由，邀集了一批持反對意見的學生參加實驗，並要求他們「先不管你本身真正的意見是什麼，請想像贊成警察介入的人所抱持的理由，為我們寫一篇具有說服力的文章」。實驗者事先說好了參加實驗的酬勞，先讓受測者寫下支持警察介入的文章，最後才詢問受測者本身的意見。

事實上這個實驗以好幾種不同的狀況分次進行；根據所設定的條件不同，每次實驗的酬勞金額也不一樣。但實驗者找來的這些學生，不論是以何種條件參加該實驗，原本都是反對警察介入的；因此對所有的受測者來說，寫下要求警察介入的意見書，都是「做出違反自己信念的行為」；只不過因為訂定的條件不同，他們寫這篇文章所得到的酬勞不一樣。以一般常識來想像，一個人因為某個行為所得到的報酬金額越高，越會傾向於替該行為找尋正面的意義。因此我們會預測，與收取低額報酬的受測者比起來，收

3 原註：*L. Festinger,* Theory of Cognitive Dissonance, *Evanston, Rou, Peterson, 1957.*

取高額報酬的受測者應該比較容易動搖自己原本的看法，朝「認同警察介入」的方向改變。

但如果從先前所說的、認知整合性的觀點來看，就會看到相反的傾向。也就是說，「我反對警察介入」與「我寫了贊成警察介入的文章」這兩個認知是相互矛盾的；不過若是因此收到一大筆錢，那就沒什麼矛盾可言了。為了賺錢不得不做一些自己不喜歡或是違反自己信念的事，這種情況在日常生活中隨處可見。因此得到的金額越高，「說出違背自己真心的意見」這個事實所引起的認知矛盾就越小。相反地，如果只收到很小額的報酬，那麼「自己幹了討厭的事」這個認知所引起的內心衝突就很巨大。於是實驗者推測，為了緩和這樣的矛盾，受測者將會修正自己的意見——比方「我原本認為警察的介入是不應該的。但仔細想想，為了守護民主，還是需要最小限度維持秩序的措施」之類的——為「警察的介入」這件事正當化。而實驗的結果，正符合實驗者的預測。4

也有人研究身邊的現象，比方對食物的好惡。實驗者將一盤好幾隻的烤蝗蟲端給受測者，告訴他「絕不勉強」，而且不用全部吃掉也沒關係，但希望他至少吃一隻試試看。大約半數的受測者拒絕了，另外一半則接受實驗者的提議。這個實驗精心設計了兩種不同的情境，其中之一的實驗主持人刻意給人溫和善良的印象；另一種情境的實驗主持人，則做出充滿惡意、令人厭惡的樣子。

在哪一種情境下的受測者，比較會覺得蝗蟲好吃（沒有想像中那麼噁心）？通常我們會願意為喜歡的人付出相當大的犧牲，但不願意為討厭的人做出任何努力，這是人之常情。雖然吃蝗蟲是令人不舒服的經驗，但如果是溫柔的實驗者拜託我們，只要能讓他開心，我們的努力是有價值的。相反地，如果是為了討厭的傢伙做這件事，就無法說服自己，為什麼非硬著頭皮吃那麼噁心的東西不可？為什麼要為了那種人吃這種苦頭？所以，因為討厭的實驗者的要求而吃了蝗蟲，心裡感受到的矛盾衝突，比因為受到喜歡的實驗者的拜託更大。既然「吃了蝗蟲」這件事實無法改變，那麼為了緩和心裡的矛盾，除了說服自己覺得「其實蝗蟲沒有想像的那麼難吃」，沒有別的辦法。因此實驗單位預測，令人厭惡的實驗主持人那一組的受測者，會對蝗蟲的味道有比較好的印象。而實際上，實驗的結果真的符合他們的預測。[5]

不過，在這裡我們產生一個疑問。這些實驗的共通的狀況，就是以某種藉口讓受測者做出平常不會做的行為。試吃昆蟲、寫出違反自己信念的聲明書，甚至還有讓自己接受電擊的不愉快體驗。但是，為什麼受測者會接受這種讓人不舒服的行為？

如果沒有「這些違反自己信念、道德、欲望的行為，是在自己的意志下做出來的」

4 原註：*J. W. Brehm & A. R. Cohen,* Explorations in Cognitive Dissonance, *Wiley, 1962.*

5 原註：*P. G. Zimbardo, M. Weisenberg, I. Firestone & B. Levy, "Communicator Effectiveness in Producing Public Conformity and Private Attitude Change",* Journal of Personality, *33, 1965, p. 233-255.*

這樣的認知，人的心裡不會產生矛盾。因此在所有這些實驗裡，實驗者提出令人不愉快的要求之後，一定會向受測者如此確認：「當然，要不要這麼做是你的自由。如果真的不喜歡就不要勉強；我們不能強迫你。」換句話說，儘管沒有正當的理由，受測者還是**根據其自由意志做出了自己不想做的行為**；這種情況除了說是「形容詞矛盾」（Contradictio in adjecto）之外，不知道還能怎麼說它。許多人就這個理論進行過數量可觀的實證研究[6]；而在這些研究裡，拒絕研究者要求的受測者極少。就連吃蝗蟲的實驗，也有超過半數的參加者，自主地答應試吃昆蟲——那是他們想都沒想過的事——而且還真的吃了。為什麼會發生這種事？

但是這個謎題很容易就可以解開。其實，受測者的行為並非出於自由意志。我們以為自己是做選擇的主體，但事實上我們的判斷與行為都是在不自知的狀況下，受到外界資訊的影響而形成的。[7]原本明明是受到外來的強制而做的行為，只因為聽到對方說「如果不願意也沒關係喔。我們沒有強迫你的意思」之類的話，我們就產生了「這是我自己選擇的行為」的錯覺，「受強迫」的事實被隱藏起來了。如果沒有這種錯覺，一開始就不會產生矛盾的心理狀態。在這個過程裡，自由意志之類的東西是不存在的。唯一存在的，只有自由的虛構。

個人主義的陷阱

照這個邏輯推論下去，將得到一個違反常識的結論：越是自主的個人主義者，越容易受影響。

不盲從他人的意見，用自己的頭腦思考、判斷、行動，對自己的行為負責——這種自主的自我形象，是近代的理想。但是從心理機制的原理來看，這樣的人實際上是不可能存在的；因此所謂的個人主義，只不過表示一個人雖然依賴外部的資訊，卻對這一點沒有自覺而已。所以當一個人做出某種行為之後自問「為什麼會這麼做」時，越是個人主義者，越傾向於在自己的內心尋找原因，並且對自己的行動感到強烈的責任。而正因為如此，個人主義者更容易為了緩和自己的行動與意識之間的矛盾，在無意識中改變自己的意見。個人主義者為了保持理性的自我形象，很容易掉入「合理化＝正當化」的陷阱，也因此容易受到影響。實證研究已經確認，這個乍看違反常識的結論是正確的。[8] 而

6 原註：關於類似的研究，一九八〇年代中期已經發表了一千篇以上的論文。*J. Cooper & R. H. Fazio, "A New Look at Dissonance Theory"*, in *L. Berkowitz (Ed.)*, Advances in Experimental Social Psychology, *t. XVII, Academic Press, 1984, p. 229-266.*

7 原註：舉例來說，只要經過科學權威的正當化，有百分之六十五的受測者會對無罪的人施加四百五十伏特的電擊並拷問他們。*S. Milgram*, Obedience to Authority: An Experimental View, *Harper & Row, 1974.*

8 原註：*S. J. Sherman, "Internal-External and its Relationship to Attitude Chang under Different Social Influence Techniques"*, Journal of

基於同樣的理由，那些充滿自信、不依賴他人意見、自己做判斷的人，因為通常比在乎周遭意見的人更容易強烈感覺到矛盾，所以他們一旦置身上述的情境，也很容易受到影響。[9]

沒有察覺自己受到強制的事實，以為自己是透過自己的意志選擇自己的行為——這樣的虛構，反而是讓影響得以發揮作用的原因。正因為被支配者自己率先為支配者尋找正當性，「支配」得以隱藏其真正的樣貌，像自然法則一般地發揮其作用。正因為我們明明受到控制，卻幻想自己是自由之身，所以成為權力的俘虜。

長久以來一直有人高聲呼籲，為了建立近代市民社會，必須先確立「個體」。常有外國人批評日本人全都是一個樣子、沒有個性，但這不只是外國人對日本人的刻板印象，就連日本人自己也經常這麼認為。我並不是要主張這樣的說法毫無根據，但就算西洋社會明顯個人主義式的人類形象在日本普及開來，也不會因此就產生具有自主性的人。

當日本人批判自己，並且主張要「建立個人責任更為明確的社會」、「培育不隨波逐流、根據獨立意志行動的人」的時候，暗地裡其實是以西洋人為理想的形象。但大家常常忽略一件事：上面引述的那些實驗，證明了所有的人都很容易受影響，而那些實驗的對象，全部都是西洋人。就算我們可以把日本人全部變成西洋式的個人主義者，也不會出現以自己的意志下判斷、決定自己行為、具有自主性的人。

人是對外開放的存在；如果不是經常進行資訊的交換，人的存在無法成立。我們稱為「自己」的東西，只不過是從與他人互動中所產生的「交互主體性」而已；這一點不論是哪個文化、在什麼時代，都是一樣的。從歷史上來看，將自己與他者都視為「自主的個人」的概念，是歐洲在進入近代之後才形成的意識形態的產物。將人視為自主的存在是一種錯覺；而西洋人比亞洲人或非洲人更容易有這種傾向。[10] 但是，這當然不表示西洋人都是以獨立個人的身分存在。那種唯我論（solipsism）式的存在，只不過是我們將

Personality and Social Psychology, *26, 1973, p. 23-29.*

9 原註：*C. W. Greenbaum, "Effect of Situational and Personality Variables on Improvisation and Attitude Change"*, Journal of Personality and Social Psychology, *4, 1966, p. 260-269.* 智商高的人比智商低的人更容易受到影響，也是同樣的原因。請參閱 *W. A. Watts, "The Effects of Verbal Intelligence on Opinion Change under Conditions of Active and Passive Participation", Western Psychological Association, 1971, cited* in *S. Sherman, art. cit.* 此外就算不是本書中介紹的狀況，一般來說，越是希望自己做判斷、抗拒他人影響的人，所受到的影響越深，這一點已經得到實證的證明。舉例來說，請參閱 *S. Moscovici & B. Personnaz, "Studies in Social Influence V: Minority Influence and Conversion Behavior in a Perceptual Task"*, Journal of Experimental Social Psychology, 16, *1980, p. 270-282; S. Moscovici & M. Doms, "Compliance and Conversion in a Situation of Sensory Deprivation"*, Basic and Applied Social Psychology, *3, 1982, p. 81-94.* 在以日文出版的資料方面，請參閱拙著《接納不同文化的弔詭》（『異文化受容のパラドックス』朝日選書，一九九六年）第七章，特別是一七七～一八頁。

10 原註：當然，這樣的區別是相對的。一般來說，社會階層越高、學歷越高的人，個人主義的傾向越強烈。*J.-L. Beauvois,* La psychologie quotidienne, *PUF, 1984; N. Dubois,* La psychologie du contrôle. Les croyances internes et externes, *Presse Universitaires de Grenoble, 1987.*

「日本人論」中的特殊日本人形象，反轉過來投影到地平線彼方的海市蜃樓而已。[11]

我們總是不斷受到他者與外部環境的影響。但因為前面所述的、巧妙的合理化機能，我們同時保持了自主性的感覺。我們相信自己決定自己的想法，選擇自己的行為；但大多數的場合，其實我們顛倒了原因與結果。人不是合乎理性的動物，而是會為自己合理化的動物。

我並不是要主張，因為自主的感覺是一種幻想，所以我們應該擺脫它。不僅如此，我想說的正好相反——因為自我欺騙的機制順利運作，人才能生存。如果沒有某種機制在無意識中修正我們想法與記憶，我們無法感覺掌控自己的行為、思考與命運。當我們覺得改變不是來自外界的強制，而是出於自己的選擇時，絕大部分的時候那只不過是錯覺。但如果沒有這種錯覺，我們是無法生存的。[12]

我們的思考與記憶不但經常是捏造出來的，而且一直在變化。接下來我將從大腦生理學的觀點探討這一點，並且確認以下事實：人類的認知機制，從根本的部分就與虛構緊緊相連，密不可分。

腦是製造虛構的裝置

人類與其他高等動物的腦，由左右兩個大腦半球所組成；它們之間透過稱為「胼胝體」（Corpus callosum，亦稱「腦梁」）的部分連接起來。到達其中一個大腦半球的資訊，會經由胼胝體傳達到另一個大腦半球。而我們的神經系統是左右交叉的；右眼捕捉到的資訊傳給左大腦，左眼得到的資訊則傳給右大腦。一旦胼胝體被切斷，單方視覺區得到的資訊就只能傳給某一邊的大腦。也就是說，會產生這樣的情況——另一半的大腦半球，「不知道」這個訊息。

舉例來說，將貓的胼胝體切斷後，遮住牠的右眼，讓牠只有左眼看得見，然後再安排一些訓練，讓牠學習只要按壓某一個踏板，就可以得到食物。而因為整個過程中只有左眼看得見，所以只有右腦得到資訊，左腦沒有學習到任何事物。經過充分的反覆練

11 原註：認為日本人比西洋人容易受影響的「常識」，本來就很有問題。有幾位研究者，在「日本人比美國人更具有群體主義（*groupism*）傾向，因此更容易形成一致的意見」的假說下，進行了兩個實驗。實驗的結果出乎研究者的意料——日本人受測者遠比美國人受測者不容易受到影響。請參閱 *R. Frager, "Conformity and Anticonformity in Japan"*, Journal of Personality and Social Psychology, 15, *1970, p. 203-210*，以及佐谷秀一的大阪大學畢業論文（一九七五年）（我妻洋『社会心理学入門』上卷〔講談社　術文庫、一九八七年〕，五八～六四頁引用）。關於這次實驗結果的解釋，請參閱前述拙著，二二五～二二八頁。

12 原註：自主性的錯覺是不論男女老少、超越文化差異的人類共通特徵，但唯有罹患憂鬱症等精神疾患的人，自主性的虛構無法充分對他們產生作用。因此有一種治療方式，就是刻意讓患者產生自主性的錯覺。舉例來說，請參照下述的研究：*E. J. Langer & J. Rodin, "The Effects of Choice and Enhanced Personal Responsibility for the Aged: "A Field Experiment in Institutional Setting"*, Journal of Personality and Social Psychology, 34, *1976, p. 191-198.*

習，確認貓記住了按壓踏板的動作之後，這次換成遮住牠的左眼，只讓牠用右眼觀看。結果貓完全忘記先前學到的事情，無法取得食物。那是因為掌管右眼的左大腦半球，並沒有學習到這件事。但是當實驗者取下貓左眼的眼罩，牠隨即恢復了記憶，又開始按壓踏板、取得食物。這個情形，就好像有兩個不同的腦在控制貓的行動一樣，我們稱之為「裂腦」（Split-brain）。

在人的身上，胼胝體橫切術是治療癲癇的方法之一。癲癇是腦部異常放電所引起的症狀；胼胝體切除後左右大腦半球彼此分隔，某一邊大腦半球的異常放電，不會波及另一邊，於是處於正常狀態的單側大腦半球可以繼續控制身體，患者不至於陷入意識昏迷的狀態。順帶一提，進行胼胝體橫切術之後，記憶與思考能力都不會出現異常，因此旁人與患者本身，都不會感覺到變化。

於是有人針對接受胼胝體橫切術的患者，進行了一個實驗，而從實驗的結果可以了解一個事實：人類的認知，從基本的部分就已經包含了捏造與虛構。實驗的內容如下：讓左右兩隻眼睛，在很短的時間內分別觀看兩張不同的畫。右眼看到的資訊傳達到左大腦半球，左眼看到的則傳達給右大腦半球。舉例來說，讓右眼看的畫裡，畫的是雞的腳，只有左大腦半球「知道」這個資訊；讓左眼看下雪的景色，也只有右大腦半球「知道」這個資訊。接下來，在患者面前的桌子上，擺放分別畫著雞、鐵鎚、鏟子、烤麵包機、蘋果等等的畫，請他選擇與先前看到的兩幅畫有關的畫。結果患者的右手指向了雞

（對應於右眼所看到的雞腳），左手則指向鏟子（與左眼看到的雪景有關；鏟子可以拿來剷雪）。這樣的結果並不奇怪，因為右眼與右手都由左大腦半球控制，而左眼與左手都歸右大腦半球掌管。

然而，當實驗者詢問患者為什麼會選擇這些畫的時候，他的回答非常奇妙。他毫不猶豫地說：「這很簡單。雞腳當然與雞有關；而打掃雞舍需要鏟子」。為什麼患者會捏造這種錯誤的說明？我們可以這麼解釋：語言能力是完全由左大腦半球控制的，右大腦半球缺乏這樣的能力。因此，左眼看到的雪景的資訊就算傳達到右大腦，但由於沒有語言能力，無法將視覺的資訊化為語言。而被迫回答問題的患者只能運用左大腦半球回答，但傳達到左大腦的資訊，只有右眼看到的雞腳。但因為左右大腦的聯繫被切斷了，左大腦並不「知道」右大腦「看到」雪景這件事；於是左大腦捏造出煞有介事的虛構故事來。[13]

這和被催眠的人在催眠術解開後，所表現出來的行為非常相似。比方催眠師在催眠狀態中告訴受測者：「當我用手摸眼鏡的時候，你就會走到窗子旁邊，打開窗子。」催眠狀態解除之後，催眠師一面若無其事地和受測者閒聊，一面很自然地摸了一下眼鏡，

13原註：*M. S. Gazzaniga,* The Social Brain: Discovering the Networks of the Mind, *Basic Books, 1985 (tr. fr.* Le cerveau social, *Odile Jacob, 1996, p. 101-103).*

這時候受測者（被催眠的人）突然站起身，跑去開窗子。而當實驗者問道「為什麼要開窗子？」的時候，回答「我也不知道，就是突然很想開窗子」的人非常少。大部分的人會提出「合理」的理由，比如「感覺有點熱」、「好像聽到窗外有熟人的聲音」等等。其實當事人並不知道自己在談話當中突然起身跑去開窗子的真正原因，卻在無意識中創作適當的「理由」，好讓自己能接受自己的行為。[14]

意識是編撰而成的故事

我們的大腦一面以並列的方式同時進行好幾種認知過程，一面處理來自外界的資訊。因此，在綜合各個過程的處理結果時，必然會產生某種歪曲。不論是在裂腦患者或是催眠術的實驗中，受測者都很自然地創造出合理的說明。那是我們將無意識中所進行的複雜資訊處理的結果，與過去沉澱下來的記憶整合、加工，所形成的內容。

從認知科學與腦神經生理學的知識與見解來看，笛卡兒所構思的自我形象——理性的精神掌管人類的行為——是錯誤的。不管到哪裡，都不會有笛卡兒所想像的那種統一的觀點存在。意識並不是行為的出發點；意識是將過去的記憶與現在的認知整合、加工而成的故事。一般認為，人都是先有決定，再付諸行動；也就是說，人是以自主的意志為基礎而行動的存在。但是底下兩個實驗的結果，將大大地動搖我們對人的看法。

實驗者請受測者做一個很簡單的動作——將手舉起來。要什麼時候把手舉起，完全由受測者自由決定。從常識的觀點來看，這個動作的流程應該是：首先我們有了舉手的意圖，接著將「舉手」的訊號傳遞到相關器官，經過微小的時間差，最終舉起了手。然而實驗的觀測卻得到不可思議的結果——最先發生的事，是腦波產生了舉手的指令，不久之後我們意識到這個意圖，再經過一小段時間，手實際上舉了起來。

也就是說，在某種無意識的原因發生之後，實際執行動作的神經過程，與意識中產生舉手「意圖」的心理過程，是同時啟動的。經過數百毫秒後，首先我們意識到舉手的「意圖」，再經過數百毫秒，動作實際發生。雖然說是完全自由的行為，但發起動作的事實上是無意識的過程；在執行動作的命令已經發出之後，我們才產生「我想要做這個、做那個」的感覺。[15]

14 原註：即使不是在受到催眠這樣的特殊狀況下，人有捏造合理說明的傾向這件事，一再地受到心理學家確認。舉例來說，請參閱：*N. R. F. Maier, "Reasoning in Humans: II. The Solution of a Problem and its Appearance in Consciousness",* Journal of Comparative Psychology, 12, *1931, p. 181-194; R. E. Nisbett & T. D. Wilson, "Telling More than We can Know: Verbal Reports on Mental Processes",* Psychological Review, 84, *1977, p. 231-259.*

15 原註：*B. Libet, "Unconscious Cerebral Initiative and the Role of Conscious Will in Voluntary Action",* Behavioral and Brain Sciences, 8, *1984, p. 529-566;* ——, *"Are the Mental Experiences of Will and Self-Control Significant for the Performance of a Voluntary Act?",* Behavioral and Brain Sciences, 10, *1987, p. 783-786;* ——, *"The Timing of a Subjective Experience",* Behavioral and Brain Sciences, 12, *1989, p. 183-185.*

我們在這裡所探討的問題，並不是我們的手或身體不經意地做出某些動作，而自己事後才注意到的狀況。我們所講的是，即使是完全自由決定，而且是有意識地舉起手的情況，在我們產生「我要把手舉起來」的想法之前，腦波已經發出「舉手」的指令。正因為如此，這個實驗的結果才會帶給我們這麼大的衝擊。

在另外一個實驗裡，實驗者請受測者觀看幻燈片，而且請他在任何他喜歡的時候按下按鈕，就可以讓投影機切換到下一張幻燈片。但實際上，該按鈕並沒有連接到投影機上；相反地，他們偵測受測者的腦波，並且設定投影機在腦波發出執行按鈕動作的指令時，就切換到下一張幻燈片。當然，受測者並不知道有這樣的安排。於是當實驗開始，受測者經歷了奇妙的經驗——每次在他想要按下按鈕的前一瞬間，幻燈片就已經先切換過去，之後他才感覺到自己想要按按鈕的意圖。這和通常的感覺，順序正好相反。也就是說——和前面那個實驗一樣——在感受到自己的「意圖」之前，無意識的指令就已經發出；指令發出之後，實際執行動作的過程與形成「意圖」的過程才平行進行。但因為實驗所安排的把戲，幻燈片在「按按鈕」的意圖形成之前，就已經切換過去了。[16]

與這個用了小把戲的實驗不同，在平常的狀況下，我們在行動實際執行之前，已經意識到決定做這個行為的「意圖」，因此我們不會注意到「意圖先於行為」是一種錯覺。但是，因為產生行為與意圖的過程是各自並列發生的，就算「意圖」在行為發生之後才浮現，照道理說也沒什麼奇怪。如果人類的神經系統以這個方式組織而成，那麼自由與責任的概念都不會產生，笛卡兒與康德的哲學都不會出現，人類的社會甚至不會是現在這個樣子。

我們的大腦，以並列的方式同時處理身體所受到的各種刺激。來自外部的資訊，在經過這個處理過程抵達意識之前，必定會遭受某種變形。我們的知覺是經過建構的過程而形成的；為了理解這一點，讓我們來確認一件事實：以視覺、聽覺、味覺等型態上升到我們的意識的各種資訊，並不是由與之對應的眼、耳、口等個別的末梢神經器官所產生的。

有些盲人，在陌生的場所也可以察覺障礙物而移動自如。據說在靠近障礙物的時候，他們可以感受到面前有障礙物。這種驚人的能力，實際上是以類似蝙蝠超音波雷達的方式，透過聽覺所得到的聲音的資訊，探知障礙物的存在，並測量距離。[17]雖然是極少數的例子，但有些人的這種探知能力異常發達；曾經有報告指出，有一位盲人少年可以騎乘自行車，在陌生的環境中自由地移動。[18]而對我們的討論來說重要的是，該盲人並非

16原註：*W. Grey Walter*, Presentation to the Osler Society, *Oxford University, 1963, cit.* in *D. C. Dennet*, Consciousness Explained, *Little, Brown and Company, 1991, p. 167-168.*

17原註：*M. Supa, M. Cotzin & K. Dallenbach, "Facial Vision: The Perception of Obstacles by the Blind",* American Journal of Psychology, *57, 1994, p. 133-183.*

18原註：*A. Delorme*, Psychologie de la perception, Études *Vivantes, 1982, p. 12.*

有意識地以聲音作為判斷基準，而是感覺到有什麼東西即將碰觸到自己的臉部。那是整體認知系統的重新建構，而不只是替代能力的問題。

如果說我們可以用耳朵來「觀看」，那麼透過皮膚來「觀看」也是可能的。在盲人的背上裝置由小型震動器組合而成的震動板，跟著用攝影機探知各種形狀的物體，再透過電腦解析將攝影機所得到的視覺資訊轉換為震動訊號，傳輸到震動板。只要累積某種程度的訓練，盲人不但能夠透過背部所感受到的刺激而辨認物體的形狀，甚至可以察覺物體在立體空間中的動態。更進一步習慣以後，盲人甚至不再感覺物體在自己背部，而是在自己眼前。曾經有一次，一位盲人自己操作攝影機以觀測物體的時候，不小心誤觸放大影像的按鈕，而感覺該物體急速地接近。受到驚嚇的他，為了閃躲似乎就要撞上的物體，不自覺地做出向後仰的反射動作。[19]

就像透過耳朵或皮膚來「觀看」，我們也可以用眼睛來「聞到」氣味。先前提到的認知能力，並非身體障礙者特有的現象，而是所有人在日常生活中共通的經驗。我們在與人談話的時候，無意識地觀察對方嘴唇的動作，並借助視覺得來的資訊，解讀聽到的聲音資訊。因此當視覺資訊與聽覺資訊之間發生矛盾時，會產生合成現象。有人做過這樣的實驗：在影像剪輯中動手腳，讓看影片的人（受測者）聽到「Ba」的聲音，卻看到發「Ga」的聲音時的嘴部動作。結果聽覺資訊與視覺資訊混合在一起，受測者覺得自己「聽到」了「Da」的「聲音」。[20]談話的時候，我們總是在無意識中將對方的身體或手部的動作等等語言之外的資訊，與聽覺資訊混合在一起。特別是以外國語言交談的時候，我們會以這樣的視覺資訊來彌補自己語言能力的不足。使用外國語言時，面對面交談比講電話更容易理解談話的內容，聽一個人說話比聽一桌子的人說話更容易聽懂，原因就在這裡。

「用眼睛看」、「用耳朵聽」是奇怪的說法；但並不是因為它們像「從馬背上落馬」一樣，用了「冗餘」（redundancy）的陳述方式。正好相反——因為知覺同時動員多個感覺器官與腦，是一種主動與綜合的現象。我們並非只用眼睛觀看、只用耳朵聆聽，也不是只用舌頭感覺味道。知覺不單純是接受外界的刺激。所謂的知覺是一種合成現象；我們遵循社會所規定的方式，對處於混沌狀態的一連串生理刺激，進行裁切、範疇化、結構化，並賦予意義。因此，知覺必然伴隨著抽象化、添加與歪曲。

下述的這位患者，因為腦部的損傷而造成認知機能的障礙。從發生在他身上的情況，可以清楚看到「知覺是建構出來的」這件事。這位患者的視覺功能本身完全正常，

19 原註：*B. W. White, F. A. Saunders, L. Scadden, P. Bach-y-Rita & C. Collins, "Seeing with the Skin"*, Perception & Psychophysics, *7, 1970, p. 23-27.*

20 原註：*R. Campbell & B. Dodd, "Hearing by Eye"*, Quarterly Journal of Experimental Psychology, *32, 1980, p. 85-99; B. Dodd, "The Role of Vision in the Perception of Speech"*, Perception, *6, 1977, p. 31-40.*

但是他無法理解自己看到的物體是什麼東西。有一天，這位患者的主治醫師買了一朵大紅色的玫瑰花，到患者家拜訪。患者收下玫瑰的時候，臉上的表情就像看到奇妙標本的植物學家。他說的第一句話是：「大約十五公分長的物體……」跟著開始分析：「紅色渦卷狀的物體，附著於綠色直線形的繫繩上。」「沒錯！你覺得這是什麼？」在醫師的詢問下，患者露出困惑的神情。最後他終於回答：「嗯……很難回答的問題。像是個多面體，但是又缺乏左右對稱性……搞不好是花也說不定。」這時候醫師建議他：「要不然你可以聞聞看它的香氣。」聞聞看多面體的香氣？患者又作出驚訝的表情。但他還是照著醫師的建議做了，把臉靠近那朵玫瑰。突然他開始哼起玫瑰的歌。「啊！真是美麗！這是剛剛綻放的玫瑰。多麼崇高的花香！」臉上的表情也開朗了起來。[21]

患者並不是以嗅覺為依據，進行合理的判斷，最後終於明白手上的物體是一朵玫瑰花。真正發生的情況是，患者聞到香氣而被吸引進入玫瑰的世界，在一瞬間感受到它的美與意義。私家偵探與法官細心收集情報、進行縝密的邏輯推論，合理鎖定犯人的身分。但我們在日常生活中不經意的認知行為，並不是以那種方式進行的。不論是對象是人或物體，當我們判斷這個人是朋友、那是一張桌子的時候，支持我們判斷的確信，絕不會是從那種解析的方法中產生的。我們需要超越單純資料收集與合理判定的某種東西。而橫臥在資料與確信之間、掩蓋住這種質性的跳躍的，不是別的，就是本書所使用的意義下的虛構。

我們透過虛構，建構並理解圍繞在我們四周的世界。如果沒有主動的建構，連個人最基礎的知覺功能都無法運作。而日常生活沉澱而成的記憶，更不可能單純是每日累積的經驗群單純的並列。我們總是參照過去的記憶，加工改造新的資訊，再將它編入既有的記憶裡。而且，來自外部的新資訊，也促使過去的記憶本身發生變化、重新自我建構。記憶是經過結構化的沉澱物，同時也是對新經驗施以結構化的動力過程。

集體記憶的所在之處

個人記憶中合理化與捏造杜撰的機制，當然也在集體記憶的製造過程中發揮作用。但是在分析集體現象的時候，必須避免使用擬人化的記述方式。我們不能將群體視為思考與記憶的主體。支持民族同一性的集體記憶與文化，並不是由共同體培育出來的記憶；也絕非共同體的所有成員都持有相同內容的記憶或文化。我們不能將共同體視為均質堅實的整體。人類所形成的政治或文化共同體，不論在什麼時代，都是由抱持多樣信念與世界觀的男女所營造出來的。社會的成員透過其各自的理解與想像，賦予民族同

21 原註：*O. Sacks,* The Man who Mistook his Wife for a Hat, *Gerald Duckworth & Co., 1985, cha. 1.*

一性意義。

意識形態、宗教、科學、藝術、語言、價值觀、道德規範、常識等等以集體的方式建構而成的精神產物，是許多人、而且是在不同的時間中相互作用所形成的。在這過程中，必然有頻繁的資訊交換。然而，社會是由屬於不同世代、性別、社會階層、政治信念、宗教等等各式各樣的人所組成的；在這些人們的相互作用中，資訊的傳遞不可能只是將新的要素以並列的方式加在既有的世界觀之上；既存結構與「異物」的衝突之中，會無意識地產生抽象化、添加與歪曲，並進行主動的合成與統合。換句話說，雖然是同一社會之中的資訊交換與傳遞，我們必須將它視為接受異文化的過程來理解。

如果同屬一個共同體的人們，對自己的共同體有各自不同的理解與想像，那麼群體同一性的感覺是從哪裡來的？就算我們否定集體記憶與文化的實體性，群體同一性的感覺也不會消失。這和語言的情形是一樣的。就算人們對語言的意義以及其指示對象有各自不同的理解與想像，我們仍然可能透過語言來溝通。

一般來說，語言的意義會隨著使用的人不同，而有相當大的差異。即使是「時間」、「工作」等這些日常對話不可缺少的詞語，從忙碌的商人、藝術家、物理學家或哲學家口中說出來，意義都會各自分歧。而至於「神」、「錢」、「女人」之類含有豐富暗示性的詞語，更是會呼應說話者各自的世界觀，在他們腦裡浮現完全不一樣的表象。

讓我們想像，一群人討論歷史小說主人公的場合。假設討論的對象是親鸞[22]好了，每個人透過不同作家的小說所知道的「親鸞」這個名詞，意義與內容都是不一樣的；而與十三世紀當時實際認識親鸞的人對他的印象，更是大不相同吧！不僅如此，我們還可以談論小說中登場的虛構人物，甚至討論誰也沒親眼見過的神。就像這樣，即使所使用的語言意義有所分歧，甚至語言所指示的對象實際上不存在，溝通還是能夠成立。關於集體記憶也是如此；只要彼此的理解差異不是太大，不會有任何問題。共同體的所有成員共有同樣的記憶內容，這是完全沒必要的。

歷史解釋的相對性

就像人們常說的，對歷史的理解始終是從現在的立場重新建構出來的。不同的人，身處不同的「現在」，從不同的角度評價歷史；因此在某些情況下，同樣的事件會被賦予完全相反的意義。曾經有一份共同研究，分析了七十個國家的歷史教科書，發現每個國家對所謂「發現美洲大陸」的史實，都有非常不同的敘述。[23]

22 譯註：親鸞（一一七三～一二六三）是日本鎌倉時代著名的僧人。

23 原註：*J. Pérez Siller (Ed.)*, La "Découverte" de l'Amérique? Les regards sur l'autre à trouver les manuels scolaires du mond,

舉例來說，在阿爾及利亞與摩洛哥等北非各國的教科書裡，強調阿拉伯人對「發現美洲大陸」的貢獻，並給予高度評價。他們主張，中世紀的歐洲仍然是未開化的地區；歐洲人之所以能完成這樣的豐功偉業，必須歸功於指南針、星盤等等阿拉伯世界所發展出來的科學技術，而且讓哥倫布決定航路的地圓說，也是阿拉伯人提倡的理論。「發現美洲大陸」所需的必要知識，沒有一項是歐洲人創建的；歐洲人只是將阿拉伯人已經發現、發明的事物，在技術上進一步發展而已。同時值得注意的是，這些教科書也將奴隸貿易的責任全部歸罪於歐洲人，對於阿拉伯人自己也曾經將非洲黑人當作奴隸的事實，隻字不提。24

撒哈拉沙漠以南的非洲諸國，有許多奴隸貿易的犧牲者。這些國家的教科書裡，以大量的篇幅說明「發現美洲大陸」所引起的非人道行為。與此對比的是，南非共和國的教科書完全沒有提到奴隸貿易的事。25

美國與加拿大這兩個國家，建立在對先住民的屠殺與支配之上。以某種意義來說，他們的教科書對於此一史實的記述與建構，與南非共和國的教科書極為相似。他們主張「印地安人」並不是美洲的原住民，而是渡過白令海峽、比歐洲人更早來到美洲大陸的殖民者。在這兩個國家的教科書裡，「發現美洲大陸」並不是印地安人與歐洲殖民者之間反覆進行鬥爭的歷史，而是來自世界各地的人們（包含印地安人在內）相繼移民到新天地的歷史。按照這種記述的邏輯，印地安人並不是原住民，而只不過是比其他群體更早移入的先住民。透過這種方式，他們將印地安人的居住權相對化。

還有，美國與加拿大的教科書基本上採用英國人的視角，主要從「西班牙與英國爭奪霸權」的觀點來描述歷史。從讚揚「發現美洲大陸」是全人類的偉大功績這一點，也可以看到他們暗地裡貶抑西班牙的角色與淡化英國劣勢的動機。[26]

那麼，中南美洲各國又是如何？中南美洲的社會，是由淪為屠殺犧牲者的先住民、被強擄充作奴隸的非洲人、來自伊比利半島的征服者，相互交雜混合而成的。他們的教科書，從追尋自身同一性的觀點，來描述新舊兩大陸的關係。但即使同樣位於中南美地區，阿根廷則與鄰近其他國家大不相同。阿根廷是透過公然掠奪先住民的土地、以戰爭徹底殲滅先住民，而完全由歐洲移民建立起來的國家。阿根廷教科書的視線一味地朝向

L'Harmattan/Georg-Eckert-Institut, 1992. 請特別參閱以統計解析為基礎，進行總括性考察的 *T. Kozakai & J. Pérez Siller, "Les regards sur l'Autre: esquisse d'atlas des discours scolaires", p. 299-315.*

24 原註：*A. Saa, "Découverte ou croisade?", in J. Pérez Siller (Ed.),* La "Découverte" de l'Amerique?, op. cit., *p. 157-170.*

25 原註：這個研究所分析的南非共和國的教科書，是一九八五年到一九八七年之間出版的。那是禁止不同人種結婚的背德法（*Immorality Act*）已經廢止、種族隔離（*Apartheid*）即將消失，南非社會的轉換期。但是在教育制度等其他領域，歧視實際上的消除是更後來的事。這些教科書的內容，仍然沿用種族隔離政策廢止前的官方見解。*A. Holl, "Le regard du regard du regard de l'Autre",* in *J. Pérez Siller (Ed.),* La "Découverte" de l'Amerique?, op. cit., *p. 181-205.*

26 原註：*V. Pugibet, "Nous avons aussi découvert l'Amérique",* in *J. Pérez Siller (Ed.),* La "Découverte" de l'Amerique?, op. cit., *p. 63-86.*

歐洲，並且像加拿大與美國一樣，盡一切可能抹除先住民的痕跡。[27]

歐洲各國的教科書有一個共同的特徵，就是將「發現美洲大陸」定義為歐洲（作為一個整體）在歷史上誕生的契機。他們不是把希臘、羅馬、查理曼、神聖羅馬帝國等等歐洲內部的指標，當作歐洲同一性的基礎，而是建立在與完全異質他者的相會。這個視點值得注意。[28]

最後，讓我們來談談日本教科書的傾向。我們看到的是，在推動「發現美洲大陸」的力量方面，日本教科書輕忽基督教所扮演的角色，而是重視政治經濟方面的因素，強調歐洲各國爭奪霸權的一面。除了蘇聯與中華人民共和國這兩個例外，幾乎所有國家的教科書，都將羅馬教宗描述為宗教上的權威；但是在日本的教科書裡，則強調他是解決敵對勢力之間紛爭的政治調停者。在某一本中學歷史教科書裡，以〈歐洲世界的擴張〉為標題的章節一開始就這麼介紹：「馬基維利引進了這樣的思想——為了國家的繁榮與君主地位的安定，即使是相當於犯罪的行為，必要的時候國王也必須實行，」並且向學生們提出這樣的問題：「這種主張忽視宗教與道德、重視政治力量與軍事力量的思想在歐洲興起的結果，世界發生了什麼樣的變化？」[29]

我們可以看到，日本將過去面對西洋世界的歷史，投影在這種以霸權主義的角度理解歷史的方式上。[30]日本在十九世紀中葉所遭遇到的西洋，首先並不是文化上的存在，而是以強大經濟力為背景的帝國主義勢力。說得更直白一點，就是一股可怕的力量。處在這種危機狀況下的日本，將自己也變成一股足以對抗西洋勢力的力量，並且形成一種看待世界的框架：西洋與日本是兩股不同性質的勢力，剩下的地區與國家，都只是等著被兩者支配的對象。[31]直到現在，這個框架基本上還是沒有改變。這一點反映在一件事實上：如今還是有不少日本人，把西洋與日本等所謂「先進國家」以外的人，統統看作是「其他」。[32]

的確，不管哪一個國家，都會以某種方式控制歷史教科書的內容。但是我們在上述各種歷史解釋中所看到的遺忘與歪曲，都在無意識的狀況下反映出歷史記述者的世界觀，無法只用權力的介入來說明。我們不應該只從否定的角度來判斷歷史的歪曲；相反地，我們必須看到其中貫通人類所有作為的積極主動性。

27原註：*J. Pérez Siller, "De l'Amérique indienne a l'Amérique hispanique"*, in *J. Pérez Siller (Ed.)*, La "Découverte" de l'Amerique?, op. cit., *p. 19-44.*

28原註：*J.-D. Mellot, "La petite Europe des acteurs… Cinq siècles après"*, in *J. Pérez Siller (Ed.)*, La "Découverte" de l'Amerique?, op. cit., *p. 89-110.*

29原註：『中学校歴史教科書』（学校図書出版、一九七八年），一〇三頁。

30原註：*T. Kozakai, "Histoire d'un monde lointain"*, in *J. Pérez Siller (Ed.)*, La "Découverte" de l'Amerique?, op. cit., *p. 219-237.*

31原註：關於「西洋／日本／其他」這種將世界劃分為三項的構圖，請參閱吉田悟郎「自国史と世界史」比較史・比較歴史教育研究会編『自国史と世界史』（未来社、一九八五年），一七～三二頁。

32原註：關於日本人一向是以什麼方式與西洋世界接觸，請參閱前述拙著《接納不同文化的弔詭》，特別是第四章。

集體記憶，並不是對於過去發生的事件的記憶的單純累積。以這種靜態的方式理解集體記憶，是一種錯誤的看法。每一次當新的經驗被加到共同體的記憶裡時，都會引發對過去記憶的重新建構。就像我們在探討個人記憶時所指出的，新的經驗必定會通過既存記憶的「電磁場」，在各種作用力的干擾下受到反覆咀嚼。而集體記憶也是如此。集體記憶的維持，始終伴隨著每日的更新。記憶並非靜態的結構，也不是固定的內容；我們應該將記憶理解為一種動態的過程，在這個過程中，新的經驗一方面被結構化，一方面累積下去。這種詮釋的運動，不斷賦予世界上發生的事件新的意義。

歪曲的心理過程

遺忘與歪曲，並不是記憶的失敗。

塞爾吉・莫斯寇維奇（Serge Moscovici, 1925-2014）在一九五〇年代後半，分析了精神分析學在法國社會普及的情況。他同時從理論與實證的角度，詳細探討新資訊被引進一個社會時，遭受變形的過程。[33]我們將以他的研究為依據，來觀察新要素如何被整合進入集體的記憶。

佛洛伊德所開創的精神分析學，除了挑戰性的禁忌之外，更因為不用藥物治療的臨床方法牴觸了西洋醫學的概念，而被責難為性倒錯者的謊言、詐欺師的騙局，受到許多人的排斥。莫斯寇維奇分析訪談與問卷調查的結果，發現當時的法國人對精神分析學的印象，可以歸納為以下的公式：「意識」與「無意識」的對立結構產生「衝突」；「衝突」受到「壓抑」的結果，產生「情結」。

這樣的構圖雖然與佛洛伊德早期「無意識」／「前意識」／「意識」的理論架構類似，但他本人在一九二〇年左右，已經改採「本我」／「自我」／「超我」[34]的不同理論架構。儘管莫斯寇維奇進行調查的時候已經是一九五〇年代，但法國人對精神分析學的印象仍然是以佛洛伊德早期的理論為依據，沒有反映出他後來的理論發展狀況。這是為什麼？

首先，後期理論是以「本我」、「超我」這些平常很少聽到的概念組成的。相較起來，早期理論更容易融入我們的常識之中。透過「外」對「內」、「明示」對「暗示」、「表層」對「深層」、「場面話」對「真心話」等等這些對立的概念來理解世界的方式，是大部分文化共通的基本型態，因此一般人可以理解意識與無意識的二元論構

33 原註：*S. Moscovici*, Psychanalyse, son image et son public *(1e éd., 1961), PUF, 1976.*

34 編註：將 *id*、*ego*、*superego* 分別譯為「本我、自我、超我」已是行之有年的慣例，但近年學界對 *id* 譯為「本我」，漸有疑義。*Id*（德文 *das Es*）直譯英文應為「*the It*」，字面上應譯為「它」，是自我所不知、不及的他者，譯為「本我」，則與原文本意完全相反。可參考《魔鬼學：從無意識、憂鬱到死本能》，佛洛伊德著，宋文里選文、翻譯、評註，二〇二二。

圖，而沒有太大的抗拒。[35]相較起來，對於一般習慣的認識框架來說，「本我／自我／超我」的組合則是完全陌生的。

然而，以這種二元對立的型態所理解到的無意識，來自對佛洛伊德理論立場的根本的誤解。在認知心理學中所說的無意識，通常指的是心理內容沒有上升到意識的狀態；對認知心理學來說，意識與無意識只是程度的差別。相對地，精神分析的無意識的概念，意思並不是缺乏意識的狀態。正因為如此，佛洛伊德在他早期的理論架構裡，引進了前意識的概念。他所說的前意識，指的純粹是欠缺意識的狀態，與狹義的無意識區隔開來；前意識不是無意識的一種，而是一種接近意識的概念。意識與無意識的不同，並不在意識化的程度，不是量的差異。對佛洛伊德來說，無意識是與意識不同性質的一種主動的因素，與意識保持動力的關係，並且對它發揮作用。

因此，當時的法國人所理解的「無意識」，其實是佛洛伊德所說的前意識。因為以常識的理解取代佛洛伊德理論中原本的意義，無意識失去對既存世界的威脅性，不再是危險的存在。新的資訊與經驗，就以這個方式被替換、解釋成人們習慣的意象之後，納入既存的世界觀與記憶之中。

還有一件值得注意的事。精神分析學最重要的概念「性衝動」（Libido），也幾乎在法國人對精神分析的理解中消失無蹤。莫斯寇維奇的研究報告指出，在被問到什麼是精神分析的時候，提及性衝動的法國人，不到全部受訪者的百分之一。

為了理解這個概念為什麼會被排除在當時法國人的記憶之外，我們必須回想一下以下的事實：正因為精神分析學以性衝動為理論的中心、挑戰性禁忌，所以當初在法國被貼上「性倒錯者的囈語」的標籤，並且掀起了抵制的怒潮。也就是說，只有當牴觸社會禁忌的部分遭到排除、佛洛伊德的理論被「解毒」之後，才開始被編入一般的常識之中。

每當新資訊、新價值觀入侵社會，對既成的世界觀造成緊張與衝突的時候，就會產生這種中和作用。不過，我們每個人都因為性別、年齡、社會階層、學歷、職業等等的不同，分屬於特定的團體或範疇，並且被編入該團體、範疇的通訊網絡之中。在各團體內傳遞交換的資訊，有其特定的內容；生活在該團體的人們，某種程度共有相同的經驗。正因為如此，集體記憶的形成總是帶著某種偏倚（bias）。因此即使是在同一社會之中，各團體隨著其宗教觀或意識形態的不同，對於從外部侵入的異物，也會有不同的反應。

莫斯寇維奇透過面談以及對機關刊物內容的分析，指出了共產黨員與天主教徒對精神分析的不同反應。一九四九年到一九五三年之間，大多數登載於法國共產黨黨刊的文

35原註：上／下、左／右、陰／陽、善／惡、正面／負面、男性的／女性的、西洋的／東方的……等二元對立是日常思考的基礎。民間健康法中酸性食品／鹼性食品的分類之所以流行，也是基於同樣的理由。

章，都將精神分析學描述為資產階級與美國帝國主義試圖將階級社會的矛盾代換成個人問題的陰謀，並且大力鼓吹必須以正面衝突的姿態面對這樣的反動思想。他們說，生活在現代社會中的人所遭遇的問題，是資本主義的內在矛盾引起的；而精神分析無視於這樣的事實，偷天換日地將它描述為個人的心理問題，藉以隱藏社會問題真正的原因所在。他們嚴厲譴責精神分析學，並主張精神分析學是為了讓無產階級看不到階級鬥爭的事實，而杜撰出來的東西。登載於共產黨黨刊中有關精神分析的文章，有百分之七十將精神分析與美國及資本主義結合在一起。從這個事實也可看出，他們想要將精神分析學定義為資產階級意識形態的態度。

相較起來，天主教會發行的刊物則表現出較為柔軟的態度，承認精神分析對孩童教育的功用。雖然他們批判佛洛伊德理論重視性慾這一點是錯誤的，但同時也將精神分析視為告解（懺悔）的一種世俗型態。他們並且主張，精神分析在沒有告解習慣的新教國家扮演了替代的角色，為人們帶來了精神上的安定，因此給予肯定的評價。天主教會在遭遇精神分析學這個新奇的想法時，將它比喻為天主教徒熟悉的告解的習慣，以它們的相似性來理解。透過這種做法，緩和精神分析的異質形象，將它統合到天主教徒的世界觀與記憶裡。[36]

如果是哲學家或數學家經由嚴密的程序、有意識的論證，就會以合乎邏輯的方式反覆檢驗所得到的資料，最後再得出結論。但一般來說，人類的思考並不是以這種方式進行的。

舉例來說，讓我們想一想，人們討論日本的戰爭責任或教科書問題等政治議題的場面吧！虛心聽完對方主張的人，非常稀少。對方是左派還是右派？是同志還是敵人？講話的人值得信賴嗎？還是政府的御用學者？——我們總是立刻在無意識中，進行這樣的範疇化。人們以預先建構的思考框架理解對方的論述。如果贊成，就覺得安心；如果反對，就不斷在心中累積憤怒與抗辯。我們閱讀報紙或書本的時候，情形也是一樣的。越是讀者關心的話題，越容易像這樣受到歪曲的解釋。

也就是說，在這些論辯裡，與邏輯程序進行的方向相反，沿用既有價值觀的結論，從一開始就先決定了。而且在進行論辯的時候，人們無意識地以預先決定的結論來選擇、限定所引用的資料。人並不是先進行客觀的推論，再以邏輯的方式歸納出結果，而是相反——為了替事先決定的、帶著偏見的結論正當化，才進行推論。

天主教徒與共產黨員之所以對精神分析有不同的理解，並不是因為他們針對同一個對象進行合乎邏輯的檢討之後，得到兩種不同的判斷。當「精神分析」這個對象進入視野，他們立刻經過無意識的過程決定了自己的態度，之後才擠出理由來。以這個意義來

36原註：告解的時候，幽暗的懺悔室內只有信徒與神父兩個人，信徒可以說出那些在平常的狀況下不可告人的祕密。精神分析也是如此，患者在密室中向分析師說出自己的祕密。而且不論是信徒或患者，離開房間的時候內心都得到平安。

說，與其說他們對同一個對象作出判斷，還不如說他們從一開始面對的就是兩個不同的對象。

小孩子或「未開化人」的想法，與大人或「文明人」的思考方式有相當大的不同。但那並不是因為前者的認知與判斷能力不如後者，而是因為他們活在不一樣的世界，累積了不同的經驗，沉澱了不一樣的記憶，因此表現出不同的想法與行動。

人們並不總是因為「有益處」，就會接受新的資訊。將新技術引進第三世界國家的計畫經常以失敗告終，並不是因為低度開發國家的居民缺乏知識；相反地，他們所擁有的知識中，有太多是無法與引進的異文化要素相容、互換的，這才是原因。

讓我舉一個具體的例子。[37]為了防止痢疾的傳染，曾經有過一項公共衛生計畫。宣導人員進入秘魯的農村，鍥而不捨地指導、遊說兩百多戶人家，希望他們能改變飲用生水的習慣。但是在兩年的宣導期屆滿後，願意將水煮沸飲用的人家只有十一戶。宣導計畫失敗的原因是什麼？

這個村子裡的人，將所有的食物分為「熱」、「冷」兩個範疇。但是他們所說的「熱」、「冷」，並不是以食物實際的溫度來區分。他們認為「冷」的食物內含著「冷量」；相反地，缺乏「冷量」的食物是「熱」的。舉例來說，他們相信豬肉與生水是「冷」的食物，而酒則是「熱」的飲料。我們以「熱量」的差異來理解「熱」與「冷」，而這個村子裡的人則以「冷量」的含有量為基準，將飲料與食物分為兩類。[38]

村民們相信健康的人可以攝取「冷」的飲料或食物，但是病人必須絕對避免。病人所吃的食物裡如果有「冷」的東西，就必須用火去除它內含的「冷量」。反過來說，如果用火烹煮食物或飲水，就表示這麼做的人生了某種疾病。因此，健康的人將水煮沸飲用是不合理的，是不能被允許的行為。

村民之所以無法理解新的衛生習慣，並不是因為他們無知，而是因為「煮沸消毒」的觀念和他們的世界觀無法相容。雖然有十一戶人家開始將飲水煮沸，但事實上其中的十戶家裡有病人。也就是說，他們之所以煮水，並不是因為理解衛生宣導人員所說的話。而剩下的一戶則是來自外國的移居者，受到村民的排斥，大家都不和他們來往。他們不只和村民的世界觀不同，而且為了排遣孤獨感，經常和外地來的衛生宣導員聊天，因此接受了影響。

其中一位拒絕煮沸飲水的女性，條理分明地提出反論：「你們說生病是細菌引起的，那麼細菌到底在哪？你說細菌在水裡。連人在水裡都要溺死了，細菌又怎麼能活？難道細菌是魚嗎？你說細菌很小，眼睛看不到。那麼小的細菌，要如何傷害比它大那麼

37 原註：*E. M. Rogers,* Communication of Innovations: A Cross-cultural Approach, *2nd ed., Free Press, 1971.*

38 原註：所謂的「熱」，是關於分子運動狀態（平均運動能量）的一種描述方式，並不表示物體含有「熱」這種要素。因此，我們並沒有嘲笑這些村民們的資格。

多的人類？」

我們從小時候開始，不斷吸收、接受為數可觀的大量資訊。嬰兒以無知的狀態誕生到這個世界，但無知並不會阻礙他們接收來自外界的資訊。相反地，他們以驚人的速度不斷咀嚼、消化各種新的資訊。那是因為，嬰兒還沒有我們隨著年紀增長而結構化的記憶。外國語言如果不是從小就開始學習，長大後不論怎麼努力，也無法完全矯正發音與文法上的錯誤。那是因為我們在學會母語的同時，就已經建構起特定的語言結構框架，變得無法接納其他語言的世界。

外部的世界與內部的心理，無法明確地區分。人並不是以中立的狀態面對外界，做出反應。我們所有人都戴著有色眼鏡，只能經過鏡片的過濾、折射、變形，來掌握外界。當我們學習到知識、累積思考的訓練、實際經歷喜怒哀樂的情感，覆蓋住我們眼睛的鏡片，也會逐漸改變顏色。話雖如此，鏡片的顏色並不會因此變淺，或是變成無色透明。所有人——即使是哲學家或科學家——都戴著稱為「記憶」的有色眼鏡過活。只要是人，就不可能摘下眼鏡、直接觀察外界。除了經由各個社會與時代所形成的有色眼鏡，我們無法接收來自外界的資訊。

面對某個對象的時候，我們會立刻根據自己的世界觀解釋、並重新建構眼前的對象，再根據這個以主觀方式構築而成的表象，決定自己的態度，給予對象評價。「A」這個對象，會對應於行為者的世界觀，立刻被轉換成不同的表象「A'」。而我們的行為所反應的是「A'」這個表象，並不是對象「A」。

理解新的想法或陌生的對象，是一種加上某些主觀的解釋，以進行整理與合理化的行為。當我們遇到某些資訊或對象的時候，當場就會和我們的記憶——也就是過去的經驗結構化之後的沉澱物——對照，並進行解釋。新知識的獲得，並不是像在空箱子內放入新的東西。我們的箱子早就塞得滿滿的，都溢出來了；如果不是替換掉既有的要素，甚至丟掉一部分的知識，新的要素沒辦法塞到箱子裡。我們的世界隨時都充滿了意義；接受新資訊，並不是單純把新的要素，以並列的方式加到既存的世界觀裡。我們每天都經由既存的結構與新資訊的衝突，主動重新建構世界觀。

什麼是「事實」？

本書的立場，主張「集體記憶是共同體成員透過相互作用所建構出來的」。也許有人要提出反論：照這個說法，那麼所有的歷史事實不就都成為社會所杜撰的故事了？但是之所以有這樣的疑問，是因為誤解了「事實」的意思。

什麼是歷史事實？要思考這個問題，先讓我們舉一個身旁的例子。假設發生了一個殺人事件。被認為是犯人的傢伙，在警察的搜查下，遭到檢舉並逮捕。警方不但確認了間接證據，也找到了數名目擊殺人現場的證人。這些目擊者的證詞，大致上都支持被逮捕者就是犯人的推論。不僅如此，嫌疑犯也認罪了。於是法院進行審判。經過慎重的審理，法官們判定嫌疑犯有罪。

因為是經過如此嚴密手續的判決，所以我們可以認為，殺人事件這個歷史事實的真相已經大白了嗎？想要知道過去發生的事件真實情況如何，首先關係人必須能想起該事件正確的經過；以上述的例子來說，目擊者的證詞與嫌疑犯的自白，必須符合實際發生的事實。但是，人類的認知機制並沒有正確再現事件經過的能力。正因為如此，即使是同一個事件，不同目擊者的證詞也經常有很大的出入。以嫌疑犯方面來說，如果接受馬拉松式的偵訊、長時間無法睡覺，就很容易接受暗示而陷入錯覺，明明不是自己做的事，卻以為自己是犯人。這種事常常發生，並不少見。當人們對過去的事件有不同的記憶時，每個人所想起的內容只不過是主觀的印象。這時候，所謂的「事實」並不是別的，就只是從當事者之間的相互作用中建構出來的東西。

說得更精確一點，就算所有人回想的內容都一樣，證詞的內容也不見得就正確反映實際發生過的事件。即使全員的敘述一致，也很可能是因為所有人的解釋都受到同樣的偏見影響，無法保證他們所說的是真正的事實。舉例來說，美國的黑人、日本的在日朝鮮人或部落民等等蒙受社會偏見的人們，很容易成為冤案的犧牲者，這是眾所週知的事情。就如前述，既然我們都透過「常識」這種有色眼鏡來觀看世界，就算沒有惡意，也可能發生這種錯誤。[39]

雖說是經過嚴密的程序、根據整體所知的狀況進行綜合性的判斷，但是在審判中做出判決的終究是人。不論是由像美國那樣從一般市民選出的陪審員，或是由熟悉法律解釋的專家代替市民做出判決，根本上事情並沒有什麼不同。真正發生的事情，是人類透過交互作用所作出的判定，而不是對事實本身的描述。事實本身與事實認定之間的跳躍，原理上是不可能消失的。[40]

剛剛舉的例子，是實際上真的有人在現場見證事件發生的狀況，但這種情況其實非常稀少。平常我們探討歷史事件的時候，只能透過間接的資訊進行事實認定，因此正確的可能性更低。

康德曾經提出一些看法，為共通理解的可能性提供根據。為了理解所謂的「過去的事實」究竟是什麼樣的東西，讓我們參考康德的見解。我們以二元論的方式理解世界——也就是說，對象真實存在於外界，而人是認知這些對象的主體。但是我們在現實中能捕捉到的——也就是說，感覺它存在我們眼前的——並不是「桌子本身」，而只

39原註：目擊者的證詞受到種種因素左右而很容易地相信與事實不符的內容——有許多實證研究都證實了這樣的傾向。*A. Bertone, M. Mélen, J. Py & A. Somat,* Témoins sous influences. Recherches de psychologie sociale et cognitive, *Presses Universitaires de Grenoble, 1995.*

40原註：關於審判中事實認定的問題，請參閱拙著《談「人審判人」這件事》（『人が人を裁くということ』、岩波新書、二〇一一年）。

不過是桌子的表象。那麼問題是，這「桌子本身」與「桌子的表象」，有多麼一致？然而，只要是以「主體—客體」的模式思考，就不可能找到保證兩者一致的方法。話說回來，作為「桌子本身」的客體是否存在，原本就是長年困擾哲學家的一個認識論上的難題。41

在康德的認識論裡，外部世界確實存在著「物自身」（英語：Thing in itself），但那是我們人類的悟性絕對無法觸及的東西。當某個對象出現在我們的悟性面前、為我們所認識之時，就已經受到某種變形；我們所認識的並不是「物自身」。儘管如此，我們所有人卻都能感知到同樣的現象；之所以如此，康德認為那是因為有某種所有人類共通的認知框架存在。換句話說，人類所能得到的認知，都必定受到偏見的影響；但是，如果所有人類都有相同的偏見，那麼對於同一「物自身」的主觀表象也都會一樣，因此我們無法察知「物自身」與現象之間的誤差。康德主張，共通認知的可能性，就來自於這裡。

不過，就算「對所有的人類來說存在著某種共通的認知框架」這個假設，可以在某種程度上解釋我們對於桌子、椅子這一類物體的共通認知，但是對於包含複雜行為與狀況的事件，我們找不到任何要素，可以保證當事者全體能夠達到共通的理解。人們對於同樣的事件有不同的解釋，是稀鬆平常的事。

大森莊藏（一九二一～一九九七）在將康德有關「物自身」的論點應用到歷史事實

上之後，否定了康德的立場。他認為，「過去自身」是一種錯覺；這種錯覺來自人類在歷史上發展出的錯誤認知模式。他主張「過去本身」與「物自身」一樣，本來就不存在。[42]「過去自身」究竟存不存在？這個問題我們暫時擱置。但就算我們假定「過去本身」是客觀存在的，我們要如何看到它的真實樣貌？如前所述，所謂歷史的事實，就只是在考慮物質證據、當事人之間回想的內容大致上一致、與其他「事實」之間的邏輯整合性之後，各主體在相互作用中建構起來的解釋。除此之外什麼都不是。

沒有任何方法能擺脫共同體成員相互主觀的判斷，而單獨保證事實的真理性。這一點並不限於歷史的事件與現象，而是所有知識——包含科學在內——共通的特徵。即使是像物理學那麼嚴密的學科，也不會有超脫學者共同體的合意之外的真理。[43]人們認為一個命題是正確的，並不是因為它客觀上來說（也就是從獨立在主觀之外的立場來看）是

41原註：有幾本關於主客問題的入門書值得參考：竹田青嗣『現象学入門』（NHKブックス、一九八九年）、廣松涉『哲学入門一步前』（講談社現代新書、一九八八年）、廣松涉『新哲学入門』（年岩波新書、*yi jiu ba ba*）等等。

42原註：大森荘蔵《時間不是流動的》（『時は流れず』、青土社、一九九六年）。

43原註：探討這個問題最著名的著作有：*T. S. Kuhn, The Structure of Scientific Revolutions, The University of Chicago Press,* 1962（中譯本：孔恩，《科學革命的結構》，遠流出版社）。更容易閱讀入門書有：村上陽一郎『新しい科学論——「事実」は理論をたおせるか』（《新科學論——「事實」能否推翻理論？》、講談社ブルーバックス、一九七九年），同作者『近代科学を超えて』（《超越近代科學》，講談社学術文庫、一九八六年）等。

正確的。並沒有那樣的超越的空間，讓我們可以脫離主觀而進行判斷。相反地，只是因為共同體成員認為某個想法是「正確的」，它才被理解為合乎「真理」。

執筆的歷史學家本身所生活的時代與狀況，就像一個過濾裝置。不管經過如何嚴格的實證程序，歷史的意義必定要通過這個過濾裝置，才會浮現。不論我們願意與否，所謂對歷史的理解，只不過是以某種特定的觀點解釋資料，判斷並區別重要與不重要的要素，再將這些資料組合成為故事而已。舉例來說，《岩波講座世界歷史》雖然是相當大部頭的一套叢書，如果下定決心，還是可以在幾個月的時間內讀完全部三十一卷。[44]但是，從古代到現代、幾千年來世界各地區的變遷，如何能夠濃縮成這樣的份量？關於傳記也是如此。不論記載得如何詳細，一個人的傳記頂多也不過分成幾冊；數十年的人生，為什麼能放進這樣的篇幅裡？若是不經過選擇與解釋，歷史記述這件事原本就不可能成立。[45]

由具備豐富知識的專家團隊，仔細研究文獻、整合各種關聯事件與現象所生產出來的歷史事實，當然不能和政治宣傳家粗糙的主張相提並論。但我要說的是，不論經過再怎麼嚴密的手續，想要呈現「原原本本的過去」，邏輯上是不可能的。我們找不到任何根據，可以保證我們所認知的歷史事實，具有超過共同體成員之間合意的確實性與真實性。

話雖如此，也不能說反正不可能知道事情的真相，資料就隨便解釋就好了。這種短視的想法，是來自對「真理」的概念天真的誤解。的確，想要保證科學的知識見解絕對正確，原理上是不可能的；那是名為「科學」的這種社會制度的根本性格。就算提出能夠與既存的知識整合的假說，並且以實驗證明該假說的有效性，也無法保證該命題絕對正確；我們只能說，相關領域的專家們在該時間點認為，該假說比其他假說合理而已。

科學史原本就是堆積了許許多多謬誤的歷史。絕大部分今天被視為正確的命題，不久的將來就會被判定是錯誤的。不論累積多少實驗的結果，也無法直接證明假說的正確性。我們所能做的，只是在發現一個假說的錯誤之前，**暫時把它當作是正確**的。現在、這個、看起來像是真理——人類所能獲得的確實性，頂多如此。根據知識的原理，我們只能滿足於這樣的暫定性，別無他法。

確定不移的真理存在於某處，等著被科學家發現——事情並非如此。相反地，由科學家團體在參照各時代被視為有效的知識群之後，判定為沒有矛盾，或是矛盾最少的命題，我們稱之為「真理」。這是科學真理的真正樣貌。

44 譯注：從一九六九年開始，《岩波講座世界歷史》先後出版過三次不同的系列，分別由不同的編輯委員會編纂，每次的總冊數也各不相同。第一次全三十一卷，第二次全二十九卷，第三次（現行版）全二十四卷。

45 原註：韋伯曾經探討這個問題。M. Weber, *Gesammelte Aufsätze zur Wissenschaftslehre*, Mohr, 1951 (tr. fr. *Essais sur la théorie de la science*, plon, 1992). 在日文的文獻方面，請參閱：世良晃志郎「歴史学とウェーバー」（〈史學與韋伯〉，『岩波講座世界歷史三十別卷』（一九七一年），二九〇～三一六頁。

真理與確信

我所說的，並不是真理不存在。我要說的是，真理的定義是「**人類確信**為正確的事情」。

「雖然其存在尚未得到證明，我們不知道它是不是真的不存在」，這一類的說法並不合理。當我們說某件事物存在的時候，我們的意思是，我們感覺到「該事物經由社會所承認的手續，已證明其存在」。滿足這樣的條件，就是「存在」的定義。某事物的存在沒有得到人類認定的期間，並不是「其實該事物存在，只是這個事實沒有被發現」。在這種狀況下，它就只是不存在。只要沒有超越人類的空間，我們並沒有區別「其實存在，只是還沒有被發現」與「其實不存在」這兩種狀況的方法。因此，這種區別是沒有意義的。

我並不是主張「即使理論上需要其存在，但必須等待實證的證明」這種想法。不論是來自哲學的思辨，或是實證的結果，真理的根據在於是否能得到人類的確信。

那麼，一致的見解是如何從當事者之間的相互作用中產生的？無須贅言，那不是來自單純的多數決。當被告在審判中受到有罪判決，只是表示「被告有罪的機率很高」是一個合理的判斷，還無法說被告的有罪（在真正意義下）已經得到社會的認可。一種解釋若是要得到社會的認同，就必須隱藏「它其實只是主觀的解釋」這個實情，必須讓人們相信它是無可懷疑的客觀事實。

為了產生確信，光是資料的收集與合理的判斷是不夠的，還需要某些超越它們之上的東西。以這個意義來說，確信與宗教的信仰是類似的。

我們認為正確的命題，不一定都經過合理的檢討。即使是「地球繞著太陽轉動」或是「愛滋病是由病毒引起的」之類的科學命題，我們之所以認為它們正確，也只是因為教科書這樣寫，或者媒體這樣報導，而我們就這樣相信了。

不論是哪一個種類的命題，在其正確性得到人們確信的過程中，必定會來到某一個點，人們從那裡開始停止思考，不再提出任何疑問。不論是科學的領域也好，宗教的世界也好，日常生活中的常識也好，都是如此。越過那個點之後，我們無條件地相信。在這個意義下，想要完全區別合理的證明與宗教的信仰，是非常困難的事。追根究底之後，不管是在科學或宗教的領域，「理解」與「確信」的意義並沒有太大的不同。

有時候我們會好像遮住眼睛的鱗片掉落了，突然感覺「原來如此！」這種時候，究竟發生了什麼事？

所謂「理解某個事項或對象」，就是把它「理解為」某種事物。而在這個「它是某種事物」的看法背後，存在著與之相應的世界觀及隱含的理論。我們感到疑問的事項，因為某種偶然而被置放到我們原先不熟悉的脈絡裡，重新得到解釋。矛盾突然消失，原本雜亂無章的知識突然互相連結。在那樣的瞬間，我們產生「原來如此！」這種類似頓悟的感覺。46

科學的理解與宗教的領悟，並不像一般所想的那麼不同。阿基米德大叫一聲「我懂了！」，忘記自己沒穿衣服、跑出家門外的軼事，與宗教的領悟有共通之處。威廉・詹姆斯（William James, 1842-1910）分析了宗教上的信仰改變，認為那是自我遭到解體之後，重生為全新自我的過程。舊有世界觀的結晶構造瓦解了，原本緊緊結合的各種要素分崩離析。隨著這個解體的作業，自我同一性也遭到破壞，日復一日為不安所苦。但就在某個時候，因為某些原因在一瞬間重新構築起新的結晶構造，得到了頓悟。47

佛教的傳說裡，有一個失去孩子的年輕母親的故事。這位母親向每一位遇見的人，訴說自己不惜任何方法，想要讓孩子復活的心情。人們同情她，建議她去找釋迦牟尼佛——當時是評價很高的僧侶——幫忙。他們說，如果是他，或許可以創造奇蹟，讓孩子復活。燃起了希望的母親，抱著死去的孩子去見佛陀。佛陀說：「這真是令人傷心的事。為了要讓你的孩子重新活過來，你回到村子裡，請村子裡的人給你兩、三顆罌粟籽。」這位母親聽了佛陀的指示，高高興興地就要離開。就在時候這，佛陀又加了幾句話作為條件：「只不過，那個罌粟籽必須是來自從來沒有人過世的家庭。」回到村子以後，所有的村民都非常樂意提供罌粟籽給這位母親。但是對於第二個條件，大家都說：「怎麼可能有這種事！我們家不只父母已經不在，連小孩都過世了。」一開始這位母親沒有放棄希望，還是挨家挨戶地詢問；但就在這個過程中，她慢慢開始了解了佛陀所說的話的意義。等到差不多整個村子走完一圈，她的狂亂已經平息，心情變得清爽了起來。[48]

這位母親之所以開悟，並不是因為知道了「凡是活著的，都必將死去」這個事實。這種事她本來就知道。發生在她身上的，是從事實過渡到確信的邏輯上的跳躍。雖然不知道能不能到達對岸，但是相信自己應該沒問題，而奮身一跳。正因為從某個地方開始停止思考而轉為相信，正因為接受了虛構的故事，人才能活下去。

我們在這一章中，從各式各樣的角度，檢討了從根本之處支持民族同一性的記憶的作用；並且主張，記憶並非單純是經驗的累積，而是不斷逐漸建構的虛構故事。但是我們之所以指出記憶的虛構性，並不是為了暴露記憶的脆弱，揭發它缺乏根據，而將世界相對化。正好相反。虛構是同時讓世界的同一性與變化得以成立的泉源，我們不應該以消極的態度面對它，而應該從積極的角度認識虛構——這是到目前為止我努力想闡述的主張。

46原註：村上陽一郎說明了「從一個科學典範轉移到另一個科學典範」的現象所伴隨的頓悟的感覺。請參閱「理解の文脈依存性」（〈理解對脈絡的依賴〉），收錄於：佐伯胖編《什麼是理解？》（『理解とは何か』，東京大学出版会、一九八五年，第一章）。

47原註：*W. James, The Varieties of Religions Experiences (1901-1902), The Library of America, 1990.* 特別是一五五～二三八頁。

48原註：長尾雅人「仏教の思想と歴史」，收錄於『世界の名著　大乘仏典』（中央公論社、一九六七年），二二～二三頁。

第五章

共同體的紐帶

什麼是民族？本書的第一章與第二章探討了這個問題。而我們得出的結論是，民族並非由血緣連續性或文化固有性所支持的實體，而是人類在歷史上創作出來的虛構故事。但是，如果民族共同體是虛構的產物，那麼我們應該如何理解德國人對於屠殺猶太人的責任，或是日本人對於侵略亞洲的責任？過去的人以國家或民族之名所犯下的罪行，現在活著的人必須負責償還——這麼說是什麼意思？

我們在這裡關注這幾個集體責任的問題，只是藉由它們來分析群體或共同體的邏輯結構，並不是要討論德國或日本固有的戰爭責任，[1]或是探討責任的概念本身。[2]以下

1 原註：關於日本人的集體責任，高橋哲哉『戦後責任論』（講談社、一九九九年）與徐京植・高橋哲哉『断絶の世紀証言の時代』（岩波書店、二〇〇〇年）有詳盡的檢討。

2 原註：社會心理學與社會學清楚地指出，人類行動受到社會狀況的制約，遠遠超過我們的想像。另一方面，認知心理

我們首先要指出的是，主張集體責任的想法中，包含著某種邏輯的跳躍。跟著我們將指出，即使是用理性的契約主義，也無法說明集體責任。然後我們將闡明，如果沒有某種虛構，共同體成員之間的紐帶是無法產生的。

集體責任的心理

為了明確指出集體責任的概念中一貫的邏輯，讓我們分別從兩個方面來探討：第一個是共同體現在的成員，對當前共同體的政策所背負的責任；另一個則是後代的成員，對過去以共同體之名所做的行為，必須背負的責任。以第一章與第二章所使用的區別方式來說，前者處理的是同一個時間點之下共同體成員之間的關係，後者探討的則是跨越時間區隔的世代間連續性的問題。

群體的構成份子，將自己的主權託付給國家或共同體，讓國家或共同體代表群體總和的意志。因此，要求某個國家或共同體的成員，必須為該國家或共同體在當下的時間點所做的行為負責，這種主張並沒有太大的問題。舉例來說，日本這個國家的主權在於所有擁有日本國籍的人身上，而且日本政府運作的根據，也來自全體具有選舉權的人。所以，對於在日本這個國家的名義下正在進行的犯罪行為，不論是未能盡全力阻止，甚至是積極支持該政策，每一個日本國民——至少是成人——都必須負責。

當然，當國家的權力掌握在希特勒、史達林、波布（Pol Pot，1925-1998，柬埔寨共黨政權領導人）這樣的獨裁者手中時，要反抗國家的政策是非常困難的。因此，我們要責難生活在這些社會中的一般百姓、要求他們負責的時候，必須非常慎重。不過，就算擬定大屠殺計畫的是國家領導人，但如果不是國民有形或無形的協助，任何計畫都不可能實行。因此，身為國民的每一個個人，終究是無法逃避責任的問題。

雖然我們都說「集體責任」，但事實上真正的問題是從屬於該群體、共同體的每一個成員的個人責任。也就是說，正因為各成員事實上是直接或間接參與了共同體的行為，因此必須對犧牲者所受的傷害負個人責任。近代以前曾經有過連坐、株連的制度，人會因為「從屬於某一團體」的理由而受到處罰，但近代的法律已經廢止了這種集體責任的想法。即使是團體的罪行（內亂罪、煽動罪等），責任也歸屬於做出實際犯行的個人。因此，當屬於某個團體或範疇的個人犯罪的時候，責任並不會擴大到犯人以外的其他個人——即使是同一個團體的成員。

學、大腦生理學與精神分析學，則證明了人類大部分的行動是由無意識所引起的。面對這些研究所得到的知識與見解，以下的這些問題變得非常重要：責任與自由是否能存在？所謂主體究竟是指什麼？「決定論與責任、自由的概念無法相容」這個常識，會不會根本就是錯誤的？但是，本書所探討的焦點是集體同一性；上述這些巨大的問題群，遠遠超過本書能處理的範圍。關於這些問題，請參閱拙著『責任という虚構』（東京大学出版会、二〇〇八年）。

二〇〇〇年秋天，以色列與巴勒斯坦的衝突再度升高。全世界的電視上都可以看到，重裝備的以色列正規軍，用真槍實彈對付以石塊、汽油彈作為武器的巴勒斯坦人。然後就像被飛濺的火花所引燃一樣，許多法國國內的猶太會堂遭受到汽油彈的攻擊。對於這齣荒謬的復仇劇，不僅政治人物與知識分子，廣大的市民也立刻表達了反對的立場。甚至有猶太裔與阿拉伯裔的法國公民，一起舉著「不要將巴勒斯坦問題帶進法國」的標語，攜手參加示威遊行。就算以色列士兵攻擊、殺害巴勒斯坦兒童，責任也不在這些居住在法國的猶太裔法國公民身上，這是清楚明白的事情；將他們當作報仇的對象，是不正當的。[3]

部分集合A所做的行為，由另一個部分集合B來承擔責任，這是近代的法學概念不認可的想法。我們不能因為某件犯罪行為的犯人（個人或團體）是日本人（或韓國人、黑人、男性），就要求其他的日本人（或韓國人、黑人、男性）也必須負一部分的責任。這種想法中，很清楚存在著邏輯上「不相干的謬誤」。

發生在多個集合之間的責任轉移，原因在於範疇化所引起的認知錯覺。因為人們製造出「日本人」這個抽象的範疇，其部分集合（個人或一群人）的個別行為被一般化，被當作「日本人」這個範疇本身的屬性。跟著，它又被擴大解釋為該範疇所有其他部分集合——在上述的例子中，也就是非加害者的其他日本人——的屬性。如果沒有這種錯誤的範疇化、同一化，部分集合之間的責任轉移是不可想象的。[4]

接下來讓我們把視線移向時間軸，來思考世代之間責任的連續性。如果集體責任最終必須還原為個人責任，那麼要求當時尚未出生（或者當時尚年幼）的個人，為過去以共同體為名所做的行為（現在已經結束，並未持續進行）負責，是什麼意思？舉例來說，要如何讓當時尚未出生的、這個世代的德國人，繼承德國在二戰期間屠殺數百萬猶太人的責任？當我們主張戰後出生的日本人必須為大日本帝國的侵略戰爭負責，邏輯上的根據在哪裡？

讓我們稱呼構成某個世代全體的部分集合是O，構成先前世代的部分集合是P，而構成後來世代的部分集合是Q。要求屬於P或Q的個人，為O所做的行為負責，這種主

3 原註：當然，那些積極參與或支持壓迫巴勒斯坦人的猶太政治團體、經濟團體的會員，情況不一樣，必須另外思考。但即使是他們，終究是因為他們的個人行為而必須負責任，並不是因為他們是猶太人。換句話說，責任的起因是每個個人的行為，而不是他們的屬性。

4 原註：順帶一提，在人種歧視中經常可以看到這種邏輯上的偷天換日。我曾經做過一項有關日本人對世界各民族看法的調查研究，一位三十幾歲的女性在訪談的時候這麼對我說：「你問我對剛果人與肯亞人的印象嗎？總之是非洲人吧！我曾經在兩年多前去了一趟塞內加爾。那邊的人相信白種人和黃種人都是有錢人，一看到我就立刻跑過來討錢，帶給我強烈的印象——這是個自己不努力，只想依賴其他國家的人維生的人種。」這是個因為範疇化而誤認的典型例子。這位女性想要說明她對剛果人與肯亞人的國民性的看法，首先是往上移動到更高一層的總括性範疇（非洲人），接著從關於塞內加爾這另一個部分集合的「資料」中抽取出一般的屬性，再套用到剛果人與肯亞人身上。T. Kozakai, *Les Japonais sont-ils des Occidentaux? Sociologie d'une acculturation volontaire*, L'Harmattan, 1991.

張的根據在哪裡？如果我們不能在兩個以上的部分集合之間，找到某種責任的連續性，那麼談論責任的轉移是荒謬而不合理的。因此，釐清這種連續性的意義，就成了我們的課題。

儘管一件行為明明是可以避免的，但當事者沒有試圖阻止，或甚至率先執行該行為——只有在這樣的狀況下，當事者才必須對該行為負責。因此，在發生緊急危難時，為了避難而不得不做出妨害他人法定權益的行為，或是面對急迫且不正當的侵害與攻擊，而不得不實行正當防衛、傷害攻擊者——這些狀況都不會被要求擔負刑事責任。[5]然而，不論是先前的世代（P）或是後來的世代（Q），都沒有阻止當世代（O）的行為之能力。因此照理來說，責任是不能向過去、也不能向未來轉移的。

為了使問題的焦點明確，讓我們從個人的層次來思考。在近代法律之下，當父母犯下殺人罪，究責的對象僅限於犯人本身，並不會因為父母的罪行而懲罰其子女。但江戶時代的法律，是以家族為單位作為處罰的對象；當家族的成員之一觸犯法律時，全體家族成員都會受到懲罰。但是在近代國家裡，這種集體責任的觀念已經遭到否定。

反過來說，如果是子女殺了人的情況呢？如果犯人未成年，在法律上被認為不具完全責任能力，那麼父母會被追究某種程度的監督責任。但是，其責任僅限於監督不周或是疏於教養；即使是疏於監督的父母，並不會因為子女殺了人，就必須代替子女承擔殺人罪的責任。

父母可以透過教育，對子女的行為產生影響；在這個意義下，主張父母必須為未成年子女的行為負一部分的責任，是說得通的。但相反地，我們無法想像子女有教育父母的義務，因此父母的行為由子女代為負責，是不合理的。

我們可以用同樣的邏輯，來思考跨世代責任轉移的正當性。我們一般認為，現在活著的人負有教育下一個世代的義務。以這個意義來看，或許我們可以要求過去的世代為未來的世代負責。但反過來說，既然世代間教育的效果是無法回溯的，要求未來的世代替過去世代的行為負責，邏輯上是說不通的。因此我們找不到根據，來要求後代的人為過去世代的犯罪行為負責。

但是在現實中，人們的感覺正好與邏輯的道理相反。一般來說，大部分人即使不關心後代可能會發生的犯罪行為，但是卻覺得自己對先前世代的行為是有責任的。這件事

5原註：「一件行為要構成犯罪，該行為及其行為者必須是可以責難的（Vorwerfvarkeit）。這個責難可能性，就是責任。在近代刑法裡，『如果沒有責任，就不能處以刑罰』（Keine Strafe ohne Shuld）是支配性的原則；而刑法上所說的責任，指的是主觀與個人的責任。所謂主觀的責任，意思是只有在行為者具備責任能力，並且有故意或過失的情況下，才能夠予以責難。而所謂個人的責任，意思則表示行為者只需要為自己的行為負責。……在近代之前，在追究責任的時候，只以客觀的法定權益是否受損作為判斷的基準，並不考慮行為者的能力或內心的想法。同時像連坐、株連那樣，以屬於某個特定團體為理由而處罰人的情事，不在少數。前者的法理根據，稱為結果責任或客觀責任，後者則稱為團體責任。而責任主義，正是克服了這種結果責任與團體責任的思想，所產生出來的。」篠田公穗「第四章　責任」福田平・大塚仁編『刑法総論』（青林書院、改訂版一九九七年），一四四頁。

實顯示，我們對於集體責任的感覺並不是根據行為的因果關係，而是來自其他的原理。

為了方便理解，讓我們再回到個人的層次來思考。假設有某個為人父母的人，犯了殺人罪。不論從誰的眼睛來看，都知道責任不在他（她）的孩子身上。但是對犯人的孩子來說，要他平心靜氣地表示「那不是我的問題」，幾乎是不可能的。問題不僅在於「敬愛的父母因為殺了人而坐牢」這樣的事實而已；自己變成「殺人犯的孩子」，再加上父母的狀況，將使他深受羞愧感的折磨。也就是說，這種責任擴大的情感，來自孩子將自己與父母同一化的心理。

就算犯罪的不是父母而是配偶，我們還是會產生同樣的感覺，因此羞恥心和血緣的連續性是沒有關係的。又比方說，如果有一位日本人在別的國家犯了變態的殺人或性犯罪，其他毫無關係的日本人也會感到羞恥。從這個例子也可以明白，責任轉移與擴大的原因，來自心理上的同一化。

同樣地——與邏輯思考的結論相反——我們之所以對過去的世代比對未來的世代更感覺到責任的共有，是因為尚未出生的世代還不具有現實的形象，不容易成為同一化的對象。父母是具體的同一化對象，因為我們實際上與他們共同度過了部分的人生；但即使不是我們的父母，正因為所謂的「歷史」這個虛構故事，塑造出牢固的民族意象，所以我們很容易在心理上與過去的世代同一化。

範疇化的思考，使人們得以在同一時間點之下構成共同體的多個集合之間，進行責任轉移。而世代間的責任轉移，也有結構完全相同的邏輯謬誤。因為我們用單一的集合——比方「日本」這個專有名詞——將某個時間點之下的共同體或國家、下一個時間點之下的共同體或國家，以及再下一個時間點之下的共同體或國家等等世代群總括在一起，才可能進行世代間的責任轉移。[6]

6 原註：我們已經清楚地指出支持集體責任的基本邏輯結構。但進一步精密地思考就會發現，其實「世代」這個集合概念本身也有問題。就像我們在第二章看到的，共同體的世代交替是每天都在發生的事，並不是在某一天，由下一個世代一口氣完全取代了上一個世代。世代並非實體，只不過是認知的範疇而已。如果我們不使用「世代」這個集合概念來思考，會是什麼樣的情形？

必須為大日本帝國所犯下的罪行負責的人，其中一部分在大日本帝國消失之後，仍然作為日本社會的一員而活著。這些人對大日本帝國的罪行負有責任，這是清楚明白的事；但是戰後才出生、或是戰時仍然年幼的人們，必須為戰爭中在日本這個國家名下的犯罪行為負責嗎？

這個問題，和因為某個日本人殺害了外國人而處罰整個日本共同體，其邏輯結構是一樣的。也就是說，因為在日本領土內發生的犯罪，基本上是在日本的法院進行審理判決，如果不將犯人引渡到被害人所屬的國家，或是在日本國內進行告發，犯人是不會受到審判的。如果發生這樣的事情，那麼現在所有屬於日本這個國家的人，都必須為窩藏罪犯的行為負責。關於以日本國家之名所犯下的罪行，基本上也是同樣的情形。粗略來說，要制裁負有戰爭責任的人，有兩種可能的方式：在國際法庭進行審判，或是在日本國內進行審判。前者的情況，相當於將犯人引渡到其他國家；至於後者，如果當事者在日本國內沒有受到審判，那麼當時擁有日本國籍的人，全體都應該以「窩藏罪犯」的罪名論罪。但是，不論是以國家之名所犯的罪行，或是以個人的身分所犯的罪行，除了當事者以外的日本人，只能被判以「窩藏罪犯」的罪名，而不是殺人罪。

此外，關於制裁犯人的責任，是現在屬於日本這個國家的成員，以及現在屬於同一個國家的犯人之間的關係。現在的成員不需要對他出生之前（以外國人歸化的情況來說，則是在成為日本公民之前），國家或是屬於該國家的個人所犯下的

作為契約的集體責任

為了讓共同生活能平順進行，人類發明了各式各樣的「擬制」。[7] 舉例來說，我們將組織稱為「法人」，在法律上視為個人來看待。如果這樣的擬制不能發揮作用，法人的連續性得不到承認，我們甚至無法在銀行存錢。如果我們到銀行提領存款的時候，窗口的銀行員告訴我們：「因為董事長換人，你當初存錢的那家銀行，已經在上個星期消失。現在這家銀行雖然名稱相同，實質上已經是不同的存在，所以我們沒辦法讓你領錢」，那麼銀行的業務就無法成立了。

假設有人主張，「第三帝國」與「大日本帝國」已經在一九四五年的敗戰中解體，現在的德國與日本是不同的國家、不同的存在，因此要求道歉或賠償是搞錯對象——如果我們同意這樣的說法，那麼在第二次世界大戰中，財產被納粹沒收、家人被納粹殺害的猶太人，或是被日本軍強制成為性奴隸的「從軍慰安婦」，將情何以堪？要他們如何接受？

這樣的擬制，是一種不可欠缺的社會契約觀念。儘管它是一種虛構，我們也將它視為假想的實體，認同它的存在。在社會生活中發揮功能的擬制，是一種人為制定的約定；在這個意義下，它和體育競技、圍棋、象棋等等遊戲的規則，本質上是一樣的。儘管團體的成員每一刻都在更新替換，法律援用「擬制的連續性」這種虛構的故事，來確保社會與國家的同一性。

法國從向德國納粹投降，到一九四五年解放為止的期間，雖然成立了維琪（Vichy）傀儡政權，不過密特朗總統（François Mitterrand, 1916-1996）一向主張「維琪政權不是法蘭西共和國的政府，因此在那段期間所發生的行為，責任不在法國」。但是後來的席哈克總統（Jacques René Chirac, 1932-2019）則推翻前任者的立場，公開承認法國曾經協助納粹的反猶太政策，並且主張必須為該事實負責。從這個例子我們可以了解，「國家的責任」或「民族的責任」的成立，必須以國家或民族的連續性作為前提。

我們在本書第二章，曾經引述過康托洛維茨（Ernst Hartwig Kantorowicz）的主張——「儘管成員替換，共同體本身永續存在」這個想法，是透過中世紀的神學家與法學家而逐漸形成的。[8]

罪行本身負責。換句話說，要將以國家之名所做的某個行為與行為者A以外的個人B關聯在一起，有一個條件——那就是該行為發生的時候，B必須屬於同一個國家。若非如此，邏輯上我們就必須賦予國家本身實體性，並且保證其連續性。這一點與「戰後處理」的問題有關，我們將在下一個章節來探討。就算我們摒除「世代」這個集合概念、重新檢討，主張後來出生的人必須為國家過去所做的行為負集體責任的立場，在邏輯上仍然是跳躍的。

7 譯註：「擬制」又稱「法律擬制」（legal fiction），簡單來說，就是「視為」。法人是組織，並不是人，但是在法律上我們將法人「視為」人，有同樣的義務與權益。

8 原註：請參閱 E. Kantorowicz, *The King's Two Bodies. A Study in Mediaeval Political Theology*, Princeton University Press, 1957. 特別是第六章。

中世紀初期，歐洲各國的稅金並不是定期徵收的，而是為了替特定的目的籌措費用——比如王子的加冠典禮、公主的出嫁，或是抵禦敵軍來襲所需的軍事費——才進行課稅。然而，在這樣的徵稅方式下，王國的財政無法保持安定。因此，為了得到定期的收入，權力中心開始進行改革。這使得一開始只屬於臨時性質的目的稅，意義開始變質，逐漸成為常態的普通稅。「王國」的概念也隨著這個過程，一點一點地發生轉變。從因應眼前需要組織而成的臨時政治、行政機關，慢慢變成連續、持續的組織；國家的概念就是這麼形成的。

人們之所以產生「國家與共同體是連續延續的存在」的感覺，除了上述經濟的因素以外，也與當時哲學思想的變化相對應。受到奧古斯丁（Augustinus Hipponensis）的影響，當時的歐洲人並不認為時間是永恆流動的，而是像太陽、月亮、人、動物、植物一樣有限的存在，在創世的時候被創造出來，並且將在末日到來的時候消失。但是當歐洲人經由阿拉伯世界的媒介，重新認識了亞里士多德的哲學，他們的想法有了改變。他們開始認為，個人與個別物體會隨著時間過去而消逝，但含括這些個人與個別物體的「類」或「種」本身，則是永遠持續存在的。

如同韋伯所主張，政治共同體成立的時候，很自然就產生「成員擁有共同的祖先、保持了血緣的連續性」的神話。在這個意義下，共同體連續性的感覺，並不是到了中世紀才出現的。但是作為一種政治機構的國家（或是類似的機關），其連續性並非自遠古就有。國家的連續性，是在政治的中樞權力與其對抗勢力的抗爭歷史中所形成的觀念。也就是說，受到哲學家所描繪的世界觀的改變推波助瀾，為了政治權力本身的需求，製造出國家連續性的虛構故事，而一般民眾也就這樣接受了。

國家或共同體的連續性，是以虛擬的方式設定出來的契約觀念；對社會的運作來說，是不可或缺的必要條件。之所以這麼說，是因為假使人們不接受這樣的社會契約，否定國家與共同體的連續性，那麼集體責任也不會發生。因此，為了思考集體責任的問題，檢討逃脫共同體虛構的可能性是很重要的。

「我以個人的身分活著，並不以『日本人』作為我的身分認同」——只是說這樣的大話，是無濟於事的。就算心裡真的是這樣想，但不論我們願不願意，我們的存在都深陷以「日本」為名的虛構之中，受其綑綁束縛。許許多多的行為，被歸責於這個被稱為「日本」的政治共同體；而不論我們自己有沒有意識到這一點，我們完全浸泡在這些行為群所產生的歷史條件裡。如果無法逃脫這些歷史條件，就算主張名為「日本」的虛構與自己無關，也是沒有意義的。

現在的日本，一個人出生在日本人家庭或是朝鮮人家庭，一生的際遇會有很大的不同。就業與婚姻方面所受到的歧視就不用說了；包括租房買房、銀行貸款等等，在日朝鮮人在現實中遭遇許多困難與障礙。就算出生在日本，外表上與日本人無法分辨，而且在成長的過程中日語是他們唯一使用的語言，可是在日朝鮮人所面對的勞苦，是日本人難以體驗的。也有些人在長大成人之前，並不知道自己其實是朝鮮人。小時候從來不覺得自己和日本人的朋友有什麼不同，突然有一天才發現，自己暗中一直受到無言的歧視。那是因為，共同體的虛構一直在現實中發揮作用的緣故。

作家瓦瑟史坦（Bernard Wasserstein, 1948-）本身雖然是猶太人，卻經常為巴勒斯坦人發聲，並且嚴厲批判以色列國家的政策。他這麼說：

> 過去我一向認為，自己是猶太人一事只不過是血統上的偶然，至今這個想法仍然沒有改變。但是，我的家人明明沒有宗教信仰，也從未支持過猶太復國主義運動，只因為出身猶太家庭，就遭到殺害。不論我有什麼主張、採取什麼行動，人們就是把我當作猶太人來看待。而且儘管我反對，以色列這個國家卻堅持它代表我的權利。所以，我也不得不表示自己和猶太人共同體之間有某種程度的一體性。就算我心不甘情不願，我也只能以猶太人的身分活下去，別無他法。[9]

不只是放棄日本國籍，而是在所有的次元上拒絕屬於日本這個國家——既然這件事是不可能的，我們找不到任何方法可以逃離這個在歷史上形成的、以「日本」為名的虛構。

為了幫助我們了解這個問題，讓我們來思考一下繼承父母遺產的情況。遺產的繼承除了不動產等財產之外，也包含父母未償還的債務。所謂的遺產繼承，指的是特定的親人（繼承人）概括繼承屬於死者（被繼承人）財產的一切權利與義務。不想接手債務的繼承人，必須到法院申請拋棄繼承（日本民法第五編「相続」）。關於共同體的連續性，也是同樣的道理。只挑對自己有利的部分繼承、拒絕繼承債務，先不談倫理的問題，首先就不合乎契約的邏輯。

從前日本的殖民侵略，使得以朝鮮人與中國人為首的許多國家與地區的人民遭受損害。如果日本過去所採取的殖民主義政策，對日本近代化的貢獻不可否認，那麼我們就不能允許今日的日本人對這些受害者的現在漠不關心。人們無法免於共同體的虛構。拒絕接受先前世代的遺產，不論其為正面或負向的，幾乎是不可能的。「人類是受到歷史與社會規定的存在」這句話的意義就在這裡，不是嗎？

我們也可以思考「祖先的土地」這句話的意義。「這是我們的祖先原本居住的土地，必須歸還給我們」——這個主張所要求的，並不是將土地歸還給當年遭到強奪的當事人，而是後代的他者（即使他們真的是當事人實質上的子孫，仍然是「他者」）。如果只考慮這一點，那麼這個主張的確存在著邏輯上的跳躍。但是，讓我們仔細想想居住

9原註：B. Wasserstein, *Vanishing Diaspora. The Jews in Europe since 1945*, Penguin Books, 1977 (tr. fr. *Les Juifs d'Europe depuis 1945. Une diaspora en voie de disparition*, Calmann-Lévy, 2000, p.255).

在日本列島的愛奴人、澳洲的原住民，以及南北美洲大陸的印地安人。不論他們是否願意，他們都必須繼承來自過去的負面遺產；只要這個狀況仍然繼續，我們就不能將過去的現實封箱，對他們現在的苦惱視而不見，那是不正當的。

同樣地，「祖先的怨恨」這個觀念也是如此。受到虐待的是祖先，並不是今天活著的人；如果只看這一點，那麼現在的人之所以感到怨恨，只不過是對過去的人們在心理上產生同一化的結果。但是，民族的虛構實際上仍然繼續；今日的在日朝鮮人與猶太人，現實中仍生活在當年殖民侵略與大屠殺的後遺症之下。無視於債務持續存在的事實，就算主張「過去的恩怨就讓它隨風而去」，也不會有任何說服力。

什麼是契約？

但是，如果我們從這種合理契約的觀點，來理解繼承共同體歷史的意義，將會偏離問題的核心。人們稱之為國族（nation）的政治共同體，並不是像盧梭所想的那樣，是社會契約的結果。

為了清楚說明這一點，讓我們提出一個單純的問題：人為什麼要締結契約？通常我們以為，人之所以締結契約，是為了在數個個人之間建立某種關係。但這樣的「常識」，來自於對契約的特質的誤解。不僅在經濟活動方面，舉凡教育、政治、宗教等等所有層面，人都需要與他者保持合作關係，否則不可能生存。就算沒有任何契約，不管願不願意，人都會與他者形成某些關係。

那麼，在關係原本就一定會發生的人與人之間所交換的契約，究竟是什麼樣的東西？從以法律為名的社會契約，或是個人與個人所訂定的民事契約中，所產生的是權利與義務。擁有權利者可以要求行使其權利，而滿足他的權利則是另一方的義務。對於履行義務的對方，行使權利者既沒有必要感謝，也沒有理由感覺受到恩情。舉例來說，失業者前往職業安定所領取失業救濟金。既然失業救濟金的支付是法律與勞動契約的規定，那麼窗口的職員就沒有理由對我們說教，不能要求我們「感謝國家」。[10]

請注意：在這樣的關係裡，當事者的任何一方都不會發生精神上的負債。在權利行使的瞬間，相互的關係即已結清，當事者之間的關係就此終了。[11]也就是說，所謂的契約是一種社會機制，其目的是讓數個個人之間，得以在盡可能排除人際關係的狀況下，交換必要的物資、勞動力與資訊等等。

10原註：日本社會裡，特別是高齡者，人們在領取失業津貼或生活保護津貼的時候，很少人認為自己是在行使勞工或公民應有的權利；大多數人會覺得感謝，或是不好意思。這件事證明了，社會保障制度所發揮的功能，超過了合理的契約。

11原註：市場原理也是如此。只要依照標示的價格付款，賣方就有交付商品的義務；拿了錢卻不交貨，是不可以的。而不論是買賣之前或之後，精神層面的收支都處於均衡的狀態，並不會與交易的對象產生精神上的負債。

這種近代的人際關係模式，適用的範圍越來越廣泛。在一些過去重視信賴的領域裡——比方醫生與病患的關係——如今也開始受到契約主義想法的影響。今日的醫療現場，也正在摸索新的關係模式。現代社會為「人」所設定的形象，是理性與自由的個人；這樣的現代社會，以權利與義務的型態，將人與人之間各種關係的曖昧的部分明文化，試圖排解並減少紛爭。

但是，人際關係並不是可以從頭到尾用權利與義務的型態來處理的東西。當我們收受對方出於好意的某種施予，就會產生「人情債」；在償還人情債之前，我們的精神會一直處於收支不平衡的狀態。而且在絕大部分的場合，人情債是無法數量化的。人是生活在意義世界裡的存在；贈與的行為——不論是物質或精神性的——的價值，無法像經濟法則支配下的市場那樣，以「價格」這種均一的量來計算。[12]因此人情債的輕重始終是曖昧而無法確定的；什麼程度的報恩，才能讓精神的收支平衡？除了靠雙方互相的感覺來決定以外，沒有別的辦法。

覺得這樣的人際關係很麻煩，盡可能從一開始就用金錢的授受來解決問題，不願意背負精神的債務——這是現代社會的強烈傾向。搬家的時候不找朋友來幫忙，寧願花錢雇用搬家公司；比起輪流邀請朋友到家裡共進晚餐，更喜歡各付各的外食。不論是給人什麼東西，或是收受什麼贈與，反正繞了一圈還是會回到自己身上，那還不如一開始就以精神的收支均衡為目標，才是理性的做法。所有人都有過這個念頭吧？——既然致贈回禮的時候還要挑選價格相當的禮物，還不如廢除年節送禮的習俗，大家各自買自己喜歡的，也免得家裡堆了一大堆用不到的東西。[13]

但是不管近代個人主義如何強勢，現實的人類世界若是去除了直接的相互關係，是無法成立的。確實，如果沒有強固的信賴，就不得不要求即時結清，或是訂定能保證確實還款的契約。而且為了避免會錯意，從一開始就要詳列各種規定。但是，信賴讓這些用心計較全部成為多餘。人與人之間的交換，只要彼此信賴，收支結算不清楚也沒關係。我要說的，並不是有了信賴就可以保證公平的結算；正好相反——在信賴關係之下，收支是否均衡，根本不成為問題。或者更正確的說法是，積極接受收支不均的狀況，正是我們所說的信賴關係。

原本在人際關係中，付出與回饋的計算，就不是在每一刻當場結清的。有些場合，要經過長久的時間，才終於取得平衡；另外有些場合，當事人之間根本不進行結算；比

12原註：話雖如此，貨幣的交換價值會隨著通貨的膨脹或緊縮而上下變動；如果是股票或外幣，價值的變動更是激烈。不僅如此，還有更根本的問題，那就是貨幣制度的性質。如果沒有虛構的支持，貨幣制度是無法成立的。關於這一點，請參閱岩井克人的『貨幣論』（筑摩書房，一九九三年）。

13原註：關於贈與的理論，請參閱這個領域的經典之作：M. Mauss, "Essai sur le don. Forme et raison de l'échange dans les sociétés archaïques"（中譯：『禮物』）, in *Sociologie et anthropologie*, PUF, 1950, p. 142-279. 另外，J. T. Godbout, *Le don, la dette et l'identité. Homo donator vs homo* œconomicus, La Découverte/M. A. U. S. 2000 也值得參考。

方父母與子女的關係，就是如此。首先，很少有父母會希望子女償還養育他們所耗費的勞力與金錢吧！而身為子女的那一方，也不會想要全數償還受到父母養育所產生的、物質與心理上的債務，同時也覺得那是不可能做到的事。於是大家將領受到的「恩情」，傳遞到下一代。不是直接向父母償還「人情債」，而是將領受到的恩情施予自己的小孩，並且認為這麼做是應該的，是圓滿的。世代間的紐帶，就是這樣產生的。「借貸」關係並不在狹小的迴圈中完結，而是將結算不斷延後。向外開放的關係群，就是這樣形成的。

人與人就在債務的不斷往返之中，結合在一起。就算說人際關係是精神負債的別名，也並不為過。契約式的想法——相互之間不製造人情債——所追求的人際關係，結果只能造成人與人之間沒有關係。如果權利可以完全以明文表示，人類的世界將不再需要信賴。但在那同時，人將不再是人。

漫長的歷史中，人類在進行物資交換的時候，所締結的不只是經濟上的關係，而一定會在交換過程中創造出超越物資、具有象徵意義的關係。原本人類並不是直接面對「物」，而是經由他者的媒介而與「物」形成間接的關係。但是，近代所形成的個人主義意識形態，逆轉了這樣的事態——首先個人與「物」直接連結，跟著才是以「物」為媒介，與他者形成相互的關係。個人主義的意識形態，就是以這種倒錯的想法為基礎。[14]

社會契約論的失敗

盡可能切斷人際關係，同時讓社會能夠繼續運轉——這種倒錯的想法，基本上是不可能的。盧梭的社會契約論，就是將這種近代對「人」的看法推展到極限的嘗試。以下我們將檢視盧梭思想的要點，並且指出一個矛盾的結論：契約主義將破壞人類的自由，最終將導致極權主義。[15]

盧梭認為，每一個人都希望保護、保存自己的生命。在「自我保存」這個目的下的欲望，都是正當而且自然的。但是，模仿性質的欲望——明明不需要，只因為別人擁有，所以自己也想要——是表面的，必須予以否定。真正的欲望，來自希望自己幸福的

14 原註：許多專家指出，近代歐洲所形成的「獨立的個人」的人類形象，是歷史上前所未有的；而這件事與經濟學的誕生息息相關。請參閱 L. Dumont, Homo aequalis. *Genèse et épanouissement de l'idéologie économique*, Gallimard, 1977; ——, *Essais sur l'individualisme*, Seuil, 1983；P. Manent, *La cité de l'homme*, Flammarion, 1997 等。

15 原註：關於盧梭思想的分析，我根據的是他的《社會契約論》（*Contrat social*, in Œuvre complète, III, Gallimard, 1964, p. 279-470）與《論人類不平等的起源與基礎》（*Discours sur l'origine et les fondements de l'inégalité parmi les hommes*, in Œuvre complète, III, op. cit., p. 109-237）。此外，我也參考了 P. Manent, *Histoire intellectuelle du libéralisme*, Calmann-Lévy, 1987; L. Scubla, "Est-il possible de mettre la loi au-dessus de l'Homme ? Sur la philosophie politique de Jean-Jacques Rousseau", in J.-P. Dupuy (Ed.), *Introduction aux sciences sociales. Logique des phénomènes collectifs*, Édition Marketing, 1922, p. 105-143.

「自愛」（amour de soi）；那是與他人無關，只追求自己真實需求的欲望。

相對地，有些事物自己其實並不需要，只是因為身旁的人擁有，所以也想要一樣的東西——盧梭批判這樣的欲望，認為那是由於「自尊心」（amour-propre）作祟。人若是經由他者的媒介，間接決定對象的價值與必要性，將失去其主體性，更因此失去自由。這種惡劣的習性——欲求自己其實並不需要的事物；或者雖然有需要，卻追求真正所需以上的量——是社會萬惡的根源。這樣的欲望產生嫉妒心，更帶來你爭我奪的鬥爭。因此，為了建設自由、平等的理想社會，首先必須消弭這種他律的「自尊心」。[16]

盧梭認為，他律的「自尊心」來自與他者的比較，是一種虛假、劣質的欲望。他主張，我們應該以唯我論式的「自愛」來取代「自尊心」。但是，欲望本來就不可能脫離與他者的相互關係；不可能是主體與對象之間直接的二元關係。

欲望的英文 desire 或是法文 désirer，其字源都來自拉丁文的 desiderare，原意是「因為欠缺某物或是某人不在，而感到遺憾、惋惜」。《廣辭苑》對「欲望」這條詞目的解釋是「感到不足而希望填補它的心情」。但我們必須注意這一點：如果只是客觀地欠缺某種事物，我們並不會感覺到那是一種不足。也就是說，透過與他者的狀況或是自己的過去比較，覺得持有某事物本來應該是可能的，因此其欠缺是一種異常——在這種時候，欲望才會產生。欲望發生在我們失去曾經一度擁有的事物，或是幾乎要到手的東西從眼前溜走的時候。所謂欲望，就是興起「這不應該只有別人擁有，我也應該可以擁有」的念頭。從一個孤立個人的內部，是找不到這種欲望的根源的。

遇到英俊或美麗的人，不一定會湧出戀愛的感覺。當我們感覺自己所欣賞的人遙不可及，並不會浮現難以抗拒的欲望。只有當我們判斷在這個狀況下說不定可以和那個人共譜一段愛情，才會湧出瘋狂般的欲望。還有另一種情況——原本並不太吸引我們的人，因為突然出現喜歡他（她）的競爭者，我們開始產生想要獨佔那個人的欲望。也就是說，盧梭想要過濾出不受「自尊心」汙染的純粹的「自愛」，從原理上來說是不可能的。[17]

16 原註：舉例來說，請參閱 *Discours sur l'origine, in Œuvre complète, III, op. cit.*, p. 188-189. 關於自愛與自尊心的定義，請參閱 note XV, p.219.

17 原註：關於欲望的三項式結構，勒內・吉拉爾的理論廣為人知。R. Girard, *Mensonge romantique et vérité romanesque*, Grasset, 1961; ——, *Des choses caches depuis la fondation du monde*, Grasset & Fasquelle, 1978. 此外，在托克維爾一八四〇年的著作裡，已經四處散見同樣的見解（A. de Tocqueville, *De la démocratie en Amérique*, vol. II, Gallimard, 1961）。尚・布希亞曾經運用與托克維爾相同的方式，分析資本主義消費社會，寫了一本有名的著作。J. Baudrillard, *La société de consommation, ses mythes, ses structures*, Denoël, 1970. 社會心理學從各式各樣的角度，檢證了「與他者比較」這件事的根源性。舉例來說，請參閱 L. Festinger, "A Theory of Social Comparison Processes", *Human Relations, 7*, 1954, p. 117-140; H. Tajfel (Ed.), *Differentiation between Social Groups*, Academic Press, 1978. 關於「相對的不滿」的研究，也探討同樣的問題。R. K. Merton, *Social Theory and Social Structure*, The Free Press, 1949, ch. 8 被視為經典之作。此外，S, Guimond & L. Dubé-Simard, "Relative Deprivation Theory and the Quebec Nationalist Movement: The Cognition-Emotion Distinction and the Personal-Group Deprivation Issue", *Journal of Personality and Social Psychology, 44*, 1983, p. 526-535; G. Petta & I. Walker, "Relative Deprivation and Ethnic Identity", *British Journal of Social Psychology, 31*, 1992, p. 285-293 也從實驗社會心理學的立場檢視了這個問題，敬請讀者參閱。

不過，還是讓我們回到盧梭的理論吧！我們的目的，並不是要確認盧梭思想的出發點是錯的，而是要看看，近代的個人主義推展到極限時所構築起來的世界，會是什麼樣子。

因為「自尊心」是從自己與他者的比較產生的，克服「自尊心」最好且唯一的方法，就是切斷與他者的相互關係，每個公民都各自以獨立個人的身分存在，這樣就可以免於比較。當人處於這樣的「自然狀態」，每個人從內心深處湧出的純粹的欲望，必定才是所有社會成員真正想要的狀態。因此，以這樣的欲望為基礎來訂定社會的規則，將可以建立重視自由與平等的理想社會吧！盧梭這樣說：

> 在人民以充分的資訊進行審議時，如果**公民與公民之間完全沒有意見上的溝通**，那麼就可以綜合各人之間眾多微小的差異，而得到普遍的意志。而且，以這個方式得到的決議，通常是明智良善的。[18]（強調標記來自引用者）

面對由這種相互隔離的、孤獨的個人所聚集而成的群體，盧梭摸索下一個階段——如何在保持彼此的自由的同時，以有機的方式組織社會？如果將好不容易分離的個人，再一次以直接的關係連結在一起，那就沒有意義了。於是盧梭提出一種構想：如果每個人以垂直的方式，直接、個別地與國家連結，以取代人與人水平的相互關係，那麼每個人都能保有自由，同時與他者建立健全的關係。只要遵循在所有人相互完全隔離的狀況下綜合而成的「普遍意志」，那麼從中得到的社會政策，對共同體成員來說必定是正確的（在真實的意義下）。

那麼，什麼是自由？所謂的自由，就是能夠以自己希望的方式生存。不過，從與他者的比較之中所產生的欲望——也就是「自尊心」——並不是我真正的欲望。想要脫離與他者的比較，了解我自己真正的需要，就不得不詢問「普遍意志」。也就是說，根據定義，既然我的意志已經受到「自尊心」的汙染，那麼全體公民的「普遍意志」一定比我自己更知道我想要什麼。

當我們的欲望或行為，不符合遵循「普遍意志」所制定出來的社會規則時，那麼根據「普遍意志」以強制的方式限制我們的行動，就不構成對自由的侵害。不但不構成對自由的侵害，甚至還有更進一層的意義——限制我們的行為，能夠讓因為與他者比較而

18 原註：*Contrat social*, Livre II, ch. III, in Œuvre *complète, III, op. cit.*, 1964, p. 371.《論人類不平等的起源與基礎》將社會描寫為使人類墮落的東西，而《社會契約論》所檢討的社會，則是維護人類自由必要的措施。因此，有些人認為兩本著作的立場互相矛盾，以前者的邏輯無法解釋後者。但是，如果我們以這個方式來解釋：前者描述的是錯誤的現實社會，後者探討的問題則是我們今後應該建設的理想社會，兩者之間就沒有矛盾。關於這一點，請參閱 Sculba, art. cit.。此外，「自愛」與「自尊心」的用語只出現在前者，後者並沒有使用；但是從本書的引用文也可看出，《社會契約論》同樣承襲了「各成員的孤立化，是建設正確社會的第一步」的想法。

失去判斷力的我得到解放，賦予我「真正的自由」。因此，當個人欲望的滿足受到強制阻撓，我們雖然會心生反感，但那樣的感情只不過是一種幻想；我們必定可以在前方，發現自己真正想要的事物。讓我們來看看盧梭自己寫下的，著名的一段話：

> 實際上，有的時候每個人各自持有的個別意志，與全體公民的普遍意志是不同的。他特有的特殊利益，說不定會向他鼓吹違反公共利益的事……
>
> 因此，為了不讓社會契約成為空洞言詞的排列，它必須暗含這樣的約定：對於拒絕服從普遍意志的人，不論其為什麼人，將由全體社會強迫他服從。如果沒有這樣的約定，規則將不會具有實際的效力。所謂每個人被強迫置於自由的狀態，就是這個意思。[19]（強調標記來自引用者）

因為「普遍意志」出自當事人本身的內心深處，所以強制市民服從「普遍意志」這件事，正是他自己真正的欲望，公民的自由並不會因此受到侵害。盧梭的這種「邏輯」，與希特勒或史達林的言論幾乎無法分辨。

或許有人會問，一方面自由，一方面卻必須服從自己以外的意志，這是怎麼回事？那些明明反對法律、卻被迫遵守的人，我們怎麼能說他們是自由的？

我的回答是：會有這種疑問，是因為問錯問題了。當一個人身為公民，就表示他同意所有的法律——即使是不顧他的反對而通過的法律，甚至是在他犯法的時候懲罰他的法律。普遍意志是國家所有成員所擁有的、不變的意志；正因為有這樣的普遍意志，他們才能成為公民，才能**得到自由**。[20]（強調標記來自引用者）

如果我們拿霍布斯的政治哲學來與他對照比較，更能清楚看出盧梭構想的可怕之處。

如果社會所有成員的力量大致上均等，他們將會為了滿足自己的欲望而不斷爭個你死我活。因此為了和平共存，人們必須讓絕大的權力集中在唯一的君主身上，製造公民絕對服從君主意志的狀態——撰寫了《利維坦》的霍布斯如此主張。也就是說，我們必須創造凌駕所有公民之上的強大權力，讓所有公民在其面前處於無力的狀態，以阻止人與人之間的鬥爭。[21]

19 原註：*Contrat social*, Livre I, ch. VII, in Œuvre *complete, III, op. cit.*, p. 363-364.

20 原註：*Contrat social*, Livre IV, ch. II, in Œuvre complète, *III, op. cit.*, p. 440.

21 原註：「如果你對這個人或是這幾個人，放棄你自身的所有權利，接受他（們）所做的任何行為——在這個條件下，我也會把統治我自己的權利，交付給他（們）。像這樣統合在單一人格底下的群眾，拉丁語稱之為 civitas（城市、城邦），或是國家。偉大的利維坦——或是更恭敬地說，這位有限生命的神——就是這麼誕生的」。T. Hobbes, *Leviathan*,

既然將自己的命運完全託付給國家，各公民的個人自由當然會受到限制。在霍布斯的思想裡，那是必要的惡。霍布斯主張，如果無限認可個人的自由，就不可能讓所有公民和平共存；在他這樣的思考架構下，個人的利益與全體的利益，是有可能互相衝突的。因此，他的想法為個人反抗公共利益、人民抵抗暴政的權利，留下了邏輯上的空間。

相對地，在盧梭的立論裡，由「自尊心」所產生的、每個人固有的意志，是虛假的自由；而壓抑虛假的自由，強制公民服從衍生自「自愛」的普遍意志，則是獲得真正自由的條件。根據定義，社會契約的規定，就是公民的追求與想望；個人真正的利益，與全體的利益相等。因此，根據盧梭思想的邏輯，一旦社會契約經過正當程序，得到批准，人民就沒有對國家的抵抗權。不願接受社會規範的脫軌者，將被逼入無處可逃的絕境。[22]盧梭自己，為我們先前引用的「他們才能成為公民，才能得到自由」一句，加上這樣的註解：

> 在熱那亞，監獄的門前以及槳帆船用來銬住囚徒的鐵鍊上，寫著這樣兩個字——「自由」。這個標語不但用得巧妙，而且正確。實際上妨礙公民得到自由的，就只是各式各樣的惡人而已。在將所有這些惡人處以苦役的國家裡，必定最能享受完全的自由吧！[23]（強調標記來自引用者）

（「享受完全的自由」四字旁有強調標記）

edited by Richard Tuck, Cambridge University Press, 1991, ch. 17, (tr. fr. *Léviathan*, Gallimard, 2000, p. 288).

22 原註：在各市民間彼此交換的契約中，是這麼規定的——既然所有人都各自把對自己的支配權交付給利維坦，那麼不論利維坦做出什麼行為，都沒有表示不滿不服的權利。

這個決定，理所當然地導致這樣的結論——以這個方式所產生的主權者，其所有的行為、所有的判斷，就是各個臣民自己的行為與判斷。因此，不論這個主權者對臣民做了什麼樣的事，都不可能是不正當的。……從國家成立的實際情況來說，以主權者之名所做的行為，就是每個個人所做的行為；公開對主權者不正當的行為表示不滿，就等於抱怨自己本身的行為。因此，每個人都只能譴責自己，無法怪罪別人。……主權者的行為有可能是不公平的。但是，那不是真正意義下的不義或傷害。

（Leviathan, op. cit., ch. 18, 譯自前述法文版第二九五頁）。

讀了這樣的文字或許會讓我們認為，霍布斯已經有了將統治共同體的主權者的意志，和作為共同體成員的個人的意志同一化的想法。但這樣的解釋是不正確的。主張「主權者的行為等同於國家各成員的行為」，不見得表示「主權者的意志就是各成員的意志」。先前我們曾引用了這段文字：「如果你對這個人或是這幾個人，放棄你自身的所有權利，接受他（們）所做的任何行為——在這個條件下，我也會把統治我自己的權利，交付給他（們）……偉大的利維坦……就是這麼誕生的。」從這段文字也可了解，社會契約的締結發生在成員與成員之間，而不是身為掌權的君主與各成員之間。並非先有掌權的君主存在，然後為了確認他的權力，而與各成員締結契約。在形成共同體的時候，除了要被放在主權者位置的一個人（或一群人）之外，其他所有個人的權利都將受到剝奪；利維坦就是這樣誕生的。也就是說，為了成立共同體、保障其成員的安全，其手段就是將主權者排除在共同體的「外部」。

盧梭充分理解霍布斯的立場，並且將尖銳批判的矛頭指向霍布斯。他否定霍布斯將主權者置於共同體「外部」的絕對主義（absolutism，君主專制）方向，並嘗試讓每個個人的意志，不經過獨立的「外部」——也就是「君主＝主權者」——的媒介，直接與共同體的意志連結。他試圖在共同體的內部，建立社會秩序的根據。霍布斯在他的的理論裡，並未將共同體的各成員與「君主＝主權者」視為一體；在邏輯上來說，因為兩者之間還殘留著距離，所以國民主權並未真正形成。對於霍布斯拒絕以「神」（同樣是共同體的「外部」）作為社會秩序的根據，堅持從個人的權利出發，盧梭給予很高的評價，但同時也批判他的理論不夠徹底。盧梭在為社會秩序正當化的時候，從頭至尾、一步也沒有踏出共同體的「外部」，將個人主義式的解決方向推到極限。關於霍布斯與盧梭的關係，請參閱 P. Manent, *Histoire intellectuelle du libéralisme, op. cit.*, p. 66-70, 163-165.

23 原註：*Contrat social*, Livre IV, ch. II, in Œuvre *complete, III, op. cit.*, p. 440.

被迫服從於「普遍意志」所制定的法律，不但不是對自由的限制，反而意味著朝向自由的解放。拒絕享受這真正的自由的人，要不是可恨的罪犯，就是蒙昧無知的傢伙，或是精神異常的人，不會有別的。因此，我們應該在監獄、再教育集中營、精神病院，對他們施以適當的處置——從盧梭的思想推衍出來的，就是這種冷酷的結論。

個人主義與極權主義的共犯關係

我們並不是要定盧梭的罪，宣稱他的社會契約論是極權主義的先驅。因為，盧梭希望人類得到解放的意圖是真摯的，這樣的解釋對他是不公平的。我們要探討的是，當重視個人自由的近代契約主義越過了盧梭的思想本身、推展到極限時，卻走向原本應該在相反位置的極權主義——這樣的悖論，才是問題所在。盧梭在他的邏輯推論過程中，究竟犯了什麼錯誤？

盧梭將社會理解為自由的個人相互締結合理契約的產物。這樣的立場，與社會唯名論相近。也就是說，盧梭認為真正存在的是一個一個的個人，並且否定將社會整體本身視為實體的社會有機體論。那麼，這樣的立場為什麼會變身為社會實在論，最終抹殺個人的自由？事實上，這個矛盾的發展並非偶然。正因為貫徹個人主義，盧梭的理論必然會走向極權主義。

如同在第三章所說，近代政治哲學試圖在不倚靠宗教性虛構故事的狀況下，為社會秩序建立根據。而以最前衛、先進的型態發展這個邏輯的，正是盧梭。但是，一旦否認超越人類的「外部」的存在，社會秩序也將同時失去其最終的根據地。當盧梭碰到這樣的兩難時，他並沒有用曖昧的妥協來搪塞自己；一直到最後，都朝著堅守個人自由的方向持續前進。但正因為如此，最後他被迫導入**超越各成員之上**的「普遍意志」，進而抵達與出發點相反的立場，也就是社會實在論。[24]

近代政治哲學試圖不依賴「神」的虛構，為社會秩序找到合理的根據。[25]但是一旦完全排除了虛構，想要防止相互的粗暴行為、守護個人生命財產、追求和平共存，唯一可能的手段，就只剩下以警察權力為首的、赤裸裸的暴力。路易・杜蒙（Louis Dumont, 1911-1998）犀利地指出想要廢除虛構的時候，不可避免會產生的問題：

24 原註：「普遍意志」不單是成員全體共通的意志。就算構成社會的所有人都想要同一件事，那也很可能只是每個人的個別意志剛好一致而已。舉例來說，只要想像一下群眾對於蒙受冤罪的人施加私刑的場面就可以明白，即使社會成員表現出全體一致的意志，也不能稱之為代表社會成員真正利益的「普遍意志」。那樣的現象，是因為模仿他者的願望而產生的。如果想知道一個共同體的「普遍意志」是什麼，就必須將所有的人互相隔離，不讓他們受到周遭的人影響，讓每個人內省自己真正需要的是什麼。請參閱 *Contrat social*, Livre II, ch. III, in Œuvre *complete, III, op. cit.*, p. 371.

25 原註：請讀者注意，霍布斯也是如此——他為絕對權力正當化的原理，是以每個人守護自己生命的權利為基礎。

在這樣的理論裡，社會關係最終被還原到政治的層面。為何如此？從霍布斯的思想來看的話，理由就非常清楚。假使我們從個人出發，那麼社會生活就只能被理解為意識與力量（或是「權力」）的產物。首先，要從個人單純的聚集轉變為團體，需要「契約」——也就是有意識的交易與人為的意圖。而接下來的，則是「力」的問題。為什麼？因為個人能為這項交易帶來的，就只有暴力而已。暴力的對面，則是階層；也就是權威與社會秩序……結果，重視意識與雙方的合意，同時也意味著將暴力與權力推到最前面。[26]

如同我們已經探討過的，當強制力顯現為赤裸裸的暴力時，無法在沒有阻力的狀況下維持社會秩序。只有當社會的成員將「你不可殺人」的戒律在心理上內化，不再追問這條戒律的根據，將它化為「我不想殺人」的自然情感，共同體才能成立。只有當社會規範成為我們自願服從的權威，而不是強迫我們聽從的權力，才能發揮功能。想要完全去除虛構的故事，用意識化的合理關係來取代它，到頭來是不可能的。

我們在這裡所看到的，從個人主義滑行進入極權主義的轉變，並不限於盧梭的思想。一般認為，個人主義與極權主義位於相反的兩極。但事實上，希特勒所領導的納粹主義與史達林支配下的蘇聯極權主義，不論從歷史事實或邏輯上來看，都與個人主義形成很深的互補關係。

就像漢娜・鄂蘭在《極權主義的起源》中所指出的，極權主義社會成立的過程，首先是把個人從家族或村落等中間組織抽離，將他們「原子化」，再讓這些孤立的個人分別以垂直的方式，與國家直接連結。舉例來說，漢娜・鄂蘭這樣分析史達林在一九二八年推動的第一次五年計劃：「**讓階級變質為大眾**，同時**擊碎團體內所有的一體感**，是完全的統治不可欠缺的條件。」[27] 路易・杜蒙也認為，支持納粹德國的思想結構基礎，是個人主義。他這麼說：「在個人主義已經浸潤到每一個角落的社會中，讓個人從屬於『社會整體』——極權主義就是這麼產生的。」[28]

我並不是在主張生產出個人主義的近代，最終必定會走向極權主義社會。但是，為什麼在漫長的歷史中，要等到進入近代之後，才首次出現極權主義？思考其原因是一件重要的事。如果沒有從傳統共同體解放出來的個人，極權主義無法興起。回顧歷史我們就會發現，教會、職業公會、村落組織等等團體解散之後，一方面形成了「國家」這個中央機構，另一方面則產生了大量孤立的個人；近代社會，就是經過這樣的兩極分解而

26 原註：L. Dumont, *Essais sur l'individualisme, op. cit.*, p. 94-95.
27 原註：H. Arendt, *The Origins of Totalitarianism*, V, 3, Harcourt, Brace & World, Inc., 1951 (tr. fr. *Le système totalitaire*, Seuil, 1972, p. 17). 旁線為引用者所強調。
28 原註：L. Dumont, *Essais sur l'individualisme, op. cit.* 特別是探討納粹主義的第四章。

成立的。從我們對這個問題的主要關注點來看，這樣的變遷意味著人與他者的直接關聯減少，共同體成員之間只能透過國家機構的媒介，以間接的方式形成關係。

想要像盧梭夢想的那樣，徹底實行個人主義與理性主義，實際上是不可能的。現實的近代社會中，所有的層次都可以看到虛構的作用。而正因為虛構的存在，即使不訴諸赤裸裸的暴力，大部分的衝突都能得到控制。儘管如此，並不能說個人主義與極權主義是無關的。

本書之所以探討盧梭的思想，是為了指出等在（試圖完全抹除虛構的）契約主義前方的陷阱。而且話說回來，盧梭本身也並未貫徹契約主義。隨著他本身思想的全貌逐漸清晰，盧梭開始為新的邏輯問題困擾，結果不得不開始談論宗教與教育等等虛構機制。換句話說，盧梭的思想中只留下兩種可能性：是要為了貫徹契約主義而走向極權主義呢？還是放棄邏輯的堅持，即使讓理論內部殘留矛盾，也要拒絕極權主義呢？賢明的盧梭選擇了後者。盧梭值得我們給予高度評價的理由，並不是因為他成功地提示了合理的社會契約論。相反地，他試圖將近代個人主義推展到極限的嘗試失敗了；排除虛構、只以有意識的契約作為基礎來建構共同體，邏輯上是不可能的。我們之所以給予盧梭高度評價，正因為他努力的結果違反了他的意圖，暴露出以上的事實。

個人主義與極權主義糾纏不清的關係，也顯現在納粹強行推動的優生學政策裡。希特勒以德意志民族的純化與進步為由，殺害了大量的猶太人、少數民族、精神病患與同性戀者。在這樣的政策裡，個別人類的絕對價值遭到否定。因此，比起實際的成員（個人），「人種」這種概括性的單位更受到重視。但是，優生學與社會進化論，原本是以個人主義的世界觀為基礎發展出來的。在舊有的共同體中，每個人被分配到各自不同的角色，以有機的方式組合在一起；但是在近代個人主義中，有機的共同體變質成為原子化個人的單純集結，每個人都是可以被替換的。優生學與社會進化論的意識形態，就是在這時候首次化為現實。

在達爾文的進化論裡，承受自然淘汰壓力的並非物種本身。人們用屬於某個物種的個體的淘汰，來說明該物種變化的過程。承擔物種變化的實際單位是個體，事實上並沒有「物種」這種實體存在。較能適應環境的個體，比其他個體留下子孫的機率高；而作為集合的物種，則透過這樣的機制而進化。[29]從達爾文進化論衍生出來的「惡魔之

29原註：在達爾文的進化論中，實際受到自然淘汰的單位是個體。關於這一點，請參閱：J. Gayon, *Darwin et l'Après-Darwin. Une hisoire de l'hypothèse de sélection naturelle*, Kimé, 1992, p. 1-2, 67-78. 順帶一提，社會生物學則將主體的地位賦予基因，以基因作為說明人類行為的終極的分析單位；個人的存在被降格為次要的地位，只是保管基因的媒介而已。不要說注意到群體的問題了；在社會生物學裡，甚至連個人都遭到解體。這種極端還原主義的社會生物學，竟然會與重視人種、民族等超越個人的範疇的極權主義結合，令人感到不可思議。但是，儘管人種主義與社會生物學的視點有宏觀與微觀的不同，它們都從同一個假設出發，那就是「人類的行為與精神活動由生物學上被賦予的條件所決定」。只要想起這一點，它們的近親關係就不難理解。將「基因」這種構成個體的微觀因素視為實體的社會生物學，和以人種或民族這種超越個體的宏觀範疇作為思想基礎的人種主義，一起走向否定人類自由的極權主義意識形態，可以說是理所當然的。

子」——社會進化論，也是同樣的架構。實際存在的單位並不是抽象的「人種」，而是作為生物的每一個個人。最能適應環境的個人在自然淘汰的試煉中存活下來；透過這樣的機制，作為其集合的人種比其他集合（人種）留下更多的子孫。[30]

二次大戰前的日本，也可以看到個人主義與極權主義的共犯關係。小林敏明清楚地指出，西田幾多郎的思想中，存在著個人主義與社會實在論複雜的交錯關係。

「個體」的概念當然包含近代「個人」的意義，但西田不論如何朝著「全體」的方向動搖，在理論上從未放棄「個體」……

西田對萊布尼茲的單子論（Monadology）感到親近，並非偶然。我們可以想像的是，西田最初對社會所抱持的意象，是社會原子論（Atomism 或 Social Atomism）的；而且他所認知的社會，並非由「理性」，而是由某種不知名的「惡智」所推動。也就是說，我認為西田因為對「個體」的執著而沒有寫下的社會存在論，原本應該是接近霍布斯或盧梭的思想。然而，如果沒有「全體」，「個體」是無法存在的。在不讓「個體」消失的狀況下採取「全體」的立場，會是什麼樣的情形？要在西田的言論中讀取這樣的動機，並非不可能的事。而且，這恐怕也是他最後向黑格爾的思想靠近的理由吧！[31]（強調標記來自引用者）

盧梭的社會契約論，與孟德斯鳩（Montesquieu, 1689-1755）的《論法的精神》、約翰・史都華・密爾（John Stuart Mill, 1806-1873）的代議制政體論，以及美國獨立革命的思想等等，對中江兆民等人所發展出來的自由民權論有極大的貢獻。正因為如此，一般人認為盧梭是擁護自由的民主主義陣營的旗手。這個看法當然沒有錯，而且也符合盧梭本人的願望。[32]

社會生物學在描述基因的時候，經常使用擬人化的形容方式。人們之所以容易受這種詭辯蠱惑，是因為對構成基因的物質DNA有所誤解。「去氧核糖核酸」就像它的名字所顯示的，只是一種無生命的物質；不過一旦寫成DNA，就營造出一種神祕的氣氛，給人一種錯覺，彷彿它是什麼凝聚的生命本質或是靈魂之類的東西。但是，DNA本身並不是活著的東西。不僅如此，去氧核糖核酸是活性很低的分子，與「生命」這兩個字所喚起的、充滿動能的意象大異其趣。DNA是死的。DNA欠缺反應，是化學上活性最低的分子之一……DNA完全沒有複製自己的能力。別說是複製自己了；DNA是經由細胞內的蛋白質所具有的複雜機制生產出來的。經常有人說DNA形成蛋白質，但事實正好相反——是蛋白質製造了D（……DNA不只沒有複製自己的能力而已；它根本無法製造出任何東西（R. Lewontin, "The Dream of the Human Genome", New York Review of Books, 18/05/1992, p. 31-40）。

30 原註：優生學與社會進化論在「排除對社會有害的個體」這一點主張上是共通的，但是關於其手段與方法，它們的立場正好相反。前者主張以人工的方式積極介入，去除不受歡迎的要素；後者則主張停止國家救助弱者的政策等等、人工的介入，讓弱者——也就是劣等的個體——的遺傳因子自然消滅。從歷史來看，達爾文發表其《物種起源》（一八七二年）之後不久，就有人開始提倡社會進化論；但優生學的主張則稍微晚了一些，要到一八八〇年代才出現。A. Pichot, *La société pure. De Darwin à Hitler*, Flammarion, 2000, p. 159.

31 原註：小林敏明『西田幾多郎　他性の文体』（太田出版、一九九七年），一六〇～一六一頁。

32 原註：以「左翼／右翼」、「革新／保守」這種二元對立的概念來為政治思想分類，原本就有問題。應該屬於左翼的盧梭思想，卻在邏輯上顯示出與極權主義的近親關係；被分類在保守陣營的超自由主義者弗瑞德里希・海耶克，最後卻走但我們必須充分注意的是，夢想著全面廢除社會虛構的近代個人主義其極限之所在，以及其潛在的危險。盧梭與馬克思的思想，後來都違背了他們的意圖，而導向了極權主義。之所以如此，是因為他們的思想，從根本之處潛藏著對「人」這種存在的誤解。如同我們在第三章所說的，韋伯、涂爾幹、托克維爾（Tocqueville）等活躍在十九世紀的社會思想家們，多數表明了強烈的憂慮，擔心個人主義世界觀的普及，將使得價值失去來源與根據，導致人與人的連結毀壞、瓦解。宗教的虛構性將暴露無遺，人們不再相信社會秩序（儘管它事實上是人類的產物）獨立於「人」之外——也就是說，異化的現象不再能充分發揮作用。不僅如此，馬克思對異化現象的看法完全是否定的；他認為只要能渡過資本主義這個近代的過渡階段，人類的問題就會得到解決。這難道不是因為馬克思與盧梭一樣，都是相信近代理性主義的個人主義者嗎？[33]

個人與社會的關係，該如何理解？

本書拒絕整體論（Holism）式的想法，而將集體現象視為成員間相互作用的產物來探討。換句話說，我在考察社會系統的時候，不將它視為某種黑盒子來看待，而努力解開隱藏在其背後的運作機制。為了清楚說明本書所依據的認識論立場，愛因斯坦在比較克卜勒（Johannes Kepler, 1571-1630）與牛頓（Isaac Newton, 1643-1727）分析天體運行的不同態度時所指出的區別，或許能有所幫助。

行星以什麼方式繞著太陽移動？關於這個問題，這些法則（克卜勒法則）確實可以給我們完整的答案。也就是說，它告訴我們行星的軌道是橢圓形的；在相同的時間內，會通過相同的面積（連結太陽到行星的直線在相等時間內會畫出相等的面積）等等。它還為我們指出，橢圓的長軸與公轉週期的關係。但是，這些法則並沒有回答我們關於因果關係的問題。……這些法則所處理的，是我們視為整體的運動。至於某個體系既有的運動狀態，是如何產生緊接的下一個狀態的？其機制為何？這些法則並未探討這個問題。以今日的語言來說，它們是積分性質的法則，而不是微分性質的法則。[34]

到了無政府主義的立場（F. A. Hayek, *Law, Legislation and Liberty*, Routledge & Kegan Paul, 1979）。看看這些例子就能明白，社會思想是不能用「左翼／右翼」這種單純的方式來分類的。

33 原註：社會學家羅伯特・尼斯貝特，指出了馬克思與盧梭在這一點上的類似性。R. A. Nisbet, *The Sociological Tradition*, Basic Books, Inc. Publishers, 1966, ch. 7.

34 原註：A. Einstein, "La mécanique de Newton et son influence sur la formation de la physique théorique", in Œuvres *shoisies, vol. 5*, scienece, éthique, philosophie, Seuil/CNRS, 1991, p. 236.

這裡所用的「積分」、「微分」，是數學上的用語，但我們也可以把它們替換成「總括的」、「部分的」來看。愛因斯坦認為克卜勒的法則是積分性質的，只不過是一種對現象的描述；而將觀察重點放在過程本身的牛頓的法則，才能夠稱為是分析。同樣地，我們在思考集體記憶與民族同一性的問題時，也必須盡可能摒除黑盒子式的想法，努力窺探其內部的構造。

為什麼太陽與行星會相互維持一定的關係？它們為什麼不是互不相干的？在克卜勒的描述裡，看不到這樣的疑問。因為他以總括的方式將太陽與各行星視為一個體系，而他所描述的是體系的整體。相對地，在牛頓的分析裡，太陽與行星的關係不是先驗、既成的。他的論述方式，是將每一個天體視為各自獨立的個體（更正確的說法是「質點」），再以萬有引力的概念作為媒介，把這些各自分離的天體群連結在一起。[35]

這種進一步踏入黑盒子之中的做法，使牛頓成功地做出更讓人滿意的分析。但是他這麼做，同時也產生巨大的難題。在寫給班特利（Richard Bentley, 1662-1742）的信裡面，牛頓這麼說：

> 我無法想像，不具生命的單純物質，可以不經過其他任何非物質的媒介，也沒有相互的接觸，而對其他物質產生作用……因此，我希望你絕對不要認為，我是在提倡先驗的引力概念。物質具有本質的、內在的引力，物體在真空中可以不經任何

> 媒介對其他物體產生作用——對我來說，這種想法實在太過愚蠢。只要是有哲學思考能力的人，終究是無法接受這樣的想法吧！[36]

多個彼此分離的物體，不經任何媒介，可以在瞬間相互發生作用——這種超距作用（action at a distance）的概念是不合理的。但是，萬有引力正是這種魔法般的力量。為了綴補自己所提倡的理論的不合理之處，牛頓依靠的是萬能的神，以及以太（aether）的存在。[37]

35 原註：我並不是主張克卜勒的想法與萬有引力的法則無關。我們在這裡著眼的問題，是積分的方式與微分的方式各自內含的邏輯形式。事實上，克卜勒已經有了近似萬有引力的想法。對克卜勒之前的天文學家來說，所謂天體運動的研究，只不過是像組合數個圓形的齒輪一樣，來描述恆星與行星的運動而已。但是克卜勒試圖以物理學的法則來說明天文學的現象，並且發現從未有人感到疑問的矛盾。當時的人，已經知道行星的公轉週期，以及從太陽到各行星的正確距離。舉例來說，水星的公轉週期大約三個月，火星大約是兩年，木星大約是十二年，土星則大約是三十年；距離太陽越遠，行星的公轉週期理所當然地變長。但是仔細觀察就會發現，遙遠的行星不只是繞行較長的距離而已，它的速度也比較慢。舉例來說，因為從太陽到土星的距離是到木星的兩倍，所以土星繞行太陽一周的距離也是兩倍；但是其所耗費的時間卻不是兩倍的二十四年，而是三十年，足足長了六年。這是為什麼？克卜勒的答案是，太陽發出某種力量，驅動著行星。但是在到達遙遠行星的過程中，這個力量逐漸減弱，所以遠離太陽的行星，其運行的速度比較慢。牛頓繼承了克卜勒的想法，後來發展出萬有引力的概念。A. Koestler, *The Sleepwalkers*, Macmillan, 1959 (tr. fr. *Les somnambules*, Calmann-Lèvy, 1960, p. 244-247).

36 原註：引用自 *Opera Omnia*, London, vol. IV, 1779-1789, p. 380. A. Loestler, *op. cit.* (tr. fr. p. 323).

37 原註：儘管依據的是這種不合邏輯的說明原理，牛頓的力學體系運用到天體運動的方面時，所呈現的理論值與觀察值極社會或太陽系這樣的體系，是由眾多個人或天體這樣的要素群所組成的。如果我們不把要素之間的有機關係視為先驗的既定事實，而想要釐清該關係的結構與機制，首先就必須將個人與天體當作分離的要素，以作為考察的出發點。眾多個人聚集起來的時候，是如何產生相互關係的？原本個人的單純集合，怎麼會轉變成有機的體系？

人與人之間的關聯是怎麼產生的？對於這個問題，人文社會科學的領域，大致上以兩種方式提出他們的答案。其中之一假定個人是自由的，而且依據理性的判斷而行動；這樣的個人為了彼此得到更大的利益，而與他者進行各式各樣的交換，於是形成社會關係。另一種想法，則重視歷史上形成的社會規範對人類思考所帶來的束縛；因為這樣的規範，人與人之間得以保持關係。第一種立場將人視為自主且合乎理性的存在，以經濟學——特別是新古典學派——為代表。相對地，第二種立場則認為人是受到社會與歷史條件制約的存在。支持第二立場的主要是社會學，特別是涂爾幹學派的學說。[38]

本書否定第一種立場，基本上是以第二種立場作為立足點。但是，本書將集體現象定義為個人之間流動的相互關係的集結；以這個意義來說，本書的立場與涂爾幹的社會決定論有決定性的不同——涂爾幹的社會決定論，將社會與團體視為超越個人的、獨立的體系。其實，上述的兩種立場都將社會與個人視為對立的兩項，它們的差別僅在於以哪一項作為出發點。一旦以這種二元論的方式思考，不論採取的是哪種立場，都無法捕捉到個人與社會之間的動態關係。假使個人的行為真的完全由社會決定，或者相反——

社會的運作可以完全還原為個人的心理過程，那麼我們只需要分析「個人」或「社會」其中一項即可。果真如此，那社會學與心理學，我們只需要其中的一種就夠了。

不將集體視為實體，而努力從個人之間相互作用的角度來理解集體，並不表示將集體現象還原為個人的心理。不僅如此，將集體現象視為各個個人之間相互作用的結果，可以讓我們建立起社會運作與個人心理之間的橋樑。[39]我們必須一方面承認社會只不過是

度接近，因此在長達兩百年之間，天文學家們對於牛頓理論的根本部分毫無懷疑。一直要等到一八五〇年代，才有自學成才的麥可．法拉第（Michael Faraday, 1791-1867）對牛頓力學的弱點投以尖銳的批判。法拉第未曾受過物理學的專門教育，也不懂數學；但正因為他是門外漢，所以才注意到問題的重要性。法拉第排除了「超距作用」這種超自然的思考方式，而打開了以「鄰近效應」（proximity effect）理解物體間關係的道路。爾後，馬克士威（James Clerk Maxwell, 1831-1879）繼續朝著這個方向研究，而發展出場論（field theory）。F. Balibar, *Einstein 1905. De l'éther aux quanta*, PUF, 1992, p. 19-31.

38 原註：關於涂爾幹的立場，請參閱 E. Durkheim, *Les règles de la méthode sociologique*, PUF, 1981 (1e éd., 1937).

39 原註：如果我們主張不要把集體現象視為實體，而將它視為個人之間相互作用的結果，那麼我們為什麼讓「還原」停止在個人的次元，而不繼續推進到細胞或基因的次元？讓我簡單地回答這個認識論上的問題。因為稍微偏離本書的主題，我僅指出以下兩點。第一，只有當「人」這個複雜的系統被建構起來——就算不是很完整——才能夠被冠上「主體」的名稱。主體的行為是一種目的論的現象；如果我們把個人分解為其構成要素（臟器、細胞、基因等等），以這些要素作為主體，將很難說明其行為。如果我們認為人可以還原為身體的構成要素，那麼在理解人的行為時，就必須同時以決定論的方式看待世界。雖然我完全無意主張我們必須維持康德的主體概念，但若是跨越了那一條線，將會造成非常大的連鎖效應。舉例來說，責任概念的內容將會發生巨大的變化，甚至責任概念本身將完全消失。對於這一點我們必須特別注意，並做好心理準備。

第二，認為有一種終極的說明單位可以用來描述世界，這種想法本身就是錯誤的。原本在科學中——物理的領域最為典

個人的集合，同時觀察社會成員相互關係的產物，脫離個人主觀意願與控制的過程。個人現象與集體現象以循環的方式相互影響，宛如螺旋一般。[40]

那麼，要讓分離的個人再度結合，該怎麼做？有一種觀點，將「人」視為獨立而自給自足的存在。在這種觀點下，個人之所以與他者締結合理的關係，是為了增進自己的利益。我認為這是近代形成的、對「人」的錯覺。另一種觀點則顛倒過來，將「人」當作社會自我繁殖過程中的副產品；認為個人之間之所以產生聯結，是因為接受了社會的價值與規範。如果我們同時拒絕這兩種觀點，要如何才能說明人與人之間所形成的聯結、牽絆與束縛？

如同第三章所指出的，支持人類生存的認知結構，遠比其他生物更向外開放。如果我們將一個人長時間囚禁於黑暗的房間中，不讓他接受聽覺、視覺、觸覺等等感官刺激，他將會產生幻覺與幻聽，甚至可能導致精神上的障礙。[41]從這樣的事實我們也可以了解，如果沒有經常與外界交換資訊，人是無法生存的。人並不是獨立完整的存在；人不斷受到外界的影響，而且只有在與他者的關係中，生命才能夠得到安定。這是人的宿命。

讓我們把「人」看作是一種持續暴露在各種資訊力量下的開放認知系統吧！人的自主性，並不是像一顆靜止狀態下的撞球。每一次球受到撞擊的時候，就會朝著它接收到的向量移動；而間歇性資訊交換的空間，就像承載這些球的撞球檯。當我們這樣想像的時候，其實暗中已經將人視為原子般孤立的存在。就像生命組織在開放的場域，透過能量的交換讓自我與非我相互交錯，而不斷沉澱出新的自我，我們也應該將人的自主性，理解為一種動態的均衡狀態，在不斷與他者進行資訊交換的過程中，持續變化。

柏拉圖的《饗宴》中，出現了「男女」、「男男」、「女女」等三種組合而成的「原人類」，分別都有兩個頭、四隻手、四隻腳、兩組性器。他們因為犯了違背眾神的罪，紛紛被切割成兩個個人。從此以後，變成獨自一人的「人」，持續地追尋因為遭到切割而分離的另一半。柏拉圖以這個故事來解釋戀愛的來源，但是以某種意義來說，它說不定與人類相互依存的原因有類似之處。

型——所謂的說明，意思是建立多個要素之間的關係（比如 $E = mc^2$ 這個方程式，設定能量與質量之間的特定關係），其中並沒有用以說明一切的終極因素。我們必須排除實體性的想法，將世界描述為成束的關係。因此基本上來說，我們可以在任何一個層次描述世界；而且不管是在哪個層次進行的說明，都不能說是最終的解釋。儘管如此，努力試圖理解世界、描述世界的主體，既不是細胞、也不是群體，而是「人」。因此，我們大可以賦予「個人」這個認知單位特別的地位。

40 原註：如果過度強調人類的生命受到社會、歷史的條件所規定，將無法說明社會的變化。要不就是採取僵化的歷史主義（認為某個時間點的社會結構的內在條件，必然決定下一個時間點的社會結構），不然就只能從否定的角度宣稱原本應該反覆同樣結構的社會未能成功地自我複製，除此之外無法捕捉這個世代與先前世代的差異，也就是社會變化。關於社會變化，我們將在第六章進一步探討。

41 原註：M. Reuchlin, *Psychologie*, PUF, 1977, p. 410.

如果將「人」視為自給自足的存在，那麼原本應該是獨立自主的個人之間所產生的聯結，就只能以消極的方式來說明、理解——或者認為那是個人為了追求更大的利益，而以理性的方式所締結的關係；或者認為那是個人被社會規範蒙蔽了眼睛的結果。但是，如果我們接受「人」根本上是不完整與脆弱的，那麼我們就能明白，人與人的聯結，事實上只是人類本性的翻轉。

戲劇與音樂中「間」的重要性，無須贅言。那並不是一個聲音出現之後，到下一個聲音出現之前，單純的時間的空隙。所謂的「間」，是聲音與聲音之間積極的關係。而且，並不是先有聲音這樣的「項」存在，而關係只是聯結這些「項」的固定的東西。「間」是動態的；當「間」這樣的關係形成時，作為各「項」的聲音也必定會發生變化。同樣地，「社會」這個現象也是如此——並非先有個人存在，再由個人聚集起來形成相互關係。多個個人在締結相互關係的同時，也因為此相互關係而改變；這是個永無休止的循環過程。我們必須以這個方式來理解「人」這種存在，以及「社會」這種關係。[42]

「間」並非聲音的不在；各個聲音並沒有各自孤立的本質。「間」是讓各個聲音產生變化的力；因為有「間」的作用，音樂與戲劇這種複雜的意義世界才能成立。同樣地，如果個人是自主完整、對外封閉的存在，那麼不管聚集多少個人，也不會形成共同體。正因為「人」在本質上，就是欠缺內在的關係形式——或者換個方式說，正因為

「人」原本就沒有堪稱本質的東西，因此形成了遠比其他生物複雜且多樣的共同體。讓我們停止以否定的角度來看待「欠缺」。正因為不足，所以才會產生運動，才可能發生變化。[43]

本章從集體責任所依據的邏輯開始檢討，得出一個結論：共同體的紐帶無法以「契約」這種理性的想法來說明。為了讓個人聚集在一起時，所形成的不是單純的集合，而是成員以有機的方式連結在一起的集體，就需要某種虛構的助力。因此我們主張，想要完全排除虛構而以理性的方式建立社會秩序的企圖，不僅不可能實現，而且是非常危險的。接下來的最後一章，我們將以對民族這個現象的檢討所得來的知識與見解作為基礎，嘗試構築開放的共同體概念。

42 原註：關於「間」的探討，請參閱木村敏『あいだ』（弘文堂、一九八八年、ちくま学芸文庫、二〇〇五年），以及小林敏明『〈ことなり〉の現象学　役割行為のオントプラクソロギー』（弘文堂、一九八七年）。

43 原註：新年或聖誕節等等這樣的節日，以及婚喪喜慶的儀式，不論在什麼樣的文化裡，都佔有重要的位置。人無法自給自足的事實，與儀式所扮演的角色之間有密切的關聯。儀式的特徵是週期性，以及對形式的重視。前者表示，人必須不斷反覆並更新與他者的關係，否則無法保持均衡的狀態；後者則與人對認知環境安定性的需求有關。

第六章

尋找開放的共同體概念

在社會高齡化越來越嚴重的先進國家，如何維持未來的勞動人口以及年金制度，是很大的問題。聯合國經濟與社會事務部人口司在二〇〇〇年初發表的報告書《替代移民能成為人口減少與高齡化的對策嗎？》中指出，二〇五〇年日本勞動人口與高齡人口的比例——也就是撫養人口指數——將嚴重降低。若要維持現在的數值，必須在五十年內引進總數五億兩千三百五十萬人的外籍勞動者；換算起來，每年平均必須引進約一千萬人。在這個情況下，日本的總人口數將膨脹到八億兩千萬人左右，而其中的百分之八十七將會是從現在開始來自國外的移民及其子孫。這是個令人難以置信的預測。[1]

1 原註：順帶一提，日本若是要維持現在的總人口，就必須平均每年接受三十四萬人的外國移民，五十年合計必須接納一千七百萬人。如果這樣的話，外國人佔日本總人口數的比例（今天以前已經居住在日本的外國人除外，只計算新移入的外國人以及其子孫）將提高到百分之十七・七。還有，若是要維持現在的勞動人口，平均每年必須有六十五萬外國移在戰後已經超過五十年的今天，日本社會仍然無法妥善應對人口比例不到百分之一的在日朝鮮人。從這樣的現狀就可以看出來，日本怎麼可能在未來的數十年、每年接納遠遠超過這個數量的外國人？那終究是日本社會沒有能力做到的事。那麼，究竟該怎麼辦才好？

當然，上述的預測是以非常單純的計算方式為基礎，現實不太可能照著這個方向進行。可以想見的是會有相當多補正的方案；比方提高女性的勞動人口比例，或是延後退休年齡等等。[2]但是，如果沒有某種根本的改革，問題恐怕是不會解決的。除了先進國家的這種內部的問題之外，第三世界各國與先進國的貧富差距，也看不到任何改善的徵兆。將來移民的問題只會越來越嚴重，不會緩和下來。

歐洲與美國等這些在歷史上吸收了許多移民的國家，最近因為對外國出身者的同化政策無法順利進行，「應該採用什麼樣的原理作為形成國族的根據」這個問題，引起了熱烈討論。過去在遇到移民問題的時候，日本總是能蒙混過關，但這種悠悠哉哉的狀態已經無法持續下去了；必須認真討論民族與異文化接納問題的時期，已經到來。在這最後的一章，我們將嘗試從本書先前一貫主張的觀點，來建構一種開放的共同體概念。

多元民族與多元文化的陷阱

近年來，以日本與德國為代表的血緣主義國家概念受到批判，被認為是封閉的想法。相對地，多元民族、多元文化主義，則受到讚揚。但是，以「將民族視為實體」這件事來說，兩者其實是一樣的。

多元民族、多元文化主義主張保護弱勢文化，摸索讓多樣的世界觀可以共存的方法。但是乍看正確的這種理念，也不是完全沒有問題。在這種想法下，人們很容易依據各自的民族出身而形成孤立的居住區域，像過去的猶太聚集區（Ghetto）那樣。紐約的哈林區與唐人街就是典型的例子。英國政府在最近發表的一份報告中，對這樣的狀況表示憂慮——儘管同樣是英國公民，人們會因為皮膚的顏色或是文化出身的不同，而在學校、職業、宗教、語言、居住地等各方面，處於彼此完全隔離的狀態。[3]形成這種分離

民移入，五十年總計達三千兩百萬人以上。如此一來，到了二〇五〇年，移民以及其子孫佔日本總人口數的比例將達到百分之三十。Population Division. Department of Economic and Social Affairs. United Nations Secretariat, "Replacement Migration: Is it a Solution to Declining and Ageing Populations?", ESA/P/WP. 160, 21 March 2000, p. 49-50.

2 原註：同一份報告書指出，如果完全沒有外國勞動者的流入，日本社會的撫養人口指數想要保持目前的水準，那麼在二〇五〇年的時候，日本人就必須持續工作到七十七歲。

3 原註：J.-P. Langellier, "Le racism et la ségrégation s'etendent dans plusieurs villes britanniques", *Le Monde*, 13/12/2001,

傾向的重要原因之一，就是以尊重弱勢文化為前提，將民族與文化的差異視為實體的想法。

一九八〇年代，主打排外政策的政黨「民族陣線」（Front National，簡稱 FN）在法國抬頭，而在同一個時期，也興起了與它對抗的反人種歧視運動。各種人權團體以「與眾不同的權利」作為口號展開活動，主張尊重並保護外國出身者的差異，不應以強制的方式逼迫他們與法國文化同化。

然而，儘管人權團體的主張出於善意，但他們對差異的看法其實和排外的右派政黨是一樣的。也就是說，他們都將文化與民族視為實體。因此，當右派團體高喊「每一個民族都有其固有的文化，要讓他們與其他民族同化是不人道、而且不可能的。因此，對那些無法融入法國文化的外國人，我們不應該強行推動同化政策，而應該讓他們回到自己的出身國家」時，反人種歧視陣營無法在理論上提出有效的反駁。

「人種」這個惡名昭彰的字眼，現在幾乎沒有人使用了。取而代之的是「民族固有文化」的概念，經常被用作主張「外國出身的人無法同化」的立論根據，為隔離、排斥外國人的行為正當化。事實上這種說法一點都不新奇。認為出身不同文化的人不可能同化的想法，本質上和希特勒為了排除猶太人所發展出來的人種理論是一樣的。透過將文化視為固定的實體，「民族固有文化」的概念完完整整地繼承了過去人種概念所扮演的角色。[4]

多元民族、多元文化主義的問題，在我們身邊也看得到。許多在日朝鮮人，出生在日本，除了日語不會說別的語言；我們應該把他們當作與日本人不同的人來看待嗎？我並不是在主張，因為絕大多數的在日朝鮮人實質上已經與日本文化同化了，所以他們應該否定作為朝鮮人的民族性，歸化日本就好。但如果尊重少數的背後是將差異視為本質，那這種想法是錯誤的。

本書反對德國與日本等等這種以「單一民族國家」為出發點的血緣主義國家意識形態。但是，對於美國、加拿大、澳洲等等「多元民族國家」的方向，也持批判的態度。從反對將民族視為實體的觀點來說，本書的立場或許可以說是接近以法國普遍主義為基礎的國家理念。源自法國大革命的普遍主義，嘗試有意識地以理性的方式建構政治共同體，其告別民族血緣神話的積極態度，值得高度評價。

但是，我們在討論盧梭的思想時已經指出，法國式共和國理念背後的近代個人主義，對人性的看法是根本的誤解。形成共同體的機制，必須對共同體成員隱藏起來，不

p. 38. 在英國的社會，各民族出身的人各自形成封閉的共同體，與其他公民沒有任何交流，彼此分散生活。關於這個情況，D. Lapeyronnie, *L'individu et les minorités*, PUF, 1993 比較了英國社會與法國社會，做了詳細的探討。

4 原註：由於將文化差異實體化，反人種歧視陣營與人種歧視陣營陷入同樣的邏輯之中。關於這個問題，P.-A. Taguieff, *La force du préjugé. Essai sur le racism et ses doubles*, Gallimard, 1987 進行了詳細的分析。

能讓他們看見。人類生活的世界，不管在哪個層面，都是由社會性的虛構支撐起來的。如果這個自我欺騙的機制不能圓滑地運作，共同體是不可能成立的。

很明顯地，不論從歷史的事實，或是從保護少數的觀點來看，德國與日本的血緣主義都是有問題的。所以，難道我們只能從普遍主義或多元民族、多元文化主義中，二者擇一嗎？接下來就讓我們來確認，從本書關於集體同一性的一貫立場，能夠衍生出什麼樣的共同體概念。我們將會明白，普遍主義或多元民族、多元文化主義二選一的想法，其實是來自對民族同一性的誤解。

阻礙國族形成的因素

即使是法國、德國、日本等國族國家，也不是一開始就由「單一民族」所構成。但是在漫長的歷史中，「法國人」、「德國人」、「日本人」的表象逐漸形成。從外部移入的人們，也在經過充分的時間之後同化。那麼，是什麼因素阻礙外國出身的人融入他們所移居的社會？讓我們舉幾個具體的例子，來思考這一點。

日本現在大約有六十五萬的在日朝鮮人。[5]他們絕大多數是日本出生的第二代之後的世代，成長的過程中，日語是他們的第一語言。在日朝鮮人雖然在法律上是外國人，但實質上和日本人並沒有任何不同。關於這個事實，鄭大均（日語發音：てい たいきん，韓語發音：Chung Daekyun，1948~）這麼說：

對絕大多數的在日韓國人來說，韓國雖然是父母或祖父母的故鄉，卻不是自己的故鄉。在法律上，在日韓國人可以自由往來日韓之間，也可以從中選擇自己喜歡的生活地。然而，許多在日韓國人甚至不知道自己有這種選擇的可能性，實際的生活與韓國幾乎毫無關係。超過百分之九十的在日韓國人是出生在日本的世代；對他們來說，韓國這個國家就算跟自己有些因緣，而不能單純說是毫不相干的外國，但其實也已經是非常接近「外國」的存在。用「近在咫尺遠在天邊的國度」這句話來形容韓國，對在日韓國人來說，遠比對日本人更合適。[6]

在日朝鮮人歸化日本的人數年年增加，一九九五年以後，每年都超過一萬人。但另一方面，拒絕歸化日本，或還在猶豫的在日朝鮮人，依然人數眾多。一九五二年到

5 原註：本書所說的「在日朝鮮人」，指的是居住在日本，卻持有韓國籍（南韓）或朝鮮籍（北韓）的人。雖然有些人將已經歸化日本籍的韓裔居民也稱為「在日朝鮮人」，而推算其現在的總數約八十五萬到九十萬人之間（徐京植『分断を生きる──「在日」を超えて』〔影書房、一九九七年〕、八二～八三頁），但本書使用該名稱是以國籍為基準。

6 原註：鄭大均『在日韓国人の終焉』（文春新書、二〇〇一年）第十八頁。本書以片假名來標記韓國人與朝鮮人姓名的讀音，不過是以韓語讀音還是日語讀音來標記，則尊重當事人的習慣。

一九九九年之間，放棄南韓或北韓國籍、取得日本國籍的人數大約有二十三萬人[7]，而保有南韓、北韓國籍的人數則約有六十五萬人。如果單純計算這個數字，不考慮其間死亡的人數，那麼全體的四分之一強已經歸化日本，還剩下將近四分之三的人保持南韓或北韓籍。這樣的歸化人數應該算是多，還是少？[8]

他們有百分之九十以上出生在日本，以日語為第一語言，而且其中有很多只會說日語。[9]在目前的國際環境下，南、北韓看不到任何統一的跡象，「歸國」對他們來說是不切實際的，絕大多數恐怕會在日本度過其一生。考慮上述的這些情況，這個數字是相當異常的。在居住國生活了幾十年，文化上有高度的同質性，與南韓或北韓在心理上、文化上的關聯非常稀薄，再加上與日本人結婚的比例超過八成——這樣的在日朝鮮人[10]，為什麼歸化率如此低？

就算取得日本國籍，現實中受到的歧視也不會消失——這樣的不安，也是不歸化的理由之一。但更為根本的原因，應該是與自我同一性（認同）的問題有關吧！[11]金石範（日語發音：きん　せきはん，韓語發音：Kim Sok-pom，1925-）在《「在日」的思想》中這麼說：

一位日本人學生問我，為什麼在日朝鮮人那麼在意自己的祖國、民族以及歸化的問題？移民巴西的日本人讓自己適應巴西的社會，以巴西人的身分生活，為什麼在日朝鮮人不這麼做？我告訴他，話雖如此，在日朝鮮人還是必須適應日本社會。但是，「適應」並不表示抹除、拋棄該民族的獨特性或群體的個別性。……在日朝鮮人之所以抗拒同化或歸化，是因為我們的情況，和日本與巴西的關係不同。我們不是像巴西移民那樣的移民；我們身上背負著過去日本與朝鮮不幸的關係，以及殖民地統治的負面歷史。雖然這只是假設——但如果不是日本，而是美國或中國等等其他國家，包括我在內的大多數在日朝鮮人，大概都會毫無抗拒地歸化過去吧……這是我的回答[12]。（強調標記來自引用者）

7原註：同四十七頁。
8原註：因為無法將死亡者從規劃者的人數中剔除，因此實際的歸化率遠比這個數字低。
9原註：一九九八年實施的調查結果顯示，回答「不懂韓語」或是「不太懂韓語」的受訪者比例，二十九歲以下的佔百分之七十，三十到三十九歲之間的佔百分之七十二，四十幾歲的百分之五十二，五十幾歲的百分之六十五，六十歲以上的佔百分之四十三。朴一『〈在日〉という生き方——差異と平等のジレンマ』（講談社選書メチエ、一九九九年）第二十三頁。
10原註：徐京植，前引書第一一二頁。
11原註：關於在日朝鮮人的歸化與同化問題，請參閱金一勉『朝鮮人がなぜ「日本名」を名のるか』（三一書房、一九七八年）、金石範『「在日」の思想』（筑摩書房、一九八一年）、徐京植前引書、竹田青嗣『〈在日〉という根拠』（ちくま学芸文庫、一九九五年）等書。
12原註：金石範，前引書第三十二頁。

歷史上，日本的國家權力對在日朝鮮人所採取的是強制他們同化的政策。這樣的做法威脅到民族同一性的情感，反而強化了他們的民族同一化運動，招來與政策制定者的意圖相反的結果。戰前日本的行為尚未充分清算，無視於現實中歧視持續存在，只是一味地強制同化歸化，會失敗也是必然的。

在日朝鮮人的運動者、知識分子，還有朝鮮總聯以及民團的領導者，一貫採取反對歸化的立場。舉例來說，關於在日朝鮮人的歸化禁忌，朴正浩（Park Jung Ho）這麼說：

> 事實上長久以來，對我們在日韓國、朝鮮人來說，特別是在民族運動者之間，一直有一種莫名的氣氛，那就是「談論國籍問題」本身就是一種禁忌。特別是第一代的在日同胞中——不，第二代也是如此——有一股風潮，那就是攻擊、彈劾歸化日本者是民族的叛徒。不管歸化可以為生活帶來多少方便，但因為過去日本這個國家曾經為我們帶來那麼大的痛苦，取得日本國籍等於是把靈魂出賣給惡魔——這種想法在第一代同胞中根深蒂固，而像我這種第二代，這麼想的人也不在少數。13

另外有一股運動，要求在日朝鮮人可以在保持南、北韓國籍的狀況下，擁有日本的參政權。在日朝鮮人的民族組織，對這個運動一向明白表示批判的態度。那是因為他們擔心，政治參與會成為在日朝鮮人大量歸化的契機，最後融入日本社會而消失於無形。14

這裡面可以看到第一代在日朝鮮人的苦惱；他們擔憂第二代、第三代逐漸與日本文化同化，作為朝鮮人的民族性越來越淡薄。事實上許多年輕一輩的在日朝鮮人不懂韓國話，而且比起祖先的文化，他們對日本文化有更強烈的親近感。對這樣的年輕人來說，維繫他們與民族連結的最後堡壘，就是南韓或北韓的國籍。

大多數在日本出生的在日同胞，雖然已經失去語言、生活文化等等民族特性，但仍然努力以「國籍」作為民族同一性的憑藉。換句話說，「國籍」正是在日同胞防止自己被日本的「單一民族」吸收、同化，保衛民族認同最後的碉堡，也是第一代的在日同胞一路守護的貴重遺產。[15]

如今在日韓國人必須重新思考，保持韓國籍、以韓國民族的身分在日本生活這

13原註：引用自朴正浩「在日韓国人の国籍問題再考」『現代コリア』一九九七年十月號，以及鄭大均的前引書第五十六頁。

14原註：朝鮮總聯的領導人之一，在一九九三年舉行的中央委員會上，表示了反對在日朝鮮人參政權的看法。「有一部分的在日論者……四處以言論與行動主張取得日本的參政權等等所謂的權利。這種言行的本質，並不是要讓身為朝鮮民族成員的在日同胞的命運，與祖國的命運、民族的命運連為一體，而是要將在日同胞與祖國及民族分離，只要獲得少許的權利就感到滿足，以日本社會一員的身分活下去」。李珍珪『統一日報』一九九四年五月十二日。引用自朴一的前引書，第六十頁。

15原註：姜在彥「在日同胞の将来像」『統一日報』一九九五年八月十五日。引用自朴一的前引書，八六～八七頁。

件事的意義。殖民統治的殘渣餘孽「創氏改名」，至今仍未得到解決；就算只是為了克服這個狀況，國籍——作為民族的主張——是必要的。目前的現況，我們可以直接用民族的姓名歸化日本，因此也有人主張只要保有韓國民族的姓名就好，就算國籍是日本也無所謂。但是在日韓國人的社會大多數人沒有使用民族姓名，對他們來說，為了以韓國民族的身分活下去，國籍作為抵抗的概念，具有強烈的意義。[16]

一九七〇年，日立製作所發生了歧視在日朝鮮人求職青年的事件。在該青年爭取權益的訴訟中，包括民族組織領導者，以及一般在日朝鮮人，都紛紛指責受到歧視的原告當事人。他們譴責的主要理由，是認為在日朝鮮人去日本的大企業求職，這個行為本身就是錯的。他們這麼做背後的原因，和拒絕取得日本國籍一樣，都是害怕失去民族同一性的危機感。第一代在日朝鮮人，害怕年輕人過度追求與日本人平等，將失去與日本人的差異，最終將變成日本人。[17]關於這一次的日立訴訟鬥爭，原告陣營的其中一人這麼敘述：

如果有人問我，在日立鬥爭過程中遭遇到的最大困難是什麼，我會回答，那就是民族團體——特別是總聯——對我們的「譴責」。他們說我們的運動，是促進同胞與日本社會同化的「新同化主義」運動。所有的運動都是如此吧！對運動來說，最可怕的並不是對手的攻擊，而是你以為應該是你戰友的勢力，轉過來攻擊你。「去日立上班？你是想幹嘛？透過訴訟來讓同胞與日本社會同化，絕對是精神有問題。」以總聯為首，幾乎所有第一代的在日朝鮮人，都是持這個意見。「朴君包圍會」的韓國人支部負責人、在日大韓基督教青年會全國協議會的會長崔勝久先生，甚至因為參與了日立的事件，被第二代在日朝鮮人、同一個協議會的成員，說成是同化的幫凶，而解除了會長的職務。……如果讓我來說的話，對於日本企業就業門戶的開放，以及社會保障制度的權益，反對得最厲害的，就是一九七〇年代前半，那些民族團體內部的第一代在日朝鮮人。[18]

少數民族拒絕歸化，當然不是日本社會才有的現象。對民族同一性的危機感造成歸化的困難，這在標榜普遍主義的法國社會也是一樣。比較阿爾及利亞移民與東南亞移民就可以發現，前者歸化法國的男性比例是百分之十一，女性則是百分之十六。相對地，

16原註：金敬得「今、国籍を保持して生きる意味」『統一日報』一九九九年二月十七日。引用自鄭大均的前引書第五七～五八頁。
17原註：朴一，前引書第四二～四三頁。
18原註：佐藤勝巳『在日韓国・朝鮮人に問う』（亜紀書房、一九九一年）。引用自鄭大均的前引書第四十頁。作者更動了分段方式。

後者歸化法國的男性有百分之五十四以上，女性則高達百分之六十三。[19]

如果想理解東南亞出身者為什麼有比較高的歸化比例，我們必須考慮「歸化」的行為所具有的象徵意義。他們大多數是因為政治理由而流亡的人，之所以能夠毫不猶豫地拋棄祖國的國籍，在行政上歸化接納他們的國家，是因為這個行為並不是真正拋棄了祖國。也就是說，他們所否定的是在某種政治體制下組織而成的社會，而不是作為同一性根據的文化。對東南亞出身的人來說，取得法國國籍，不必然表示放棄自己的文化而成為法國人。有一件事足以證明這一點：歸化法國者的半數以上（男性百分之五十九，女性百分之六十三）說明自己歸化的理由是「為了生活與工作上的方便」。

相對地，對長期在法國殖民統治的壓制下受苦，現在仍然受到嚴重歧視的阿爾及利亞出身者來說，歸化法國的行為帶有較多情感上的意義。對他們來說，祖國是一種象徵（包括文化層面在內），歸化法國感覺像是某種背叛，因此表現出較為強烈的遲疑。以「實質利益的方便性」這種冷靜的理由申請歸化的人，阿爾及利亞出身者的比例只有大約東南亞出身者的一半，男性佔百分之三十一，女性則是百分之三十五。[20]

文化、習俗與身體特徵的不同，無法說明拒絕同化的現象。我們在第一章已經確認過，對法國人來說，阿爾及利亞人的異質性絕不能說比東南亞人更大。

還有，歸化法國的時候，是否要放棄原有的國籍？還是可以保有雙重國籍？這一點當然也必須考慮。但實際上，不能保有雙重國籍的東南亞人歸化率比較高，反而是因為兩國之間協定歸化後自動擁有雙重國籍的阿爾及利亞人歸化率比較低。阿爾及利亞出身者，即使不放棄出生時的國籍也可以取得法國國籍，照理說應該比必須放棄原有國籍才能成為法國人的東南亞出身者，有更高比例的歸化者，但實際上阿爾及利亞人卻表現出對歸化的強烈抗拒。他們的理由和在日朝鮮人一樣，都是害怕因此而失去自我同一性。

與標榜多元民族、多元文化主義的美國、加拿大、澳洲等國不同，法國的國家理念推崇的是人類的普遍性。因此，不論是依據各地移民不同的出身而有不同的行政措施，或是在社會或文化層面採取個別的政策，這些都是法國的法律所不允許的。甚至在進行人口普查的時候，也不會統計國民的出身地。[21]

但是，儘管有這種公開宣示的價值觀，義大利人、波蘭人、葡萄牙人等等二十世紀

19 原註：M. Tribalat, *De l'immigration à l'assimilation. Enquête sur les populations d'origine* étrangère *en France*, La Découverte/INED, 1996, p. 153.

20 原註：*Ibid.*, p. 165.

21 原註：在一九九九年實施的法國人口普查中，關於是否應該詢問父親出生地一事，正反意見的雙方在雜誌與報紙上展開了激烈的辯論。贊成派主張，為了調查法國社會民族歧視的實際情況以制定適當的政策，統計出身民族是有必要的。相對地，反對派認為這樣的想法本身就來自錯誤的民族概念，應該要遵循共和國的國家理念，將所有人都視為平等的個人來看待。舉例來說，請參閱 M. Tripier, "De l'usage des statistiques ethniques", *Hommes & Migrations, numéro 1219*, 1999; M. Tribalat, "A propos de categories ethniques. Répnose à Maryse Tipier", *Hommes & Migrations, numéro 1221*, 1999, p. 85-91; H. Le Bras, "La confusion des origins", *Les Temps Modernes, numéro 604*, 1999, p. 228-242.

前半大量流入的移民，仍各自根據其出身地而形成了個別的共同體。然而正因為如此，他們得以一面生活在熟悉的文化環境中，一面逐漸與法國社會同化。最近才加入法國社會的東南亞人也是如此。因為與出身文化的共同體有緊密的聯繫，面對陌生的社會環境不至於感到被孤立，反而促使他們接納法國文化。[22]

相反地，因為同化程度很低而普遍受到法國國內譴責的阿爾及利亞出身者，卻未能在法國社會內發展出足以支持他們日常生活的阿拉伯、伊斯蘭文化共同體。身處充滿敵意的社會環境中，沒有能讓他們暫時避難、休憩的空間，也因此無法確保安定的民族同一性。這種狀況造成心理上的反作用，使得他們堅持穿著具有象徵意義的罩袍（chador），甚至很容易就向基進的伊斯蘭基本教義派靠攏。[23]

當人覺得被迫拔離自己的文化環境時，容易執著於傳統，就像伊索寓言〈北風與太陽〉故事中旅人的反應一樣。但如果共同體的文化得到保護，人能夠維持住同一性的感覺，反而使他有改變的可能。而人一旦有了改變的可能，就相較容易適應外部的環境，反過來讓同一性得以維持，於是形成了良性的循環。

出生於突尼西亞的猶太裔作家阿爾貝．梅米（Albert Memmi, 1920-2020），指出了一個弔詭的情況——以色列這個國家的誕生，提供了全世界的猶太人與各居住國文化同化的條件。

雖然聽起來矛盾，但我曾經說過，總有一天同化將成為可能的事。在壓迫的最盛期，同化是不可能的。不只是因為非猶太人反對而已；同化所引起的、令人難以忍受的不安，讓猶太人本身也同樣拒絕同化。……因為擁有了自己的土地、國家、文化，今後猶太人將可以用寬容的態度，看待那些希望與他居住的社會同化的猶太人。在成為自由人的同時，猶太人也得到了放棄猶太性質的自由。所以在今日，同化才成為一個可以談論的話題。……那是因為猶太人的意識中，對於同化的憤慨、譴責的情緒，已經充分緩和下來了。

我要先表明我的立場——我認為這是一件好事。我們必須承認，對所有希望同化的猶太人來說，同化是一件正當的事。我們必須把選擇自己命運的自由還給猶太人。是要再次確認自己屬於猶太人共同體呢？還是選擇加入其他共同體？當事人必須能單憑一己的好惡或利益來決定這件事。其他所有人類都享有的權利，唯獨猶太人不被允許，這樣合理嗎？這和義大利人與法國同化、德國人與美國同化，不是同樣的事嗎？但是有一件事不能忘記——我們之所以終於可以在無痛的狀態下放棄我

22 原註：“Les mécanismes de l'intégration. Entretien avec Pierre Milza”, in J.-C. Ruano-Borbalan (Ed.), *L'Identité. L'individu, le groupe, la société*, Ed. des Sciences Humaines, 1998, p. 274.

23 原註：F. Khosrokhavar, “L'universel abstrait, le politique et la construction de l'islamisme comme forme d'altérité”, *in* M. Wieviorka (Ed.), *Une société fragmentée ?*, La Découverte, 1997.

們的猶太性質，是因為有猶太人國家的存在。[24]

我並非主張在日朝鮮人、法國的阿爾及利亞人以及猶太人等等少數族群，應該完全融入他們所居住的社會，讓他們身上的民族同一性消失不見。應該保存民族同一性呢？還是失去民族性而與周遭環境同化？這種二擇一的提問方式本身就是錯誤的。作為人類，我們本來就一直在變化當中。變化本身不是問題；被迫改變，或是無法朝希望的方向改變，才是問題所在。

讓我們想想那些在受盡苦難之後，走入宗教之道的人。對這些人來說，入教——也就是信仰上的變化——讓他們得以維持自我的同一性。假使他們被禁止入教，被迫停留在原本的狀態，反而會造成自我同一性的危機。在這種狀況下，變化挽救了同一性，無變化則破壞同一性。改宗或棄教這種自我變化，本身不會有任何問題。真正會產生問題的，是我們覺得無法成為自己想成為的樣子，或是被迫變成自己不喜歡的樣子；這時候會產生同一性的危機。同一性並沒有特定的內容；同一性是一種運動。

而且，就算少數族群接受了居住國的語言、習俗與宗教，也不必然就會失去其民族同一性。在日朝鮮人或法國阿爾及利亞人的第二代、第三代，從一生下來就生活在日本文化或法國文化之中；到這時候還在談論是否應該同化的問題，其實是沒有意義的。[25]本書在第一章曾經提到，一九六〇年代的美國，隨著文化日益均一化，尋求民族同一性的情緒也變得強烈。同一化與異化作用是同一個現象——這就是同一性的真實身分。如果能理解這一點，我們就會明白，與周遭的文化同化和維持民族同一性，不必然是互相矛盾的事。

日本文化的免疫系統

接受不同的文化，不必然導致民族同一性的消失。相反地，若是能維持民族同一

24 原註：A. Memmi, *La liberation du Juif*, Gallimard, 1966, p. 260. 當時西歐的猶太人幾乎都融入周遭的居民之中；而破壞他們的同化傾向，為低迷不振的猶太復國運動重新帶來活力的，就是排斥猶太人的希特勒的政策。許多人認為，要是沒有發生那場大災難，當時的猶太人應該會更踴躍投身於同化的潮流，以色列建國的事也不會發生了吧！關於這一點，請參閱下列文獻：E. Barnavi, *Une histoire moderne d'Israël*, Flammarion (1er éd. 1982), 1988, p. 27; B. Wasserstein, *Vanishing Diaspora. The Jews in Europe since 1945*, Penguin Books, 1997 (tr. fr. *Les Juifs d'Europe depuis 1945. Une diaspora en voie de disparition*, Calmann-Lévy, 2000, p. 104). 社會心理學從更普遍的觀點所做的實驗研究，也得到同樣的結果。S. Moscovici & G. Paicheler, "Social Comparison and Social Recognition: Two Complementary Aspects of Identification", *in* H. Tajfel (Ed.), *Differentiation between Social Groups: Studies in the Social Psychology of Intergroup Relation*, Acadimic Press, 1978, p. 251-266. 不只是人類，我們在猿猴類的高等動物身上，也可觀察到十分類似的現象。H. F. Harlow & R. R. Zimmerman, "Affectional Responses in the Infant Monkey", *Science*, 130, 1959, p. 421-432.

25 原註：「原本對出生在日本的在日朝鮮人來說，同化與其說是被迫的，還不如說是與生俱來的現象，不是嗎？也就是說，基本上我們一來到這個世界上就是個說日語的人、活在日本文化裡的人；我們的身上從一開始，就沒有需要被同化的異質性，不是嗎？」（鄭大均，前引書一八一頁）。

性，反而會促進人們接受不同的文化。為了確認這個事實，讓我們以日本的西化為例，來說明這個現象。日本人一方面強烈受到西洋文化的影響，一方面卻始終相信日本人的同一性與「特殊性」。[26]「日本人是特殊的民族」這種說法，不斷反覆出現在許多「日本人論」裡。這種排他的世界觀，為什麼和日本文化很容易接受外來要素的傾向，可以並存？而且，經常有人說，日本社會在強烈保留傳統價值觀的同時，達成了近代化。這種事是怎麼做到的？

就像丸山真男所說的[27]，從人與人交流的觀點來看，日本是對外部極度封閉的社會。但是從文化的層面來看，日本在歷史中，總是主動且貪婪地吸取外部的文化。因此從資訊流動的角度來說，日本文化是對外部開放的。

我曾在過去的一本書中詳細地檢討過這個問題，以下是簡單的要點。[28]日本的電視廣告中，大概每五支廣告就有一支有西洋人出現。廣告所宣傳的商品的名稱，大約三分之二含有西洋文字，或是西洋式的表現方式。實際比較住在日本的西洋人比例以及電視廣告中西洋要素的出現率，就可以知道這個數字有多麼異常。居住在日本的西洋人，佔日本總人口比例大約百分之〇．〇五，因此西洋人出現在電視廣告中的頻率比實際居住率大了四百倍以上；商品使用西洋名稱的頻率則是一千三百倍左右。明明實際上與西洋人的直接接觸很少，為什麼在形象的世界裡，西洋要素如此頻繁地出現？[29]

婚禮會館的廣告中，每五支就有一支出現西洋人的新郎或新娘。然而實際上西洋人與日本人的跨國婚姻很少，男女合計只有百分之八左右。作為幻想憧憬的對象、作為欲望的投射，只要被放在遙遠的地方，西洋人的存在是受歡迎的。可是一旦真的有想要「國際聯姻」的兩個人出現在現實生活的畫面中，日本人就會強烈感覺到彼此的差異，擔憂西洋就要直接侵入「日本人的世界」，而產生排斥西洋的傾向。廣告中登場的西洋形象，與實際的西洋有很大的偏差；在現實中，日本人排斥外國人——以西洋人為首——的傾向非常強烈。一般日本人對與外國人結婚抱持否定的態度，這個事實也與這樣的傾向相符。30

還有，日文同時使用漢字、平假名、片假名等三種文字。這種特殊的書寫方式，並

26原註：關於對「日本特殊論」的批判，請參閱杉本良夫／ロス・マオア『日本人論の方程式』（ちくま学芸文庫、一九九五年）、ハルミ・ベフ『イデオロギーとしての日本文化論』（思想の科学社、一九八七年）等等。

27原註：丸山真男『日本の思想』（岩波新書、一九六一年）、丸山真男「原型・古層・執拗低音」，收錄於加藤周一・木下順二・丸山真男・武田清子編『日本文化のかくれた形』（朝日選書、一九九六年）。

28原註：拙著『異文化受容のパラドックス』（朝日選書、一九九六年）。

29原註：這些是一九八〇年代後半的統計數字，但後來的研究也確認了同樣的結果。請參閱以市民為對象的電視論壇「テレビ診断報告」（一九九一年、第十一號），荻原滋「日本のテレビCMに外国要素の役割」『慶應義塾大学新聞研究所年報』（四三、一九九四年、十八～三八頁），荻原滋「日本のテレビ広告に現れる外国イメージの動向」『メディア・コミュニケーション』（五四、二〇〇四年、五～二六頁）。

30原註：日本經濟企畫廳編『国民生活白書』（昭和六一年版）（大藏省印刷局、一九八六年），一二八頁。

未將外來的語言完全內部化，而是清楚地區別各個詞語的來源出處。日本社會在接受異文化要素的同時，也將自己封閉起來；文字也是這種矛盾現象的一個例子。日本是一個「封閉的社會」，卻擁有「開放的文化」（如明顯的西化所示）；這樣的弔詭要如何解釋？[31]

要解開這樣的矛盾，有幾個可能的方向。一個可能性是，假設我們對「封閉的社會」與「開放的文化」這兩個現象的理解，其中有一個是錯誤的。舉例來說，雖然大家都說日本社會很封閉，但我們可以重新思考，它是否真的封閉。於是我們可以收集足以顯示「日本社會實際上向外部開放」的資料。如果我們能證明雖然日本社會看起來很封閉，但那只是外觀給人的錯覺，實際上它是開放的，那麼就會變成開放的社會擁有開放的文化，矛盾將會消失。或者也可以反過來，認為「日本文化向外部開放」的判斷只是一種表面的看法，事實上它是封閉的。這樣一來，就變成封閉的社會有封閉的文化，一點都不奇怪，矛盾也可以解開。

但是，假如我們不用這種妥協的方式來消除矛盾，而是讓矛盾更加劇烈，能不能得到更令人滿意的解答呢？

讓我們來想想「免疫」的比喻。生物經常與外界進行物質、資訊的交換。人類的消化道內面有無數微細的皺摺，據說若是把這些皺摺全部攤開，將達到四百平方公尺的面積，也就是差不多兩個網球場那麼大。簡單來說，人的身體就像一根管子；從解剖學的觀點來看，胃、腸等消化道其實並不是身體的內部，而是外部。人不只透過皮膚與感覺器官，也透過表面積比皮膚還大的消化道內腔的黏膜，不斷與外界溝通。但是，人類和其他生物一樣，並非無條件地接受所有的外來物。我們在與外界交換物質的時候，會透過某些過濾裝置，排除有可能破壞自己的異物。換句話說，我們對外部關閉自己的同時，也開放自己。或者也可以這麼說——正因為封閉，所以可以開放。

同樣地，並不是「儘管日本社會封閉，其文化是開放的」。相反地，正因為社會是封閉的，日本文化才得以開放。

當然，以上的說法只能算是比喻，還談不上是說明。關於接受外來文化的過程，我們還需要進一步的論證。我曾經在過去的一本著作中，集中探討了兩個因素：第一、西洋世界與日本的關係，也就是資訊來源與資訊接收者之間的接觸型態；第二、資訊在日本社會內部傳遞的方式，也就是人際溝通的結構。在這裡，讓我們確認與前者有關的要點。[32]

31 原註：我們是在「封閉的社會」與「開放的社會」之間、或是在「封閉的社會」與「開放的文化」之間看到矛盾，這一點非常重要。關於這件事，請參閱前引拙著，二三七～二七五頁的註二十五，以及二三九～二四一頁。

32 原註：前引拙著第九章。

在主要透過間接的接觸以接受異文化的情況中——日本的西化就是如此[33]——促使人們接受異文化的因素，有以下三點：

第一、外來資訊流入的時候，與原來的脈絡分離；該外來資訊原本所處的具體情況，很容易遭到忽視。因此，這個孤立化的資訊的意義與內容，很容易就在日本文化的磁場作用中發生變化。因為與外國（資訊來源）的關係是間接的，來自異文化的資訊很可能部分遭到排除，或是相反地，被添加與現實不相符的意義。我們在本書的第四章曾經詳細探討這個變化的過程。換句話說，因為與異文化的接觸方式是間接的，異文化的要素容易發生變化，以不拂逆日本人世界觀的方式進入日本社會。

還有一點值得注意。因為與資訊來源的接觸是間接的，就算資訊流入以後與原始的資訊產生矛盾，也很難有重新對照、修正的機會。因此，異文化的要素很容易以變形後的樣貌，直接在流入的社會中生根定型。

比方「フェミニスト」（女性主義者）這個外來語，來自英文的「feminist」。大約二、三十年前的日本，很多人是這樣用這個字的：「他是個對女性很溫柔的フェミニスト」，意思是「寵愛女性的男人」。無須贅言，英文的 feminist 原意是「男女平權論者」、反抗性別歧視的人，特別是用來形容女性。日語的「フェミニスト」與西方語言中的原意，有很大的偏差。

西洋的女性解放運動被介紹到日本來的時候，日本社會的狀況並不能接受那樣的思想。當時的家事以及育兒工作由女性擔任，男性則主要負責家庭的收入，社會分工是根據性別來規定的。在這樣的社會裡，feminist 這個違逆傳統價值的概念，要以它原本的意義進入日常會話中，非常困難。

這時候，「異物」在這既有價值觀與新思想的衝突所產生的緊張、矛盾中，發生了變化。反過來說，外來要素若是不經過適當的變形以順服輸入社會的規範，將受到排斥。如果以扭曲過的方式理解 feminism（女性主義），比如「女性是弱小的存在，我們必須保護她們；我們不能再用過去那種粗暴的方式，而必須溫柔地對待她們；在西洋，『女士優先』是一種常識。」那麼就不會和當時日本人價值觀最根本的部分，也就是「男女本質上就不同」、或是「女性是不如男性的、弱小的存在」等信仰，有所抵觸。同時這樣一來，也可以把男女平權主義者想要推翻這種「保護女性」態度的事實，推到遙遠、不顯眼的地方。換句話說，正因為剔除了異質的概念最重要的部分、將它「解

33 原註：居住於日本的外國人這二十幾年來增加了不少，儘管如此其所佔日本總人口數的比例也只不過比 1% 多一點點（一九九六年統計出來的數字是一百四十一萬五千一百三十六人。總務廳統計局編『日本の統計』〔一九九八年〕，第二十八與三十頁）。同時，居住在外國的日本人，數量也很少，有居住事實的（居留三個月以上）人數不足八十萬人，僅佔日本總人口的百分之〇・六（該年的統計數字是七十六萬三千九百七十七人。其中包含居住在巴西、美國、加拿大、阿根廷等國，擁有雙重國籍、或是持永久居留權者二十七萬一千零三十五人在內）。因此，來自外國的資訊並非透過人與人的直接接觸，而主要是間接經由報紙、雜誌、書籍、電影、電視等媒體獲得。

毒」，接受異文化的那一方可免於受到根本的破壞，得以成功地將「異物」納入自己的文化之中。

如果有許多西洋人居住在日本，當日本人說「因為他是個女性主義者，所以很知道如何用說話來討女性歡心」的時候，就會立刻被發現意義的偏差，而受到糾正。但是因為日本人不會直接接觸到資訊的來源，日本人在日本講的話，不會傳到西洋人耳朵裡，不會有來自外國的反饋，所以錯誤的資訊就這樣在日本文化中固定下來。

接下來，促使人們接受異文化的第二個因素，是資訊來源與資訊內容的分離。當某種價值被人們接受的時候，同時會誘發人們對價值觀的來源產生心理上的認同，所以對異文化的接受很容易受到壓抑。但是，如果資訊來源與資訊內容分離，那麼接受「外來事物」就不一定表示變身為「外國人」，同一性不會受到威脅。因此，接受異文化變得容易。

福澤諭吉在他的「脫亞論」中主張，日本應該與亞洲其他地區的人民分道揚鑣，讓自己成為西洋的一份子。脫離亞洲這個「現時所在之處」，讓自己變身成為他者——仔細想想，這樣的決定還真是駭人聽聞。為什麼福澤諭吉能說出這樣的話來？而且雖然過程經過幾番迂迴曲折，最終日本人事實上真的遵循著福澤諭吉所指示的方針前進；這又是為什麼？那是因為，間接的接觸使得日本人相信自己可以一面保持自我同一性，一面接受異文化；就算成為西洋的一員，也不會失去日本人的身分；作為日本人的根幹的部分，不會有任何改變。

福澤諭吉在《文明論之概略》中，揶揄那些以為只要剪斷髮髻、吃牛肉鍋就可以達成文明開化的人，並且批判那只是像猴子模仿人的把戲，不是真正的文明化。[34]對福澤來說，所謂的文明開化並不是攝取既存的制度或思想，而是學習該制度或思想背後的精神。福澤呼籲，應該放棄「和魂洋才」這種單純的想法，不是學習文明的外形，而是努力接受文明化這種動態的過程。[35]

換個方式說，他主張日本人不應該以西化，而是以近代化為目標。不是模仿所謂的「西洋」這種特殊的文明型態，而是接受其背後所隱藏的、稱為近代性的普遍價值。這樣的話，就算沒有變成西洋人，也可以自己形成更近代化的日本人。接受異文化，不必然會失去日本人的同一性。

第三個可以舉出的重要因素，是這個事實——因為不是直接接觸資訊來源，所以不容易感覺受到強制。對於每一個時代來說，都有一些本質性的、核心的價值，讓人覺得如果連這個都改變，就不再是日本人了。另外有一些次要的價值，我們會覺得稍微做點改變也不會有太大的問題。變化越是牴觸到核心價值，人們的抗拒就越強。相對地，如

34 原註：福澤諭吉『文明論之概略』（岩波文庫），第二十八頁。
35 原註：丸山真男『「文明論之概略」を読む』上卷（岩波新書、一九八六年），第九十四頁。

果不與核心的部分正面衝突，而從周邊的部分徐徐引進變化，就不會產生群體同一性徹底變形的感覺，接受資訊的過程也會比較平順。周邊部分扮演了緩衝地帶的角色，讓群體得以維持同一性的感覺。[36]

然而，如果是變成殖民地、淪入其他國家的統治之下，就會被迫接受各種領域的要素，結果造成日本文化的扭曲變形。但如果是間接的接觸，就不會發生強制性的全面接受，不喜歡的部分只要剔除就好了。因此，日本人得以排除威脅到同一性的要素，只在感覺不是那麼危險的其他領域，接受異文化。

「在改變自己的同時，也守住了自己核心的部分」——如果能維持這樣的感覺或錯覺，我們對異文化的排斥反應就會減弱。也就是說，並非「儘管對外部封閉，日本是開放的」，而是「正因為日本社會封閉，其文化是開放的」。[37]

就像這樣，日本文化的開放性，以社會的封閉性為前提。也就是說，日本對異文化的接受，與排斥外國人的歷史緊密相連。不過這麼說的意思，當然完全不表示日本今後也必須繼續排斥外國人，否則無法接受異文化。本書所主張的、同一性的維持與變化的互補性，不能用這麼短視的想法來理解。重要的不是將社會封閉起來的種種具體條件，而是在更廣泛的意義下，是什麼樣的機制讓我們感覺能維持自己本質的部分。

日本在遇見「西洋」這個可怕的他者時，因為社會的封閉性，而能夠在不陷入自我同一性危機的狀況下面對西化的挑戰。我們必須以同樣的方式，提供朝鮮人等居住在日本的少數族群能夠確保其同一性的環境。長期來說，這樣能促使他們進行自主的改變，減輕少數族群與多數族群的矛盾與衝突，讓社會朝著改革的方向前進。

集體同一性的變化

先前我們嘗試從各種角度，來說明集體同一性變化的過程。我們的基本觀點是，並不把集體（以民族為首）的同一性看作是具體的事物，而是視為社會成員之間相互作用的運動。「同一性的變化」這句話本身是自相矛盾的。接下來我們將從上述的基本觀點，來整理這個認識論上的問題。

36 原註：核心與周邊的分類，與本書否定民族的實體性、將民族視為虛構的立場，是否互相矛盾？這個問題我們將在下一節討論。

37 原註：在這裡我們只談到間接的接觸，但若是要說明日本的西化，只考慮資訊來源與接收者的關係是不夠的。我們並不是在孤立的狀態下接受資訊，而是被編入某種溝通網絡之中。就算某個個人想要接受異文化的要素，若是周遭的人反對，要抵抗那樣的壓力而堅持自己的選擇，並不是一件容易的事。因此，我們有必要分析日本社會人際溝通的結構。而在日本社會的人際溝通網絡中，也可以看到「正因為封閉所以得以開放」的邏輯。即使在個人的層次裡，封閉與開放也是處於互補的關係。雖然嚮往西洋人的日本人不在少數，如果我們仔細探討其同一化的過程，就可以觀察到某種矛盾的關係——正因為許多日本人在心理上確信「西洋人與自己根本上是不同的」，所以反而可以模仿西洋人。更多的細節，請參閱前引拙著的第七一～九五頁，以及二二〇～二三八頁。

理解民族同一性的變遷時，為了釐清其問題所在，讓我們以上一節的方式，將同一性分成核心價值與周邊價值來思考[38]。屬於核心部分的事項，人們相較不願意改變；如果是周邊的部分，則容易接納來自異文化的要素。因此，異文化造成的衝擊首先由周邊部分吸收，得到緩衝。正因為如此，儘管接受了異文化之後自己實際上已經產生了客觀的變化，人們仍然能保有「自己維持住文化與民族同一性」的主觀感覺。因為周邊部分扮演了緩衝器的功能，才能夠守住核心部分而慢慢進行改變。我們可以將這樣的思考架構，當作集體同一性變化的模型。

但是以這個方式繼續思考下去，我們會遭遇一個困難的問題。如果為了不破壞同一性而只從周邊部分接納異質的事物，或者凡是與核心部分牴觸的異文化要素，都改變其意義內涵之後才吸收進來，那麼不論經過多少時間，核心部分也不會發生變化。這樣一來，我們就無法說明保證集體同一性的本質部分所發生的變化。要怎麼樣才能解開這個難題？

通常人們以「完形」（德語：Gestalt）的思考方式——將焦點放在構成集體同一性的所有要素的關係群；各要素只有在關係之中才能得到其意義——來試圖回答這個問題。所謂「完形」的思考方式，意思是各要素的意義無法由其本身決定，我們必須從整體的佈局思考，才能找到其意義。當異質的要素被引進某個文化體系中的時候，會讓既存的構成要素形成新的關係；而因為整體的佈局改變，即使被引進的異文化要素分開來看是微不足道的，而且只屬於價值體系的周邊部分，但是一旦這些外來要素內化、累積，支持同一性的核心部分也將會產生改變。[39]

然而這樣的解決方案，會遭遇到認識論上的巨大障礙。「完形」的思考方式，將同一性視為集體本身的內在性質。但如果將同一性視為獨立的、自我完滿的單項實體對象，要如何說明該對象發生質變時，各個相態（phase）的轉變？這是個非常困難的問題。[40]

水這種物質，會因為溫度這種量的變化，而呈現固體、液體、氣體等性質不同的相態。從這個例子來看，黑格爾的命題——累積量的變化，將導致質的跳躍——確實是正

38 原註：將內部結構分為核心與周邊的想法本身，已經成為經典的方法。在科學哲學的領域裡，請參閱 I. Lakatos, "Falsification and the Methodology of Scientific Research Programs", *in* I. Lakatos & A. Musgrave (Eds.), *Criticism and the Growth of Knowledge*, Cambridge University Press, 1974, p. 91-196. 而在認知科學方面，請參閱 E. Rosch, "On the Internal Structure of Perceptual and Semantic Categories", *in* T. E. More (Ed), *Cognitive Development and Acquisition of Language*, Academic Press, 1973. 關於社會心理學的分野，請參閱 J.-C. Guimelli (Ed), *Structures et transformations des representations sociales*, Delachaux et Niestlé 1994, p. 73-84.

39 原註：我們可以在以下的論文中，看到這樣的思考方式：S. E. Asch, "Forming Impressions of Personality", *Journal of Abnormal and Social Psychology, 41*, 1946, p. 258-290. C. Flament, "Structure et dynamique des representations sociales", in D. Jodelet (Ed.), *Les représentations sociales*, PUF, 1989, p. 204-219.

40 原註：我們也可以假設有某種獨立在要素群之外，始終保持同一性的結構存在。但這樣的想法必然會導致一個結論：即使要素替換，結構本身也將維持；但該結構是怎麼形成的？又如何產生變化？這些問題將變得無法說明。就好像榮格的「原型」一樣，這樣的想法最後不得不導向奇妙而神祕的結論——集體同一性的基本內容，從太古時代就已確定下來。

確的。但仔細想想，這種質的變化，其實只出現在人類日常觀察活動所立足的宏觀層次。在以電子顯微鏡觀察的、微觀的層次中，這種看似劇烈的變化，其實只是水分子群互相結合的狀態的改變，也就是量的變化。如果我們說「質的變化」指的是水分子本身開始帶有其他的性質，那麼它是不會發生的。因此，某個變化究竟是質的變化或是量的變化，取決於我們所採用的觀察層次。

所謂的「質」，並不是對象內在的實體性質，而是由觀察的主體所建構出來的現象。在假設同一性是一種實體存在的思考架構裡，產生同一性的根源被隱蔽起來。我們不能從對象內在的性質，而必須從同一化這個不斷反覆進行的運動中，尋找同一性的根據。如果我們不將集體同一性視為實體，而是將它理解為共同體成員的相互作用所形成的虛構產物，那就不需要將「質」還原為「量」的高超技術。

同一性是由「人」在一個接一個的瞬間構成的。正因為我們誤認為集體同一性是具有實體的存在，才會感受到「同一性的變化」這種無解的矛盾，而無所適從。讓我們一百八十度反轉我們的看法吧！事實上我們的世界是由無數的斷片構成的。但是我們在與他者的相互作用中虛構各種故事，藉以捏造出「世界是連續的」的感覺。事實上所謂的民族，連一瞬都無法保持其同一性。民族不斷在變化，其構成要素也從未停止更新。終究來說，我們應該探討、闡明的，並不是民族同一性如何變化，而是「民族」這個虛構故事是如何產生的，又是經過什麼樣的過程，如何在各個瞬間重新建構。

讓我們這樣看吧——人們所認定的集體同一性，其實就是成員間的相互作用所產生的各種表象群之中，在某一特定期間佔據優勢的表象。如果我們將這一點與達爾文的進化論類比，就很容易明白。正如前章所述，實際遭受自然淘汰的壓力的，並不是物種本身。承擔物種變化的實際單位是個體；因為個體受到自然淘汰，而讓作為「集合」的物種產生進化。同樣地，我們不能將集體同一性視為實體來理解；我們必須把各個人在與他者的相互作用中所抱持的表象，當作分析的單位。

我們應該改變敘述方式，不要再把集體同一性描述成能夠自主運動的「東西」；讓我們把集體同一性，視為人類在共同生活中建構出來的集體現象。也就是說，不要再問集體同一性這個「東西」如何變遷；我們該提出的問題是，與他者生活在同一個共同體、不斷進行相互作用的**人類**，是如何改變有關共同體的記憶內容？

話說這樣一來，我們該怎麼理解剛剛提到的「核心」與「周邊」？既然我主張超越時間保持同一性的本質以及自我完滿的對象都不存在，為什麼又提到「核心」與「周邊」？這不是自相矛盾嗎？

關於這個問題，只要這樣想就可以解決。我們曾經在第一章，引述了弗雷德里克．巴特（Thomas Fredrik Weybye Barth）所提倡的、關係主義的民族概念，並且主張支持集體同一性的，並非固有的文化內容。集體同一性的真實面貌，是人在歷史脈絡與社會情境中，以主觀的方式建構出來的民族團體的**界線**。人們從無數的要素中，以主觀的方式選擇出其中的幾個要素，並且忽略其他沒有被賦予特別地位的要素，藉以劃分不同群體之間的界線。

因此，就算某一個民族團體，從其他的民族團體引進了定義界線的核心要素以外的文化要素，兩個團體之間的界線也不會消失或變得模糊。反過來說，只要守住這核心的要素，就能維持各團體之間的「界線＝差異」，同一性不會受到威脅。因此，保護「核心」反而讓接受「周邊」的價值變得容易。

也就是說，我們在這裡稱之為「核心」的，是具有象徵性的要素群；這樣的要素群，讓人們主觀地感受到團體之間的「差異＝界線」。相對地，所謂的「周邊」，則是與區分團體的基準無關的要素群。因此，「核心」與「周邊」並不是固定的、客觀的領域。換一個聽起來矛盾的說法，在功能上扮演集體同一性的「核心」角色的，正是團體之間的**界線**。

我們不能把「核心」與「周邊」視為實體，而必須從功能的觀點來理解它們。什麼樣的要素扮演核心或周邊的角色，是由歷史與社會的狀況所決定的，並不是各要素的客觀性質本身。

在先前的論述裡我們一貫地主張，只要人們在某個時間點認定為核心價值的部分，不至於發生急遽的變化，那麼被視為周邊部分的變化，就比較容易被接受。接下來的這個比喻，應該可以幫助我們理解這一點。

電視的畫面一秒鐘更新數十次。因此，畫面上風景或人物的影像，實際上中斷了無數次。但因為其變化是逐漸、連續發生的，讓我們產生畫面上的風景或人物具有同一性的錯覺。一旦影像更新的頻率下降，我們就會看到人物在畫面上斷斷續續地改變其位置，同一性的感覺將出現斷裂，就像從前的連續攝影一樣。

隨著高畫質電視的開發，每一單位時間傳輸的訊號量急速增加，既有的傳輸方式無法處理必要的訊號量。也就是說，目前的傳輸能力無法及時更新畫面所有角落的訊號。因此工程師構想出一個解決方式：利用人類視覺機制的盲點，在我們不太會注意到的部分偷工減料，把訊號處理能力集中用在重要部分的更新。那些我們不注意的部分，因為更新頻率低，影像的變化實際上是斷斷續續的；但是因為它位於我們認知遲鈍的領域，所以容易被我們忽略。結果，我們感覺影像是連續的。

民族同一性逐漸變遷的過程，與這個作弊的手法類似。支持同一性的「核心」沒有任何客觀的根據。隨著時間過去，扮演「核心」功能的象徵性要素也會——而且是無可避免地——逐漸被其他要素取代。就像第一章所提到的、住在魁北克省的加拿大人的例子，過去曾經有很長一段時間，分隔他們與其他加拿大住民的象徵性角色，是由「天主教vs.新教徒」的宗教對立扮演的；但是現在，他們更重視語言的不同。就像電視畫面醒目的部分，呼應著畫面全體的佈局而移動，「核心」——也就是區別「我們」與其他群體的象徵性要素——也在歷史情境中，在人類的相互作用之下，逐漸被其他要素取代。

文化並非實體的存在。當異質的文化要素侵入一個社會時，不論是接受它或排斥它的，都是生活在該社會的、實際的人類，而不是文化本身。實際上支持、維護，或改變集體同一性與集體記憶的，也都是處於相互作用中的人類，不會有別的。若是我們忘記這個事實，誤以為集體記憶與文化會自己行動，就無法說明其變化是如何發生的。

我們必須停止將集體同一性當作自我完滿的實體；我們必須打開黑盒子，一窺內部究竟。因此我必須探討它在從屬於共同體的人們之間，到底產生了什麼樣的影響。

對影響的新看法

為了說明變化，我們必須重新審視人們關於影響的常識性看法。

「受到他人影響」這句話通常帶有負面的意思；伴隨而來的是「人必須更加獨立自主」、「用自己的頭腦思考」等等反省。影響被視為自由的敵人。但這是對影響的誤解，是非常淺薄的理解。我們在第四章探討記憶的問題時曾經指出，雖然維持自主的感覺對人類的生存來說是不可欠缺的，但那並不表示人類實際上是不受他者影響的自主存在。

還有，人們傾向於將影響與權力、權威、名聲聯想在一起。但這種想法其實來自一種偏見，也就是認為影響是一種被動的過程。這種對影響的靜態的看法與實情不符。影響並非單向、被動地來自他者的東西。

關於影響，社會心理學從戰前就開始進行了數量龐大的研究。他們所調查的現象是，缺乏勢力的少數派，受到社會上的多數派，或是握有權力、權威者的意見影響的傾向。當周遭的人都與自己意見不同時，一個人就算一開始堅持己見，但不久之後就會覺得自己是錯的。如果我們調查的是某個物體的強度，可以進行具體的實驗，比方用鐵鎚敲敲看該物體，看它是否會損壞。但是我們的日常生活環境，並不是只由那些可以客觀判斷正確與否的資訊所構成的。在許多領域，比方社會上每天發生的各種事件的可信度，以及對藝術作品的評價等等，我們都必須透過與他人的意見、判斷來做比較，以確認自己認知的正確性。我們也可以想想那些被社會視為禁忌的事情，比方同性戀。不論一位同性戀者的信念有多麼堅定，在周遭人的嘲笑、歧視甚至是社會制裁之下，想要違逆多數人的意見，而忠於自己的信念發言或行動，是非常困難的。為了保護自己，只好隱藏自己是同性戀者的事實。就算自己相信社會規範是錯誤的，但就像「西瓜靠大邊」這句諺語所說的，一般人還是會遵守所謂的「常識」或「良知」而行動。

這樣的想法認為如果多數派無法影響少數派，那麼那些偏差的人將為所欲為，社會將充滿鬥爭。小孩不再學習社會規範，也沒有人會遵守道德。不僅如此，道德本身也會消失。因此，如果沒有少數派受多數派影響的過程，社會生活將無法運行。

但是在進入一九七〇年代以後，以法國的塞爾吉．莫斯寇維奇（Serge Moscovici,

1925-2014）為中心，開始有人對上述那種常識性的想法提出異議。如果影響一定是從多數派流向少數派，那麼從邏輯上來說，偏差的個人要不就是接受現有的社會規範，要不就是被社會排除。這樣一來，既有的價值與規範將永久維持，我們將無法說明社會的變動。

此外，對照歷史事實也可以發現，上述那種想法是有問題的。耶穌基督、伽利略、佛洛伊德是大家都知道的例子；真正革新的思想與價值觀，經常是在違逆社會規範的狀況下而傳播開來的。他們不但在人數上是少數，而且既沒有威信，也沒有權力。雖然在他們所屬的時代遭受社會的責難甚至虐待，仍然鼓吹自己的信念。又比方說，雖然如今爵士樂跨越國界而風靡全世界，但它一開始是黑人奴隸所創造而流傳下來的音樂。還有襲捲一九六〇年代的黑人民權運動怒潮，以及女性解放運動、性革命等等，都從根底動搖了社會的規範。這些事實該怎麼說明？

我們必須挑戰「影響從『上』向『下』流入」的常識，從根本處改變想法——真正的社會改革，只有透過少數派才可能發生。接下來，讓我們簡單介紹莫斯寇維奇所提倡的少數派影響理論。[41]

若是在握有（廣義的）權力的公司上司或學校老師面前公然反對他的意見，之後恐怕會受到報復。因此身為部下或學生的人，即使事實上不贊同他的意見，嘴上也會說：「您說得對極了！」為了息事寧人而打馬虎眼。但是在握有權力的人不在的時候，就會丟掉場面話而吐出真心話。還有，一般人聽了藝術家或評論家等等某個領域的權威高談闊論之後，馬上會在心裡想：「原來如此！不愧是專家，說的話就是不一樣……」不會深思其內容，而是簡簡單單就接受權威的想法。

但是，當一個人像這樣不用自己的腦袋思考，只要是有地位、有權勢的人說的話就認為是對的，這時候其實他什麼都沒有聽懂，只是無意識地繼續採取和以前一樣的行動而已。換句話說，握有權力、權威、聲望的多數派在發揮他們的影響力時，所得到的只是表面上的、淺薄的追從，無法給人長遠、持久、觸及無意識的深刻影響。當影響的來源（多數派）就在眼前，或是雖然實際上並不在場，卻能對我們施加心理上的壓力時，我們會接受其意見與判斷（或者做出接受的樣子）。可是一旦影響的來源在物理上或心理上消失，人就會掙脫多數派權力、權威、聲望的束縛，拾回原有的意見、判斷與信條。

相較起來，少數派發揮影響力的時候，極少會立刻顯現效果。不僅如此，他們的意見往往引起人們的反彈。如果有人公開表示與少數派持同樣的立場，很容易招來嘲笑，甚至受到社會的制裁。因為少數派很容易成為蔑視的對象，人們總是避免在心理上認同

41 原註：S. Moscovici, *Social Influence and Social Change*, Academic Press, 1976; S. Moscovici, "Toward a Theory of Conversion Behavior", *in* L. Berkowitz (Ed.), *Advances in Experimental Social Psychology*, Academic Press, V. 13, 1980, p. 209-239.

他們，拒絕他們的影響。但是這樣的事實，絕對無法否定少數派帶來影響的可能性，只是表示少數派的影響效果是間接的，而且是以無意識的型態出現，因此很容易被我們忽略。讓我們舉出一個具體的例子。[42]

讓六位受測者進入暗室，請他們判斷照射在白色銀幕的藍色投影片所呈現出來的顏色，同時也請他們評定，當光線的投射停止時，所感知到的殘像是什麼顏色（殘像的顏色與眼睛看到的顏色是互補色的關係。以這個情況來說，藍色的互補色是橘色）。

第一個階段，請受測者各自判斷投影片的顏色與殘像的顏色，默不作聲在答案紙上寫下他們的回答（投影片的顏色從藍到綠，殘像的顏色從橘到紫，請受測者在以百分比「%」顯示的量尺上作答）。這個階段要測定的是各個受測者在受到影響之前的知覺。

在接下來的第二個階段，請參加實驗的人依序以口頭回答，但只要說出投影片的顏色就好。這個程序反覆操作了十五次，結果發生了不可思議的現象。明明投影片的顏色很明顯是藍色，卻有幾位參加者回答「綠色」。事實上這個實驗想要測試的是「人如何受到影響」，因此在受測者之中安插了暗樁。實驗者安排了兩種情境：四位受測者搭配兩位暗樁（少數派影響來源），以及相反地，兩位受測者搭配四位暗樁（多數派影響來源），並比較其結果。

跟著在第三階段，要求受測者用與第一階段完全相同的方式，默不作聲地在紙上寫下他們對投影片與殘像的顏色判斷。實驗者比較這個階段與第一階段（受影響之前）分別所得到的數值，藉以調查受測者是否受到暗樁們在第二階段時，以口頭說出的判斷的影響。

那麼結果如何呢？首先來看看第二階段的口頭回答。影響來源（暗樁）為多數的場合，雖然程度輕微，但受測者有一部分的確受到暗示，回答：「這樣說的話，好像真的有點偏綠……」相對地，影響來源為少數的場合，完全看不到這樣的反應；對於暗樁的回答，受測者要不是歪頭表示不認同，就是嘲笑他們。

在默不作聲、各自在紙上作答的第三階段，關於投影片的顏色判斷與口頭回答的階段一樣，影響來源是多數的場合，比影響來源是少數的時候，明顯地具有較大的影響力。這是理所當然的結果。

但是關於殘像的顏色——在這裡，影響是無意識的——情況就完全不同。和多數派影響來源在一起的受測者，仍然感覺殘像的顏色是橘色（藍色的互補色），但暴露在少數派影響下的受測者，則改變了看法，覺得他們感知的殘像顏色是紅紫色（綠色的互補色）。也就是說，在暗樁是多數的情況下（多數派影響來源），受測者幾乎沒有受到任何影響；但不可思議地，少數派影響來源則產生了顯著的影響效果。

42 原註：S. Moscovici & B. Personnaz, "Studies in Social Influence V: Minority Influence and Conversion Behavior in a Perceptual Task", *Journal of Experimental Social Psychology*, 16, 1980, p. 270-282.

在受到多數派影響的場合，受測者產生了有意識的知覺變化，將投影片看成是綠色；而影響來自於少數的時候，並沒有發生這種有意識的知覺變化。但是在無意識的層次裡，情形正好相反——受到少數派影響的受測者，在自己不知情的狀況下「知覺」到投影片是綠色的。相對地，當影響來源是多數派時，並沒有發生真正的影響；受測者本人以為自己看到綠色，但是在無意識的層次，他仍然繼續「知覺」到藍色。[43]

雖然有少數受測者知道殘像的顏色是肉眼看到的顏色的互補色，但並沒有人具備關於互補色的正確知識。也就是說，沒有人知道知道實際上藍色與綠色的互補色是什麼顏色。因此，受測者並不會察覺自己在無意識中受到了影響，也就不會產生抗拒。[44]

這個實驗還發生了非常值得注意的一個現象——當實驗者隨便找個藉口讓暗樁離開實驗室之後，少數派造成的無意識的影響越來越強烈（多數派的場合則是相反，影響的效果隨著時間遞減）。

有意識地，或是公然採取與少數派相同的立場，在社會上及心理上，都意味著自己被分類為少數派的一員。因此受測者當場否定影響來源的主張，在意識上持反對立場。但是有很多時候，本人已經在不知情的狀況下受到影響，其影響的效果會在隔一段時間後出現。當資訊來源就在面前，或是我們在心理上一直感覺到他們的存在時，影響並不顯現；過了一段時間後，則影響會越來越強。有一件發生在某位學者身上的軼事，是這種現象的好例子。

某一天早晨，這位學者的腦子裡偶然浮現一個具有獨創性的想法。他高興得不得了，就算早一刻也好，恨不得趕快向同事們炫耀一番。於是他跑到研究室，把同事們都叫過來，自信滿滿地向他們發表。出乎意料地，同事們的反應十分冷淡；其中有一位曾

43原註：「當事人在不自知的狀態下知覺到投影片是綠色的」、「當事人本身覺得自己看到了綠色的投影片，但是在無意識的層次，他繼續知覺到藍色」等等這些說法，看起來像是矛盾的；但就像我們在第四章曾經解說過的，若是考慮到知覺的建構性性格（我們的知覺是經過建構的過程而形成的），事實上就沒有任何奇怪之處。想像與知覺有密切的關係。舉例來說，請參閱 M. J. Farah, “Is Visual Imagery Really Visual? Overlooked Evidence From Neuro-psychology”, *Psychological Review, 95*, 1998, p. 307-317. 就算沒有實際上的刺激，光是透過想像，也可使我們產生殘像。關於這個事實，請參閱 P. Davies, “Conditioned After-Image, I”, *British Journal of Psychology, 65*, 1974, p. 191-204; P. Davies, “Conditioned After-Image, II”, British Journal of Psychology, 65, 1974, p. 377-393; R. A. Finke & M. J. Schmid, “The Quantitative Measure of Pattern Representation in Images Using Orientation-Specific Color Aftereffects”, *Perception & Psychophysics, 20*, 1979, p. 289-298. 對於莫斯寇維奇實驗結果的其他解釋，以及批判性的檢討，請參閱 T. Kozakai, Représentation de la personne et gestion du conflit dans l' influence: Une approche constructiviste de l' influence sociale, Thése de doctorat, E.H.E.S.S., 1994, ch.2.

44原註：為了避免因為每個人對色階的認知標準不同而產生主觀的判斷，本實驗使用了光譜儀，以更正確地測定受測者所感知到的顏色。S. Moscovici & B. Personnaz, “Studies on Latent Influence by the Spectrometer Method, I: The Impact of Psychologization in the Case of Conversion by a Minority or a Majority”, *European Journal of Social Psychology, 16*, 1986, p. 345-360; B. Personnaz, “Study in Social Influence Using the Spectrometer Method: Dynamics of the Phenomena of Conversion and Covertness in Perceptual Responses”, *European Journal of Social Psychology, 11*, 1981, p. 431-438. 後來在以其他顏色所做的追加實驗中，也得到相同的結果。S. Moscovici & B. Personnaz, “Studies in Social Influence, VI: Is Lenin Orange or Red? Imagery and Social Influence”, *European Journal of Social Psychology, 21*, 1991, p. 101-118.

是他的學生，臉上甚至掛著一抹冷笑。這位學者終於憋不住，請大家發表意見。原本只是閉著嘴冷笑的學生說了：「我認為這個理論是正確的。不過，那不正是我在學位論文中發展出來的想法嗎？」這教授大吃一驚，趕緊從書庫中找出那位學生的論文，開始翻閱。的確，他剛剛「發表」的理論，就寫在這本一年半前自己審查過的學生論文裡，一字一句都不差。不僅如此，頁面的空白處還留著教授自己的字跡：「不，這個想法是錯的。」[45]

這位教授雖然否定了學生（少數派影響來源）的主張，卻在無意識中受到他的影響。經過一段時間以後，影響的效果顯現了出來。這時候他早已忘了影響來自何處，只是接受其內容而已。

少數派帶來的影響，就像是定時炸彈或是感染後經過一定潛伏期才會發病的病毒。當影響來自少數派的時候，即使自己的想法明明是受到他人影響的結果，人也很容易感覺那是自己所選擇的判斷。如果某個主張來自少數派的事實與該主張本身被分開看待，而且其主張的內容受到人們徹底反覆思索，那麼無法依附權威或權力的少數派，也可以發揮影響力。

一般我們在影響來源不具有權力、權威、聲望的狀況下（少數派影響來源），觀察到影響效果延後發生，以及影響力在無意識中發揮的現象。這些現象不只發生在知覺的領域，在人們對於公害、種族歧視、墮胎、死刑等等社會議題的態度上，也已得到實證。[46]

影響與創造

話說回來，為什麼多數派的影響只及於表層，少數派卻能到達深層，而帶來實質的影響效果？讓我們想像一位處在與各種影響來源的相互作用之下的個人。假設這個人，對於青少年犯罪的增加、環境問題、廢除死刑的對錯、藝術或料理的喜好等等我們在社會生活中所關注的問題，與各種影響來源（個人、團體、大眾媒體）有不同的意見。意見的對立會造成心理的衝突，而心理的衝突可以用下列三種方式消除。

第一，附和多數派影響來源的權力、權威，同意他們的意見，可以消除心理上的衝突。實際的做法就是閉上眼睛，不看問題的對象本身，毫無批判地追隨影響來源。

45 原註：A. Jacquard, *Au péril de la science?* Seuil, 1982, p. 88-89.

46 原註：A. Maass & R. D. Clark, "Conversion Theory and Simultaneous Majority-Minority Influence: Can Reactance Offer an Alternative Explanation?", *European Journal of Social Psychology, 16*, 1986, p. 305-309; S. Moscovici & G. Mugny (Eds.), *Psychologie de la conversion*, DelVal, 1987; S. Moscovici, G. Mugny & S. Papastamou, "Sleeper effect' et/ou effet minoritaire? Étude théorique et expérimentale de l'influence sociale à retardement', *Cahiers de Psychologie Cognitive, 1*, 1981, p. 199-221; G. Mugny & J. A. Pérez, *Le déni et la raison*, DelVal, 1986.

舉例來說，假設我們到一流的法國餐廳用餐。侍酒師羅列各種葡萄酒的特點，對我們提出建議。原本高級餐廳的氣氛就已經讓人目眩神迷了，再加上專家的權威所造成的心理壓力，我們根本無法體會最重要的事情，也就是那瓶葡萄酒的風味與香氣。就算勉強，我們也想要去感受到侍酒師所指出的特徵，暗示自己「果然有那種感覺」。也可能我們其實並不同意侍酒師的看法，但是為了讓周圍的人認為自己也是行家，而說出「嗯！真的就像您說的」之類的話。

但是，像這樣不把注意力放在對象（酒）本身，並不會讓我們對葡萄酒的好惡產生任何改變。如果過幾天有人撕掉標籤，或是換個瓶子，端給我們同樣的葡萄酒，我們就會說出「還是前幾天的那瓶比較好。總覺得味道比較豐富醇厚」這樣的評論來。在影響來源是多數派的情況下，我們暫停了自己的判斷，因此最重要的、對於對象的認知結構並不會產生變化。所以，當握有權力或權威的人不在了，影響的效果也會跟著消失。當然，這種處理心理衝突的方式，適用於影響來源是多數派的時候；如果影響來源是不具權威或權力的少數派，是不可能發生的。[47]

第二個方式，是將影響來源的主張歸因於其個別的、內在的性質，為彼此意見的不同正當化。舉例來說，如果我們「知道」影響來源是「味覺遲鈍」的人，那麼他對葡萄酒的意見和我們不同，也就不值得奇怪。或者以色彩知覺為例，如果影響來源是色盲，那麼他將藍色的投影片判斷為「綠色」，也不會對我們造成任何心理上的衝突。因此，影響在這種場合也不會發生。

體制批判者對社會的影響，是能夠動搖社會基礎的。因此，極權主義社會的掌權者經常採用這種手段。掌權者之所以將危險分子貼上精神異常的標籤、關進精神病院，是因為如果只把他們關到監獄裡，在物理上隔離，無法完全抹殺他們的影響力。從這個例子就可以明白，當影響來源是少數派的時候，人們很容易就會用這第二種方式，來處理心理上的衝突。[48]

所以，只有在接下來我們要說的第三種情況下，少數派才可能有效地發揮影響力。如果影響來源持續主張一貫的意見與判斷，而且持該主張的不只一人，而是好幾個人，

47 原註：忽略對象本身而只是跟從影響來源的意見，反而不會出現真正的影響效果。這個事實，也可透過下述的實驗方式得到檢證。將受測者關在暗室中，降低所有對他的聽覺、視覺、觸覺等等感官刺激，經過一段時間以後，受測者進入類似催眠的狀態，對影響的抵抗力減弱；接著讓抵抗力下降的受測者，參加前述的色彩知覺實驗。這時候即使影響來自少數派，抵抗力弱的受測者還是很容易就受到影響，將藍色的投影片判斷為「綠色」。不過在殘像的顏色方面，相反地不會受到影響，持續知覺到與藍色互補的橘色。也就是說，因為抵抗力減弱而無批判地跟從影響來源，讓受測者停止了有關重要對象（在這裡是色彩的刺激）的認知活動。因此，反而不會受到深刻的影響。S. Moscovici & M. Doms, "Compliance and Conversion in a Situation of Sensory Deprivation", *Basic and Applied Social Psychology* 3, 1982, p. 81-94.

48 原註：以下這篇論文，探討了少數派的影響遭到封鎖的過程：S. Papastamou, "La psychologisation: Erreur individuelle ou stratégie collective?", *in* J.-L. Beauvois, R.-V. Joule & J.-M. Monteil (Eds.), *Perspectives cognitives et conduits sociales 2, Représentations et processus sociocognitifs*, DelVal, 1989, p. 185-204.

如果他們能全體一致、堅持相同的見解，人們就會開始想，其主張說不定有某種根據。如果只是一次的判斷，或許影響的來源是錯的；但那是懷著確信、執拗地一再重申的意見。如果只是一個人的看法，或許那是個人的偏見；但有這麼多人（這麼說並不是指他們是多數派的意思）都表明同樣的立場，不太可能是毫無根據的。即使受到社會孤立，就算冒著危險，也要持續同樣的主張，究竟為什麼？說不定他們的意見是有道理的——這樣的念頭，讓人們不再把焦點放在影響來源的個別性質，而把注意力移到問題的對象本身。

於是，「影響來源是什麼樣的人」被切割成另外的問題，人們開始徹底重新思考問題所在的對象。也就是說，影響來源的性質被「置入括號中」（雖然不見得會被忘記），而他們的主張本身單獨成為人們思考的對象。這一點和前述消除心理衝突的第一個方法——閉上眼睛不看問題的對象本身，毫無批判地追隨影響來源——正好成為對比。

不過，人們開始探討影響來源所主張的內容本身，表示他們不會對其發出的訊息照單全收。舉例來說，假設有人主張「墮胎是女性基本的權利」。這時候，人們並不會原封不動地接受，而是自己以批判的態度檢討該主張的正確性。在這個過程中，人們會從更廣泛的觀點，檢視超過訊息本身的內容，包括問題背後的意識形態在內。也就是說，不只是墮胎，男女平等、性自由、關於生命的看法、腦死問題以及死刑的是非等等與此相關的問題，都會引起人們深思。少數派的影響不是單純的模仿過程，而是從各種不同意見的格鬥中產生新價值的創造過程。[49]

所謂影響，並不是單方面來自他者的東西。他者所扮演的角色，就像化學反應中的觸媒。我們不妨說，人受到這觸媒的觸發而改變他自己。當然，他者究竟和化學反應的觸媒不同；他者不會一直保持原狀。在相互作用中，他者也同時受到影響。就像拍手的聲音既不是來自左手、也不是來自右手，變化的來源既不在資訊的「送信者」，也不在「收信者」。變化是從他們之「間」，也就是關係之中形成的。

問題在哪裡？

多元民族、多元文化主義，容易造成公民依照其出身民族或文化而彼此分離；而在普遍主義之下，少數族群經常是受到壓迫的。本書同時反對這兩種傾向，而追求開放的共同體概念。對於本書的意圖來說，以上關於影響的見解，至少有下列兩項重要的意

49原註：請參閱以下文獻記載的實證研究：G. Mugny & J. A. Pérez, Le déni et la raison, op. cit., p. 89-135; C. J. Nemeth, "Au-delà de la conversion: forms de pensée et prise de decision", *in* S. Moscovici & G. Mugny (Eds.), *Psychologie de la conversion, op. cit.*, p. 239-248.

義。

第一，要讓來自外國的移民融入接納他們的社會，不一定需要壓抑少數派的文化。影響是雙向的，並不是少數派單方面被多數派的文化所吸收。不論是對多數派或少數派來說，相互影響之後所形成的價值觀、意見與規範，都已經與影響發生之前不同。他們正一起構築一個新的世界。

雖然我們很籠統地說「外國人的同化」，但到底他們是和什麼同化？同化成什麼樣子？同化的標的是什麼？讓我們再重新思考一次這些問題。我們很容易直覺地認為，社會的主流價值與規範是固定不動的，來自外國的新住民以此為目標進行同化，但實際的情形並非如此。外國出身者，藉由接受多數派的世界觀而融入社會——這種單純的思考框架是錯誤的。我們稱為社會或文化的東西，是透過多數派與少數派的相互作用而不斷變化、反覆重新建構所形成的。少數派並非單純接受多數派文化的容器，也不是單向地被多數派所吸收。

社會的變遷，必然與少數派帶來的影響有關。並非作為少數派同化對象的社會或文化，已經預先存在。讓我們放棄「少數派將自己與多數派的價值觀同化」的靜態觀點，將民族問題視為「兩者的相互作用時時刻刻不斷構築社會與文化」的動態過程，來重新檢視。

我在這裡所陳述的是一個客觀的命題——不論在什麼樣的社會，即使有程度的差異，少數派一定會對多數派造成影響——而不是主張應該尊重少數派文化的規範性立場。

先前我已經說過，如果我們不承認少數派會帶來影響的事實，將很難說明社會如何產生變化。但即使大家能理解這一點，若是認為多數派是原封不動地接受少數派的立場，那麼也無法說明社會變遷的事實。不論影響來自哪一方，如果只是單方面的地追從多數派或少數派的想法，對整體社會來說，並不會產生新的價值。我們必須認識到，所謂的影響過程，是各自不同的既有想法，透過互相衝撞而形成新想法的現象。

多數派與少數派的關係，是流動而充滿活力的。我之所以否定由「上」而「下」的單向框架，主張少數派帶來影響的可能性，絕不是為了隱蔽存在於世界各地的支配與壓迫的事實。如果一味地譴責歧視與壓迫，而忽略了少數派所具有的潛在的「力量」，才真的會掉入支配者設下的陷阱。少數派影響理論，為我們指出了斬斷支配的惡性循環的可能性。

影響越是深遠，受影響的人越是不容易發現自己的想法已經改變。就算他意識到自己的變化，也很容易產生錯覺，以為那是自己選擇的結果。人本來就一直暴露在來自外界的資訊底下思考、行動；其實不斷受到他者的影響，卻產生自主的感覺。但就像我們在第四章確認過的，這裡面並沒有任何矛盾。改變本身不是問題。不想改變卻被迫改變——或者反過來，想要改變卻被迫維持現狀，這才是問題所在。

不論什麼出身，所有公民都自發地接受異文化以及同化所帶來的改變，這樣的社會是我們所期盼的。一味地保護少數派而不改變各自的價值觀，是本末倒置的做法。

我一貫地主張，民族是虛構的故事。從個人的心理機能到社會秩序建立的過程，虛構在所有的次元中複雜交織，而正因為如此，人類才得以建構其生活。但是，我之所以一再反覆確認人類生活的虛構性，並不是為了呼籲大家從虛構中覺醒，以成為自由的存在。相反地，我是要強調，對人類的生命來說，虛構發揮了多麼重要的功能。

但是，既然終究是要承認虛構所發揮的現實的力量，為什麼需要闡明民族的虛構性？甚至到如此執拗的地步？因為，如果我們知道支持現實的是虛構，那麼我們就會了解，無論怎麼穩固強大的現實，將來也必定可能發生變化。相反地，如果我們以為民族是以特有的身體特徵或文化內容為基礎的客觀存在，那麼就會有一道無可跨越的高牆擋在我們面前，阻止我們接受異文化。如果外國出身者無法融入接納他們的社會，那麼我們的未來就只剩下一種可能性——各民族分離共存的多元民族、多元文化主義。

但是，即使是那些被稱為單一民族國家的社會，事實上也是由來自外部的各種族群融合而成的。我們必須保護少數派。但是我們所構想的保護政策，不能導向將他們分離的方向。「日本是單一民族社會」這個幻想至今仍然根深蒂固，考慮到這個現況，多元民族、多元文化主義的主張，的確可以是改革社會常識的有效戰術。真心期望各種民族與文化可以共存的精神，是值得讚許的；但是我們得小心注意，不要落入等在前方的陷阱。[50]

我們經由某些象徵性的價值，主觀地感知到民族的界線。只要這條界線得以保持，即使接受其他群體的文化價值觀，也不至於喪失自己的同一性感覺。而且，如果同一性

50 原註：埃馬紐埃爾・托德（Emmanuel Todd, 1951-）指出，在標榜多元民族、多元文化主義的美國，以家庭結構、宗教、飲食習慣為首、各方面的均一化都非常顯著，但是在不承認出身民族固有性的法國，反而殘留著文化的多樣性（E. Todd, *Le destin des immigrés*, Seuil, 1994, p. 205-208）。為什麼官方承認各民族固有性的多元民族、多元文化主義，比不重視民族差異的普遍主義，均一化的程度更明顯？

首先讓我們回想，儘管文化內容逐漸均一化，各民族的固有性反而更受到強調這個事實。民族界線的變化——也就是同一性的強化或弱化，與文化內容層次的變化，來自兩種不同的社會心理過程。讓我們回到原點重新思考：同一化與異化作用其實是同一個現象。這就是同一性的真實身分。

一般來說，當人們劃分出A、B兩個範疇時，會誇大A與B之間的差異，並且產生認知上的錯覺，認為A、B各自內部都是均一的。在多元民族、多元文化主義的社會裡，人們透過各種民族團體的框架來認識彼此，因此即使實際上幾乎沒有差異，卻容易產生自己與其他團體擁有不同文化基礎的錯覺。而且，因為自我同一性受到異化作用的支持，差異受到確保的感覺帶來心理上的安定，反而促使人們接受來自其他民族團體的異文化。因為確信（或者說是錯覺）即使接受他者的價值觀，自己本質的部分也不會產生變化，反而容許自己改變。

相反地，在認為所有人類本質上相同的普遍主義中，即使實際上文化有所不同，其差異也很容易被視為非本質而遭到忽視。而且，接受他者的價值觀，很難不威脅到自我的同一性。特別是同質性高、心理上的距離無法確保的時候，人與他者的關係將成為問題。於是這減緩了法國國民文化均一化的進展。

多元民族、多元文化主義沒有除去外部與內部的隔閡，而是阻止兩者的融合；但正因為如此，外部得以逐漸消融。相對地，普遍主義在內部消除外部痕跡的過程，卻使得外部的異質性實質上留存了下來。因此，讚揚多元民族、多元文化主義，不必然能達到保留文化多樣性的目的。

得以維持的感覺受到保障、沒有被迫變身的危懼，我們就不會抗拒接受影響，或是排斥異文化。先前我的論述，一直在強調這一點。反過來說，這也表示我們原本就不可能建設一個沒有少數民族的「純粹的社會」。這不是倫理或政策技術的問題，而是如果沒有外部，就不會有內部的存在。從同一性內涵的邏輯來說，建設「純粹的社會」原理上是不可能的。

不論什麼樣的社會，內部都有「外來者」。因為，他們的存在正是人藉以形成同一性的泉源。沒有外來者的社會，人無法生存。假使「純粹的社會」真的被建立起來了，人也會想盡辦法捏造出「外來者」。「外來者」不在我們的外部。「外來者」是人類生活不可或缺的存在。

「外來者」不可能消失，並不是因為接受異文化與同化有其極限。包括語言、宗教、道德價值、家庭觀念在內，所有的文化要素都必定會隨著時間改變。民族也好、文化也好，並沒有所謂本質這種東西。我們必須這麼看——民族與文化並非固定的內容，而是透過同一化的運動不斷維持的一種社會現象。或者我們也可以這麼說——如果硬要舉出一種超越文化與時代、貫穿人類存在的本質，那只有一種可能，就是「人類不具有堪稱本質的內容」。

一補論一

虛構論

大多數分析民族概念的論述，都從與民族相近的人種、國族、國家等概念著手，探討它們的關聯性與差異，試著為民族的概念下定義。但本書刻意忽視比方猶太人（宗教性概念）、日本人（國族概念）、黑人（人種概念）、阿爾薩斯人（地域概念）等等民族概念的個別性，而將問題設定在更普遍的層次，也就是「集體同一性如何維持」的問題。宗教、道德、常識、科學、神話、語言、市場、意識形態等等，這些由群體在歷史中形成的精神性存在，各自具有其特定的功能、角色與機制。但是，我們可以忽略它們的差異，而探討集體現象究竟是什麼。同樣地，雖然我們以民族作為具體的切入點，但本書的焦點放在民族概念的根底中，更為抽象、更為形式性的問題。

人們通常以語言、宗教、文化、經濟結構以及血緣連續性等等群體固有的特徵，作為民族的定義。但我們追隨弗雷德里克・巴特（Thomas Fredrik Weybye Barth）的主張，否定這樣的常識，而將注意力的焦點放在民族之間的界線。但是，民族不只是個人腦袋裡的想像；民族會將它內部與外部的人都捲進來，是可以在現實中造成不幸的現象。拒絕將民族視為實體，並不表示我們的立場採用方法論上的個人主義，將集體現象還原為個人。如果將民族還原為其成員，語言與宗教都將消失，也會同時失去作為民族同一性根據的象徵。

人類所形成的、以民族為首的各種群體，僅僅存在於人的想像之中？或者它們是實際存在於個人外部的實體？——這種二選一的提問方式，本身就是錯誤的。制度與權力結構是既存的條件；完全不受這些條件限制的自由思考與自由想像，是不可能存在的。不管一部分的個人如何改變想法，如果沒有其他條件配合，集體現象是不會有任何變動的。但是，雖然社會的既存條件與主觀的理解之間有相互關係，但隨著各自面對的社會狀況不同，兩者之間必然會發生衝突，這也是事實。

安定的結構與不斷的變動共存——我們該怎麼理解這種現象？本書的主要著眼點，是批判將同一性視為實體的觀點，因此對於集體變化過程的分析，並不詳盡。為了補足這一點，接下來我們將把焦點放在社會系統的成立與維繫的循環過程，以展開虛構的認識論。[1]

虛構與實體[1]

發生變化的實體是否存在？關於這個問題，康德與柏格森（Henri Bergson, 1859-1941）的立場是人們所熟悉的。[2]對康德來說，變化是偶然的現象，而其前提是背後必須有恆久不變的實體存在。如果沒有恆久不變、持續存在的「物自身」，我們連到底是什麼東西在發生變化都不可能理解。相對地柏格森則認為，變化的現象不需要發生變化的基體。變化就只是發生；變化現象的背後，並沒有某種產生變化的實體存在。運動是變化的一種型態，就讓我們以運動為例吧！對我們來說，視覺的場面比較容易想像。我們對運動的理解，首先是有某個佔據一部分空間的物體存在，然後這物體在空間中移動。但如果我們想像的不是視覺，而是聽覺的變化，就可以看到變化不同的面向。比方現在有一首莫札特的音樂響起。隨著時間經過，旋律逐漸移動。但無論如何分析聲音的運動，也不可能找到恆久不變的實體。

1 原註：拙著『責任という虛構』（東京大學出版會、二〇〇八年）對於虛構的認識論，做了更詳盡的探討。以下本文的內容與前著有部分的重複，但為了論述的需求，無法避免。尚請讀者見諒。

2 原註：I. Kant, *Critique de la raison pure*, Gallimard, 1960; H. Bergson, *La pensée et le mouvement* (première édition: 1938), PUF, 1993.

「如果沒有本性，所謂變化是什麼東西的變化？但就算有本性存在，所謂變化是什麼東西的變化？」這是大乘佛教中觀派始祖龍樹所說的話。[3]他說：「不生、不滅、不常、不斷、不一、不異、不來、不去。」如果只看「不生、不滅、不斷、不異、不來、不去」這部分，似乎是說變化並不存在；但在此同時，「不常、不一」又否定了恆常性。因為他否定本質或實體的存在。如果沒有實體存在，不論說有某種東西發生變化或是不會變化，都很奇怪。

空與無是不同的。不論任何物體或事件都無法獨立存在，都是因為其他的原因而發生，這是「空」的意義。正因為空，才可能有生成與變化；若不是空，那麼既不會有生成，也不可能有變化。色即是空，空即是色。世界是由各式各樣、數量龐大的關係網所形成的，並沒有所謂終極的本質。但製造出堅固現實的，正是這些關係的網絡。空的哲學與觀念論也是不同的。丸山圭三郎在《生命與過剩》一書中這麼說：

……相信所有事物都具有自我同一性，相信有某種根據凜然存在、保證世界具有意義，這就是我所說的 Réalisme；這也是自柏拉圖以來，西歐思想中綿延不斷的、對「神」的信仰。而這位神，至今仍未死去。……「實念論」與正相反對的「實在論」，都同樣譯自 Realismus 一字。兩者都是 Réalisme，這事絕非偶然。因為不論是所謂的「觀念論」或「實在論」，其實都是同一陣營的；他們的對立，只不過是同在「邏各斯中心主義」這個擂台上的對立。換句話說，兩者都對「主／客二分法」的實體二元論毫無懷疑；他們爭得面紅耳赤的，只不過是「哪一邊才是唯一絕對的存在」這個古老又不斷更新的問題而已。正因為如此，一旦形而上學的「理型」遭到否定，「物質」就佔據它的位子；基督教的神（＝作為最高級「類」概念的「普遍」）遭到否定，近代科學的「物」就取代它的地位。[4]（強調標記來自丸山）

照理來說，同一性與變化是無法同時存在的。對所有的存在來說，只要發生變化，就不會有同一性；若是維持同樣的狀態，就不可能發生變化。我之所以主張同一性並不存在，而只是經由社會過程所製造出來的虛構，就是為了解決這個矛盾。在假設實體存在的思想框架裡，同一性的來源遭到隱蔽。萬物是不斷持續變化的。但是，觀察著這時時刻刻變化的各種樣態的人類，卻透過同一化而製造出恆久不變的假象（請參閱第二章〈作為心理現象的同一性〉）。

魔術師將白色的手帕變成鴿子。當然，這是不可能的事；他只是把手帕偷偷換成鴿

3 原註：梶山雄一・上山春平『仏教の思想3 空の論理〈中観〉』角川書店、一九六九年、五五～一四二頁。

4 原註：丸山圭三郎『生命と過剰』河出書房新社、一九八七年、十四～十五頁。

子。事實上發生的是手帕消失而鴿子出現；以物體的次元來說，並沒有發生任何變化。變化，是發生在觀察者這一方的社會與心理現象。觀看魔術表演的觀眾若是要感覺有變化發生，就必須將變化前後的物體同一化。假設魔術師手上的手帕消失後，從舞台側邊出現一隻老虎，沒有任何觀眾會覺得手帕變成了老虎。因為是白色的手帕，在同一個地點被調包為大約同樣大小的白色鴿子，所以觀眾覺得發生了變化。或者，如果是五百日圓的硬幣被調包為尺寸較大、但同樣是五百日圓硬幣的複製品，觀眾會產生硬幣變大了的錯覺。但如果改變的不只是大小，根本是被替換為顏色、種類都不同的外國硬幣，那麼觀眾並不會覺得是同一個物體的變化，而會認為它變成了不同的物體。

為了產生「同一個物體或同一個群體發生了變化」的認知，數個各自不同的事物現象，必須被同一化。我們的世界，其實是由無數的斷片所構成的。但是，我們與他者的相互作用不知不覺中所製造出來的虛構，讓我們產生民族連續性的錯覺。

變化與替換

那麼，我們該如何說明變化？面對「同一性與變化的共存」這個難以回答的謎題，本書的解決方式，是將變化視為替換的現象。成員之間的相互作用所產生的各種表象群之中，在一定期間內佔據優勢的表象，被視為集體同一性的象徵；而經由漸進的、部分的替換，全體逐漸產生變化（第六章〈集體同一性的變化〉）。在這過程中，如果成員沒有意識到替換的過程，或是替換的事實遭到遺忘、歪曲，又或者成員錯以為變化是他們自主的選擇，那麼即使實際上發生了變化，集體同一性的感覺還是可以維持。這是本書的主張。

將變化視為一種替換的型態，並不是什麼稀奇的想法。以「突變」與「自然淘汰」兩個原理為依據的新達爾文主義，也是以替換來說明變化。多樣性正是因為突變——也就是複製的失敗——而產生的。而如果突變之後新產生的少數派，比先前的多數派有更高的生存率，那麼就整個物種來說，就會逐漸替換而發生變化。這是新達爾文主義的思想構圖。

經濟史學者大塚久雄，研究歐洲的封建制度到資本主義的轉變。變化的意義有多麼難以掌握，他非常清楚。他自己的做法，也是以替換來說明變化。

> 在特定生產模式佔有支配性地位的社會構成體內部，出現了全新的、不同的生產模式。新的生產模式一方面侵蝕舊有生產模式的根基，同時逐漸發展，最終將原有的社會結構解體，自己站上支配性的地位，並且形成新的社會結構……我們必須時時謹記在心的是，這個過程同時包含了兩個面向：**生產模式的轉變**（從舊的生產模式到新的生產模式），以及**社會結構的轉變**（從舊的社會結構到新的社會結構）。而生產模式的轉變是

包含在社會結構的轉變裡的；**兩者以各種方式結合在一起，不可分離**。[5]

大塚史學的框架，可以稱為邊陲革命論。中心地區採用支配性的生產模式，而新的經濟結構則誕生在遠離中心的邊陲地帶。剛形成的生產模式是脆弱的，如果誕生在中心的影響範圍內，很快就會被摧毀。大塚認為，新的體系會在免於競爭的邊陲地區充分發展之後，再席捲中心地區、凌駕舊有的支配性結構。大塚史學就是以這樣的模型，說明歐洲經濟基礎的進展——也就是從西班牙與葡萄牙的重商主義，到荷蘭的中繼貿易，最後走向誕生於英國與法國的資本主義的過程。大塚久雄的論述裡，也出現了與達爾文進化論類似的語句。

> 我們經常看到，在各種地理與歷史條件的規定下，社會構成體內部各種生產力的不均等發展是老舊生產關係的基礎；這些老舊生產關係以各種程度、各種型態**從屬於**社會構成體，被包含於其中。如果是在階段性的轉變期，我們甚至可以看到新的、不同的生產關係開始成長，與支配性的生產關係混在、交雜……同一社會構成體內部，這些不論在質或量方面、**發展程度都各自不同的生產模式同時存在**……這件事實在社會構成體的內部，以及社會構成體相互之間，造成獨特的緊張關係，並且賦予特定社會構成體的結構轉移到下一個階段的過程具特殊歷史性的、極富個性的樣貌。[6]（強調標記來自大塚）

不論新達爾文主義或大塚史學，構圖都是一樣的——少數派的要素與結構因為某些原因而誕生，逐漸獲得力量，最終取代了多數派。也就是說，他們都將「質」還原為「量」，而避開了「質的變化」這個難題。本書所提示的解決方式，也是一樣。

多樣性的維持

但是，替換的模型無法說明新的要素與結構是如何發生的。如果A被替換成B，我們的確會感覺到變化；但光是這麼說，我們還是不知道B誕生的原因。「新事物」必定是從「舊事物」中產生的。但這種事有可能發生嗎？

首先讓我們來看看進化論。因為「弱肉強食」與「適者生存」這兩個標語，人們很容易就認為所謂的進化，就是強者打敗弱者的過程。但這是膚淺的看法。讓我們回想一下這個事實：達爾文與拉馬克（Jean-Baptiste Lamarck, 1744-1829）的理論，都是為了說明生物的多樣性，而構想出來的。

5原註：大塚久雄・高橋幸八郎・松田智雄編著『西洋経済学史講座』I、岩波書店、一九六〇年、第十頁。
6原註：同前書，十三～十四頁。

他們構想出進化的概念，原本是為了回答這個問題：這個世界為什麼會有這麼多種類的生物？也就是說，它是說明生物多樣性的原理。進化論主張，生物多樣性並不是因為神一開始就將各種生物創造成現在的樣子，而是進化的結果。[7]

如今進化論被大家當作說明進化現象的原理。但不論拉馬克、達爾文或是華萊士（Alfred Russel Wallace, 1823-1913），當初構想進化論的時候，目的並不是為了解釋進化，而是要說明多樣性。進化是一種假設；這樣的假設使他們得到這樣的結論——進化的結果導致生物的多樣化。[8]

若是與強者生活在同樣的環境，弱者將會被淘汰。但如果另尋生活空間，比方爬到樹上、進到水中，或是在缺乏光線的環境中生長，弱小的動植物就可以存活下來。生命環境因此而多樣化。

生物的個體如果過於相似，個體之間的生存競爭就會越來越激烈；因為它們需要同樣的食物，有同樣的生活型態。如果環境的資源充足，同樣物種的個體可以共存；可是如果個體的數量增加到某種程度，以致環境無法再供應其所需，那麼個體之間就會形成激烈的鬥爭。但如果是不同物種的個體，就算在同一個環境中營生，也可以共存。因為它們攝食的習慣不同，不會造成彼此的妨礙。這是俄國生態學者高斯（Georgy Gause, 1910-1986）透過草履蟲實驗所提出的競爭排斥原理，俗稱「高斯法則」。

居住在同一個生活環境的相同物種的個體，只有兩種選擇。弱者要不是在競爭過程中被淘汰，就是遷移到其他地區，在競爭對手比較少的環境分開生活。動物行為學家康拉德．洛倫茲（Konrad Zacharias Lorenz, 1903-1989）指出一件事實：同一物種的動物之間的攻擊性，傾向於驅逐相似的個體，因此具有擴大物種生息地的功能。進化論所說的，是弱小生物佔據尚有餘裕的自由空間的過程，兩者的思考框架是一樣的。我們在大塚久雄的經濟史觀中，也可看到同樣的想法。

在某個時代的社會構成體內部中，大量繼承其生產力遺產的邊陲或是鄰近地區，經常成為下一個時代支撐社會構成體的中心地區。我們可以在這生產力的繼承關係中，看到貫穿一系列經濟發展的歷史連續性……為什麼一定會伴隨著這種中心地區的移動？……即將成為下一歷史階段特徵的、新的生產關係，的確總是最早發生在社會構成體內部的中心地區。但另一方面來說，因為中心地區舊有生產關係的基礎強而有力，新的生產模式要不是難以發展，就是遭受嚴重扭曲。結果，新的生產模式將會自行離開中心地區，轉移（或是傳播）到舊有生產關係勢力薄弱，甚至

7原註：池田清彥『生命の形式　同一性と時間』哲学書房、二〇〇二年，一二九頁。
8原註：中村雄二郎．池田清彥『生命』岩波書房、一九九八年、第一二二頁。說這段話的是池田。

幾乎不存在的邊陲或鄰近地區。在這些地方，新的生產模式反而能夠順利、正常地成長。[9]（強調標記來自大塚）

透過職業上的分隔，人類的社會變得更加複雜。如果與主流派在同一個競技場相爭，少數派必定會失敗。於是他們傾向於讓自己專精在不會與多數派產生比較的領域。分工並不是為了要提高經濟效率而產生的。如同涂爾幹所指出的，人口增加會激化生存競爭，但弱者不必然只能遭到淘汰；透過分工，他們可以生存下來。各種職業的專業化，讓每一種職業都擔負了共同體不可缺少的功能。因此，與均一化的社會比較起來，由分工體制所支持的多樣化社會，具有更緊密而安定的結構。[10]

跟其他生物不同的是，人不只會移往未被佔有的生態空間，還會自行改變社會結構。人會拒絕支持既有等級制度的價值體系，並提出足以替代的新評價基準。如果新的基準成功地普及，就可以換成由自己佔有優勢的地位。新的世界觀於是產生，而逐漸傳播、散布。社會心理學的實證研究也確認了這樣的機制。[11]

我之所以引用莫斯寇維奇（Serge Moscovici）所提倡的少數派影響理論，是為了指出從不同立場的衝突中，產生新資訊的可能性（請參閱第六章〈影響與創造〉、〈問題在哪裡？〉二節）。如果我們以為所謂的變化，是多數派的想法被少數派的立場取代，那也只是一開始就存在的兩種意見，所佔的比例改變而已。從這個觀點無法真正說明實際產生的變化。在多種見解的衝突中，產生以全新角度重新審視暗中前提的契機，最後形成與多數派的見解、少數派的立場都不同的新想法。我們稱為「社會」的這種體系，會不斷地產生異端。而正因為如此，世界不至於陷入停滯，歷史得以轉動。

歷史與虛構

變化當然與時間的概念有關，而時間不可能與虛構無關。時間是什麼？為了釐清本書所說的虛構的意義，讓我們來思考歷史的邏輯結構。池田清彥在他的《生命的形式——同一性與時間》中，指出了科學的特徵。

> 我們不妨說，物理學與化學等現代科學一向追求的，是物質與法則二者的同一性。它們認為此二者的同一性是不變且普遍的；在這個想法裡，時間的因素被完全

9 原註：大塚・高橋・松田，前引書，十六～十七頁。
10 原註：E. Durkheim, *De la division du travail social*, PUF, 1893.
11 原註：G. Lemaine, "Social Differenciation and Social Originality", *European Journal of Social Psychology*, 4, 1974, p.17-52.

拔除。換個方式說，現代科學一面倒地、努力在理論中剔除時間。[12]

即使是包含時間（作為未知數）因素在內的自由落體公式，真正意義下的時間也是遭到排除的。讓我們繼續引用池田清彥的說明。

在具有嚴密因果性的世界裡，原理上來說，未來是由現在的狀態決定的。現在的狀態與未來的狀態，形成一對一的對應；現在與未來保有對稱性。但是，如果未來已經嚴密地被決定了，為什麼時間還會流動？如果未來世界的一切，都完全由當前世界上所有物質的配置與終極的物理法則決定，那麼世界不就是由剔除掉時間的同一性所支配的嗎？[13]

「世界是從初期狀態開始，自動發展出來的」——這不是我們理解歷史的方式。但是，今天的世界從昨天的世界而生，昨天的世界又來自前天的世界。任何狀態都必然有其原因。一旦我們以這個回溯的方式理解時間的流動，那麼現在將被還原為過去；產生意義的泉源——時間——將消失無蹤。時間是非決定性的同義語。池田清彥這麼說：

時間為什麼不向過去流動？我的回答是，那是因為過去的一切都已經被決定了，沒有再現的必要……假設過去可以再現，那麼這個再現的過去，與真正的過去將有微妙的不同，事實上不再是過去。同樣地，如果未來嚴密地被現在這個時間點所決定，我們就沒有必要再刻意去嘗試任何事情了。正因為**不做做看就不會知道發生什麼**事，所以時間才會前進。因此在這個脈絡下，所謂時間就是非決定性的別名。[14]（強調標記來自小坂井）

在數學的領域，即使某個定理被證明的瞬間是歷史上具體的一個時間點，但是以邏輯上來說，該定理從一開始就包含在公理之中，否則是無法演繹得出的。因為所謂的演繹，就是明白指出必然會到達的途徑。假使歷史也遵循同樣的邏輯結構，那麼世界從一開始就被決定好了。一旦將時間排除在生物的成長進化與歷史的理解形式之外，世界將失去意義。

如果歷史不是初期條件的自我發展，那麼切斷既定條件的可能性將從何而來？通常人們提出的答案是人類的自由。但是這種解決方式是不可行的。

12 原註：池田清彥『生命の形式　同一性と時間』哲学書房、二〇〇二年，第九頁。
13 原註：同前書，一二四頁。
14 原註：同前書，二〇九頁。

社會科學已經實際證明，人並非自主的存在；人總是受到他者與社會環境的影響。當然，人的行動不是只由社會狀況決定；一個人的人格也會左右他的行為。但如果要追根究底，人格這個內在的因素，也是因為來自父母的遺傳特質、家庭教育與學校等等社會影響的作用而形成的。結果，我們都是外來要素的沉澱物。我只不過是一個受精卵。父親與母親肉體的一部分結合成為受精卵，再加上來自外界的物質與資訊，所形成的就是我。因此，如果持續分析我所採取的判斷與行動，最終其原因將穿透「我」而在外部煙消雲散。

而且，行為與判斷也不是自由意志的結果。大腦生理學的研究顯示（請參閱第四章），大腦所發出的無意識的訊號，讓「意志」與行為同時形成。因為「意志」的產生，比發現自己的行為早了一點點，所以我們感覺自己是有意識地決定自己的行為。但那是錯覺。意志不是行為的出發點，而只不過是無意識地產生的認知過程中的一個到達點。也就是說，如果我們所理解的自由，指的是脫離決定論的法則，那麼這樣的自由是不存在的。[15]

不論什麼樣的事件，都必然有其原因。而只要有原因，就有相對應的結果。我們該怎麼想，才能一方面承認因果關係，一方面認為歷史的過程，不只是初期條件的自我發展？

首先讓我們回到進化論。所有的生物都遵循同樣的進化法則；但是，誕生在遠古時代的物種，隨著時間過去而發生改變——這是拉馬克用來說明生物多樣性的想法。相對地，達爾文則否定進化法則的存在；他所立足的認識論立場，是對自然淘汰的脈絡與狀況的依賴。

拉馬克進化論的基本構想，是笛卡兒的機械……拉馬克的進化論，認為有一種稱為「統一法則」的同一性存在……達爾文進化論的基本構想與拉馬克完全不同。達爾文認為，沒有一種可以適用於所有生物的發展法則……達爾文將與牛頓力學同樣類型的統一、普遍的同一性，排除在自己的進化理論之外。達爾文主張，進化的要因並非同一性，而是取決於狀況、取決於脈絡的事件……某種特徵（性狀）是否適於生存，並不是由該特徵本身決定，而是取決於狀況。同樣的特徵在某種狀況下有利，在另一種狀況下則可能是不利的。並沒有一種決定論式的法則，可以決定有利或不利。自然選擇（天擇）的要旨就在這裡……生物之所以逐漸向高等演變，並不是因為生物的內在有什麼可以擴大秩序的法則，而只是自然的選擇剛好呈現這樣的結果而已。[16]

15 原註：關於自由與決定論的關係，以及利貝特（Libet）實驗更詳細的解釋，請參閱拙著『責任という虚構』第四章。

16 原註：池田，前引書，一二九～一三二頁。

達爾文最大的功績，就是指出世界的變遷沒有內在的理由。歷史既沒有目的，也沒有根據。

未來的不可預測性

資訊理論將「偶然」定義為「沒有多餘」的狀態。資訊一般包含重複，因此我們可以透過某種演算法或法則來縮小資訊量；而不可能這麼做的狀態，則稱為「偶然」。「偶然」表示資訊本身就是它最單純的表現形態。讓我們思考一下數字的排列。如果數列有所重複，我們就可以將它還原為某種規則性——比如每次加上k，或是乘以加速度α——來減少資訊量。但是，隨機的數列不包含重複。因此，在所有的數字清楚排列出來之前，我們無法預測整體的樣貌。

經過一段時間後，系統到達某種狀態。如果從現在向過去回溯，我們可以明確指出系統變遷所經過的途徑。因此看起來，彷彿現在的狀態從一開始就決定了。但是，如果這條變遷的途徑無法還原為某種法則，那麼走到目前狀態的途徑，其資訊量是無法縮小的。也就是說，要知道現在發生的現象，除了等待旅程實際上走到現在、這裡，沒有更快的方法。

決定論與未來的不可預測性之間，並沒有矛盾。任何現象、事件，都有其原因。但那並不表示未來是可以預測的。讓我們進行一個思考實驗。[17]假設有某個箱子裡，裝著黑色與白色各一顆珠子。閉著眼睛從裡面取出一顆珠子後，不管是什麼顏色，都再加上一顆同色的珠子，一起放回去。如果我們剛剛拿出來的是黑色的珠子，那麼現在箱子裡就會有兩顆黑色的珠子與一顆白色的珠子。我們重複做同樣的動作。因為最初只有兩顆珠子，光是加入一顆黑色珠子，就會使箱子裡黑色珠子的比例從百分之五十提高到百分之六十六・七，產生很大的變化。但是，對於本來就已經裝著一百顆珠子的箱子來說，就算追加一顆新的珠子，整體的狀況幾乎不會有什麼改變。隨著作業持續進行，對於箱子裡原本就有的黑色珠子與白色珠子的比例來說，新加入的資訊（珠子）的相對重要性會遞減。雖然這樣的實驗經過相當的單純化，但我們不妨將它視為人類或社會所累積的記憶的轉變過程——也就是歷史變遷——的模型。

隨著實驗的進行，黑色珠子與白色珠子的比例會收斂成某個特定的數值（attractor，吸引子）。這時候看起來，就好像世界的秩序從一開始就決定了；箱子裡的世界朝著「真理」完成其進展。但是，一旦我們回到黑色珠子與白色珠子只有各一顆的狀態，重新做一次實驗，這次黑色珠子與白色珠子的比例，將收斂為與前一次實驗不同的數值。

17原註：J.-P. Dupuy, “Mimésis et morphogénèse”, in M. Deguy & J.-P. Dupuy (Eds.), *René Girard et le problème du Mal*, Grasset, 1982, p. 275-276.

珠子的比例還是會收斂到某個定點，系統將得到安定，以這一點來說，兩次的實驗是一樣的。但是，箱中的世界所朝向的真理是不同的。最後將收斂為什麼樣的數值？這一點沒有任何人能預先知道。在歷史實際開展之前，誰也不知道會出現什麼樣的世界。但即使如此，真理仍然顯露。就算我們的世界只能呈現一個真理，但如果歷史可以回到初期的狀態重來一次，應該會出現不同的真理吧！歷史無法重來。正因為如此，我們才能得到真理。真理、偶然、一次性、超越、意義——結果指的都是同一件事。

歷史只有透過實際發生的事情，才能顯示其樣貌。因為，就像我們先前在談論異化概念時所說的（第三章〈社會的自主運作〉），社會脫離人的控制而自主運作。我們在無意識中，受到集體現象的拘束。但是，那並非佛洛伊德或榮格所說的、位於意識底層的無意識。人的意識之所以無法駕馭集體現象，並不是因為集體現象是由潛藏在每個人精神底部的無意識所形成，而是因為構成系統的資訊分散在系統全體各處，沒有一個集中管轄的處所——就像網路上的討論平台一樣。

虛構所創造出的現實

社會上自然發生的虛構，將科學的決定論的方法與人類主觀的世界意象，聯結在一起。

就像第三章提到過的恐慌的例子——即使沒有任何根據，集體現象一旦啟動，就會脫離當事者的意志而自行運動。產生並維持社會現象的機制，無法用從原因到結果的線型關係來理解。社會內部的衝突或波動，因為接受彼此的正向回饋而擴大，形成自我指涉的循環關係，產生不動點（吸引子）。社會系統中必然存在的、隨意的小波動，因為某些契機而累積成為具有特定方向的運動。交換、市場、流行、謠言等等現象的機制，都是如此。

從外觀看起來，社會的成員總是被吸引向某些定點。但實際上，那樣的定點並非從一開始就存在。這些定點是因為人們的相互影響而產生的；可是一旦形成以後，人們會產生錯覺，覺得彷彿它原本就存在，是我們必須到達的真理。並非因為某件事是真理，所以我們贊同。並非因為某個行為是善舉，所以我們讚揚；或者某件事物很美，所以我們喜愛。事實正好相反。因為是相互作用所沉澱出來的結果，所以產生同意，顯現為真理。並非因為一件行為是惡行，所以受到我們譴責；而是我們將我們所譴責的行為稱為惡。同樣地，一個人並不是因為美，而被稱為美人。不論我們如何觀察她的臉孔，也找不到任何美的根據。我們透過社會性的過程感知為美麗的人，被視為擁有美貌。真、善、美的登場，是共同體成員之間的相互作用所導演出來的戲碼。

這就是我們先前所說的，「預言的自我實現」的機制（請參閱第三章〈捏造的現實〉一節）。偶然的事件開始循環運動之後，形成吸引子。微小的波動，可以對未來造成巨大的影響。讓我們想像這樣的情景。假設兩個人相遇，互相產生好感。男方下定決心，寫了一封信表示「希望能再見面」。但是因為郵局的過失，這封信在寄送過程中遺失了。遲遲等不到回信的男方，認定女方一定是不喜歡自己；後來又有機會相遇的時候，躲躲閃閃地避開她。而從第一次相會就對男方萌生愛意的女方，對他冷淡的舉止極為失望。從此，自尊心受到傷害的她開始厭惡男方，兩人開始互相為敵。一段戀情就此胎死腹中。

齊美爾（Georg Simmel）區別「無限追溯的理解」與「循環推理」兩種認知形式。為了證明某個命題，必須提示其根據。但是要證明該根據的正確性，又需要另外的根據。因此，論證將無限地追溯下去。不過齊美爾主張，還有另外一種與「無限追溯的理解」不同的認知形式。

> 我們在證明某個原理的時候，會找出它的根據，接著又進一步找出支持該根據的根據，持續重複同樣的方法。眾所皆知，只要我們假設有待證明的、最初提出的原理是正確的，那麼接下來的一連串證明都是可能的。從演繹的角度來看，它們確實是循環論證，內容空無一物。但若是以整體的角度來觀察我們的知識，就會發現到處充滿了這樣的認知形式。數量龐大的前提無限地重疊，彼此的界線模糊不清，而知識就以這個方式累積。命題A由命題B證明，命題B則由其他的命題C、D、

> E……證明，而一連串論證的最後，只能由命題A來證明。但我們不需要排除這種論證方式的可能性。**只要連鎖論證的長度夠長，讓我們意識不到它又循環回到出發點的事實就好**。[18]（強調標記來自小坂井）

虛構成立的同時，它的機制就遭到隱蔽。齊美爾的循環推理、預言的自我實現，以及比馬龍現象（Pygmalion）的機制，解開了「根據如何從無根據中產生」的謎。社會內部的波動與衝突，本身並沒有意義；但是它不斷累積，形成自我指涉的系統。這樣的認識論帶給我們讓人類世界具有意義的可能性。

我們要如何解釋安定結構與不斷變動的共存？——這是長期以來結構主義所受到的批判。在系統——比如貨幣經濟或語言等等——已經成立之後，我們可以從中找出結構與功能；但形成系統的過程本身，是找不到邏輯或法則的。

人類剛誕生到地球的時候，語言也好、市場原理也好、宗教也好，都是不存在的。它們是隨著時間逐步形成的。我們或許可以檢證社會系統具體的成立過程，但是要從中找出法則，邏輯上是不可能的。因為，世界的成立，是一種自我指涉的系統在形成吸引

18 原註：G. Simmel, *Philosophie des Geldes*, Duncker & Humbolt, 1977 (tr. fr., *Philosophie de l'argent*, PUF, 1987, p. 90).

子的同時、朝著吸引子收斂的運動，並沒有任何內在的根據。雖然是從無根據出發，秩序卻如是誕生。

貨幣與贈與

共同體成員的相互作用所產生的吸引子沉澱為「外部」，為社會秩序提供了根據。讓我們以貨幣與贈與為例，探討「外部」的虛構性。

貨幣的通行，並沒有任何邏輯上的保證。貨幣之所以能發揮功能，只是因為交易雙方都預測「他者願意拿我想要的事物，來交換我販賣商品或勞動力所得的貨幣」而已。假設我們走進咖啡廳點了一杯咖啡，如果喝完之後，我們說了一句「謝謝！明天我會帶一顆蘋果來致謝」，就走出店門，店員會怎麼反應？不認識的客人所做的承諾，店員不可能相信。對咖啡店的經營者來說，與其承擔被喝霸王咖啡的風險，還不如當場收取咖啡的費用，自己拿那筆錢去買蘋果還比較好。更何況說不定比起蘋果，他更想去熟識的酒店喝一杯。但是這些心裡的盤算之所以有用，是因為我們相信水果行或酒店的老闆，願意接受這些由中央銀行印刷出來的紙片。但不管我們仔細盯著這些紙片看多久，也不會找到它能夠生出蘋果或酒的魔法力量在哪裡。貨幣本身沒有任何價值。如果只有點咖啡的客人與咖啡廳老闆兩個人存在，他們之間是無法經由貨幣交換的。必須透過水果行、酒店老闆，或是其他商品提供者等等第三者的媒介，貨幣制度才能成立。賣掉商品、收到貨幣的人，就像玩撲克的抽鬼牌一樣，又把貨幣交到下一個人手上。收到貨幣的人交付某種商品，作為代價。貨幣就像鬼牌，拿到的人又交給其他的人，交換某種有價值的事物。在市場經濟裡，貨幣扮演的是使商品得以交換的媒介功能。作為物品，貨幣是沒有任何價值的。儘管如此，正因為相信貨幣具有內在價值，我們才可能交換商品與勞動力。反過來，「可以交換」的事實又使我們產生貨幣具有價值的幻覺，於是形成循環。[19]

貨幣這個「媒介項＝虛構」，讓人類的相互關係物象化；在贈與的現象中，也可以找到同樣型態的機制。接受禮物的人，自己也必須致贈回禮，否則的話將會切斷共同體內部贈與的連鎖。但如果在送禮的時候，就知道一定會收到回禮，那麼這樣的行為並不是真正的贈與。如果送禮的時候期待最終會收到等價的回禮，那只不過是交換而已，因此這樣的行為不應該被稱為「贈與」。如果是真心且自發的贈與，不可以期待對方的等價回禮。但如果沒有任何回饋的行為，贈與無法成為一種社會制度。這樣的矛盾要如何解開？

19原註：岩井克人『貨幣論』筑摩書房、一九九三年。

法國文化人類學家馬塞爾．莫斯試圖透過紐西蘭毛利族人所信仰的靈「哈冗」（hau），來解釋「收受禮物的一方一定要致贈回禮」這樣的社會制度。哈冗會附著在禮物上，讓收到禮物的人產生虧欠感，而非得用回禮將哈冗送回原來的地方（最初送禮的人）不可。因為這樣的信仰，原本應該是矛盾的現象得以維持。

但是，結構主義者李維史陀批判這樣的解釋。他認為，原住民因為將交換型態物象化而產生錯覺，而哈冗只不過是這錯覺的產物。交換是更為本質性的社會現象；禮物的贈送、收受、回禮這三種個別的行為，只不過是交換的部分面向而已。只有將制度整體視為一個系統來思考，才能夠理解交換；不論如何將部分的個別現象綜合起來，也不會形成整體的系統。莫斯錯就錯在於不從交換制度本身出發，而是從反方向思考。因為莫斯試圖將個人之間零散的現象重新組合成整體系統，所以才需要事後追加哈冗之類的、虛構的存在。[20]

哈冗與交換制度形成循環的因果關係，彼此是對方的原因——如果我們理解這樣的可能性，就沒有必要在莫斯與李維史陀的解釋中二選一。共同體成員的相互作用形成「哈冗」這種虛構，而因為哈冗的存在，贈與的制度才能發揮功能；而這樣的交換現象，又持續捏造哈冗的存在。[21]

「送禮的時候不期待回饋」與「收到禮物一定要回禮」這兩個訊息之所以看起來互相矛盾，是因為人們的誤解，以為兩個訊息都發自送禮的人。期待收到回禮的贈與只不過是偽善，而不期待回禮的純粹贈與無法持續——這個長久以來不斷有人指出的矛盾，可以透過引進「哈兀」這個第三項而解除。

「收到禮物必須回禮」這個命令依然持續發揮功能。但是在贈與的制度裡，這個訊息並沒有被視為來自送禮者，而是被表述為脫離當事者存在的、哈兀的命令。並不是相互矛盾的兩個訊息共存，而是兩個不同內容的訊息，來自兩個不同的資訊來源。「請接受禮物」這個慷慨的訊息發自贈與者，「對送禮者心懷感謝！回贈他別的禮物！」這個命令則來自哈兀。因為哈兀被表述為脫離當事者的存在，讓贈與的連鎖得以繼續。[22]

如同李維史陀所說，哈兀是原住民幻覺的產物。但是由於這個第三項的存在，贈與者與受贈者之間產生了距離。透過這虛構的媒介，共同體的紐帶得以維繫。

20 原註：C. Lévi-Strauss, "Introduction à l'œuvre de Marcel Mauss", *in* M. Mauss, *Sociologie et anthropologie*, PUF, 1983 (première édition: 1950), p. XXXVIII, XLIV.
21 原註：M. R. Anspach, *A charge de revanche*, Seuil, 2002, p. 43-45.
22 原註：*Ibid.*, p. 35-36.

意義是一種過剩

合理性與意義無法相容。在合理的世界裡，意義是多餘的。

什麼是合理的人際關係？在具有清楚規則的關係裡，當事者的任何一方都不會產生精神性的債務。先前我們說過，契約是一種社會機制，讓數個個人之間得以在盡可能排除人際關係的狀況下，交換必要的物資、勞動力與資訊（請參閱第五章〈什麼是契約？〉一節）。市場也是如此。權利義務都有明確規定的合理社會關係，以及市場經濟所創造出的純粹交換關係，結果是讓人與人之間沒有關係。岩井克人這麼說[23]：

> 在這裡，「貨幣」是物品這件事，具有非常大的意義。如果所有的人都相信，被當成貨幣使用的物品具有價值，那麼貨幣的交換中，就不需要人與人之間的「信用」。平常我們所說的「信用關係」，必定有人與人之間的信賴、對對方的同理心與同情，以及社會的公正觀念與正義感介入其中……相對地，在以貨幣交流的場合，只要我們相信「貨幣」這個物品具有價值，只要有這種「信任」，就算人和其他人之間沒有直接的信用關係，交換與溝通還是可能成立。

意義是多餘的。意義來自破壞邏輯的行為。

復仇是遵循因果律的「合理」現象。當家人或朋友遭到殺害，我們為了復仇而殺死犯人。一旦這麼做，被殺死的犯人的家人又會再殺回來。這種殺戮的連鎖可以無止境地繼續下去。幫派與黑手黨的鬥爭，以色列與巴勒斯坦的戰爭，都是同樣的邏輯。大家都說，衝突是對方先挑起的，我們只是復仇而已。在這裡的因果關係，是對過去已經發生的殺人事件的反應，是會不斷產生相同行為的連鎖現象。我們不希望朋友被殺害；如果時光可以倒流，我們希望這事不會發生。但事到如今，死去的友人已經不可能復活。所以，我們用殺死犯人來復仇。集團之間損益表的赤字可以消除，帳目可以結清，世界又回到起點。這樣的機制從它的邏輯本身產生循環運動，復仇的戲碼無止境地上演。如果沒有某些來自外部的契機打斷這樣的系統，復仇將會是安定而持續的運動。

與復仇不同，贈與是無視於邏輯的行為。以相互行為的持續循環這一點來說，復仇與贈與是一樣的。但是，兩者注目的時間流向，方向是相反的。受贈的一方致贈回禮的行為，並不是對已經確定發生的過去的事實做出反應。如果是反應過去的事實，那就只是單純的交換。讓我們想想最初的贈與行為吧。送禮者不期待任何回禮就送出禮物，將自己投身不確定的未來，將賭注押在信賴上。

23 原註：岩井克人『資本主義を語る』ちくま学芸文庫、一九九七年，一四四頁。

寬恕與信賴一樣，都是放眼未來。原諒過去的罪行，是為了向未來出發。如果所有的負債都已清算完畢，那就不需要原諒加害者，因為收支都已結清。寬恕的行為，是在受害者所受到的損害尚未完全恢復的情況下，就將一切回歸白紙，締結新的關係。現在不管做什麼，遭到殺害的家人也不會回來了。不論收到多少賠償金，受到傷害的身體、那段不幸的時光，也不會恢復。

但是，透過寬恕這種象徵性的行為，將債務一筆勾銷，受害者與加害者有可能重新建立關係。也就是說，寬恕代表受害者放棄他的正當權利，放棄他應該享有的、正義的實現。寬恕是打破契約邏輯的不合理行為。寬恕在英文裡是forgive，在法文裡是pardonner，兩個單字都包含贈與的概念在內。原本不需要給予、或是無法給予的東西，人反而刻意「經由（par）給予（donner）」而原諒某件罪行。「為了（for）」再一次「給予（give）」罪人一起活在這世上的機會，而寬恕。

如果世界的進行一切合乎理性，時間將會消失。意義是因為偏離合理性而產生的。在歷史實際開展之前，誰也不知道會發生什麼事。正因為如此，時間與意義才能從法則性的縫隙中滲漏出來。因為有虛構，人才可能經營人生。

命題的正確性，是透過比對過去所訂定的根據來判斷的。舉例來說，保證「1＋1＝2」這個算式正確的根據，在於由公理、定理構成的數學體系；而「不可殺人」這個戒律妥當性，則來自我們所說的普遍價值。而數學體系也好，普遍價值也好，都是我們將它定位在過去的真理。換句話說，不論我們稱之為神、自然，或是柏拉圖的理型，我們認為世界的整體結構，在一個一個具體現象成立之前就已存在。某個命題之所以正確，是因為它符合先驗（a priori）的真理。我的人生有沒有意義？我的人生態度是不是錯的？我是不是白活了？當我們問這些問題的時候，暗地裡已經假設有某種根據，獨立存在於我們的外部。

但是，從這樣的邏輯結構不會產生新的意義。在這樣的想法裡，所有的意義在世界成立的時候就已經被賦予了；留給人類的可能性，就只有發現真理、靠近真理而已。但是本書否認這種先驗的整體結構存在；本書主張，意義是在歷史中形成的，是人類相互作用的結果。意義的根據不在過去。世界的結構與真理是在歷史中被創造出來的，而且不斷地變遷，並沒有任何規範變遷的法則存在。不論現在或未來，都無法還原為過去。

虛構與意義

虛構為什麼不會消失？大腦生理學的實驗與心理學的研究都顯示，思考或感覺在我們的大腦內發生的時候，已經有虛構介入其中。正因為有各式各樣的錯覺，知覺才可能形成（請參閱第四章〈腦是製造虛構的裝置〉一節）。也就是說，形成虛構的功能原本就交織在精神活動的基本過程中；沒有虛構，人無法生存。讓我們回想一下奧立佛・薩克斯（Oliver Sacks, 1033-2015）的患者看到玫瑰花時的反應（請參閱第四章〈意識是編撰而成的故事〉一節）。當我們獲得確信的時候，有某種超越資料累積與合理判斷的事物發生。而填補這個「質的跳躍」的，就是虛構。從理性到信仰的跳躍，就在這裡。

就像我們在貨幣與贈與的機能中看到的，集體現象必然有虛構介於其中。而正因為有虛構的存在，個人心理現象與社會制度之間能形成循環結構，系統得以安定。從微觀的大腦機制，到宏觀的歷史社會現象，虛構與現實都交織在一起，密不可分。

道德與正義也是虛構的產物。即使是哲學家無法判斷的難題，我們這些門外漢卻可以簡單地找到答案，那是因為並沒有任何貫通歷史與文化的根據。因為，普遍的真理並不存在。

讓我們舉出政治哲學領域經常討論的有名的例子吧！鐵軌上有幾個人沒注意到火車來了，還繼續在施工。火車的煞車故障了，如果就這樣開過去，正在施工的五個人會被撞死。站務員發現了這個危急的狀況。如果他操作轉轍器，改變火車進行的方向，在另一條路線上跟工程有關的另一個人一定會被撞死。站務員該怎麼做？為了救五個人而犧牲一個人嗎？還是放著不管，讓那五個人死去？

讓我們比較一下另一個狀況。有五位患者正處於生死邊緣。唯有進行移植手術，才能夠救他們的性命。其中兩位患者需要移植肺，另外有兩人需要腎臟，剩下的一人如果不進行心臟移植，就會死去。這時候醫院來了一位健康的男性，醫生偶然看到他的血液檢查報告，發現他與前述五位患者的血清型皆可配對，適合擔任貢獻者。如果殺死這位健康的男性，取出他的臟器，將可以救活五位患者。醫生該怎麼做？這個情況，與上述操作轉轍器殺死一人以救活五人的事例，有什麼不同？哲學家們提出許多解答。但是甚至在這些專家之間，也沒有一致的看法。[24]

不僅如此。假設哲學家發現了「真理」，也無法保證我們能夠接受。威廉・史泰隆（William Clark Styron Jr., 1925-2006）的小說《蘇菲亞的選擇》（*Sophie's Choice*）中，出現了令人震撼的場面。[25]那是發生在奧斯威辛集中營的事。蘇菲亞帶著一男一女兩個孩子，在集中營前等待著被分類。這時候偶然從她身旁走過的納粹軍醫，對她提出一個可怕的提議：「如果只有一個，我可以救妳的孩子。妳自己選一個吧！」一開始，蘇菲亞拒絕了這個難以接受的提議。但是，當她聽到軍醫跟部下說：「算了，把兩個都送進去」，突然像發狂一樣地尖叫：「請帶走我的女兒吧！」於是她為了救兒子一命，犧牲

24 原註：P. Foot, "Killing and Letting Die", *in* J. Garfield (Ed.), *Abortion: Moral and Legal Perspectives*, University of Massachusetts Press, 1985, p. 177-185; J. Rachels, "Killing and Starving to Death", Philosophy, 1979, *54* [tr. Fr., "Tuer et laisser mourir de faim", *in* M. Neuberg (Ed.), *La responsabilité. Questions philosophiques*, PUF, 1997, p. 195-214]; J. J. Thomson, "The Trolley Problem", *Yale Law Journal*, 1985, 94 [tr. fr., "Le problème de tramway", in M. Neuberg (Ed.), ibid., p. 171-1940].

25 原註：W. Styron, *Sophie's Choice*, Vintage, 2000 [first edition, 1979], p. 594-595.

了女兒。

那個時候，蘇菲亞究竟該怎麼做？當時的狀況下，她只有兩種可能性。一是犧牲其中任何一個孩子，保住另一個孩子的命。另一種可能是拒絕選擇，讓兩個孩子都被送進毒氣室。蘇菲亞做了選擇，救了一個孩子。比起兩個孩子都被殺死，至少救回一個，是合乎理性的做法。但是，當事人沒辦法這麼想。終其一生，蘇菲亞都受到良心嚴厲的譴責。

納粹德國投降的時候，有一萬人以上的法國人被視為「納粹德國協力者」，未經審判就遭到處決。當時抵抗運動的領導人，明明知道這一萬多人之中很可能有些人是無辜的，但還是批准了處決。因為他們擔心如果不讓民眾這麼做的話，全國各地將會掀起復仇與內戰的狂潮，將會造成更多的犧牲者。蘇菲亞面對的狀況是，既然一定會被殺死，不如減少死亡人數；上述的狀況則表示，為了不要造成更多的犧牲者，而殺死與事件無關的人。這些問題，有可能找到合理的答案嗎？[26]

不要說我舉出的都是特殊、極端的例子。不論是墮胎、腦死、器官移植、複製人、安樂死、死刑制度……對這些議題的任何一項來說，合理的根據都是不存在的。我們當然應該盡我們所能地討論各種想得到的因素。但是，不管我們如何追根究底，也不會找到終極的根據。「對現在、活在這裡的我們來說，這個答案看起來是正確的」——人類所能獲得的確實性，頂多只到這裡。不論我們是否願意，我們的判斷基準一定會受到歷史、文化、社會條件的束縛。並非因為道德與規範是正確的，所以人們遵守；只是因為道德與規範是生活在共同體內的人們相互作用的沉澱物，所以人們形容它們是正確的而已。道德與規範背後的世界觀，先於邏輯而存在。倫理判斷並非合理的行為，而是一種信仰。正因為如此，道德與社會規範具有強大的力量。[27]柏格森曾經用「造神的機器」這樣一句話[28]，來形容人類的社會。涂爾幹這麼說：

> 康德以神的存在為前提。因為如果不假設神的存在，道德是無法理解的。而我們的前提則是「社會與個人是不同的存在」。因為如果沒有這個前提，道德將失去根據，義務將失去連結的目標……在現實世界中，我只找到一種主體，比我們具有更豐富、更複雜的道德實在性，那就是群體。不……說不定我錯了。還有一種主體

26原註：J.-P. Dupuy, "Rationalité", in M. Canto-Sperber (Ed.), *Dictionnaire d'éthique et de philosophie morale*, PUF, 2001, p. 1332-1338.

27原註：對於責任、犯罪、正義、審判等等問題，以下幾本書有更詳細的探討：拙著『責任という虚構』（東京大学出版会、二〇〇八年）、『人が人を裁くということ』（岩波新書、二〇一一年）、拙論「近代という物語　人の絆は合理的に構築できるか」、宇野重規編『〈政治の発見〉第四巻　つながる——社会的紐帯と政治学』所収、風向社、二〇一〇年、二四四～二七八頁。

28原註：H. Bergson, Les deux sources de la morale et de la religion, PUF, 2003 (première édition: 1932), p. 338.

可以扮演同樣的角色。那就是神……但是，我並不在乎該選擇哪一個。因為**所謂的神並不是別的**，**就是以象徵的方式所理解的社會**，**是改變了裝扮的社會**。[29]（強調標記來自小坂井）

近代是透過神之死而成立的。但即使是近代，也不斷持續創造「外部」，以作為社會秩序的根據。在失去被稱為根據的虛構的世界裡，人將無法生存。

29 原註：E. Durkheim, Sociologie et philosophie, PUF, 1996 [première édition: 1924], p. 74-75.

後記

本書是以二〇〇〇年秋季在法國出版的 *L'Étranger, l'identité. Essai sur l'intégration Culturelle*, Payot & Rivages（義大利文版 *Lo straniero, l'identitá sull'integrazione culturale*, Borla, 2002）為基礎編撰而成的。探討民族概念的第一章與第二章，以及考察虛構與現實之關係的第三章，除了追加幾個註解之外，基本上沿用了法文版的內容。分析記憶的第四章與處理共同體概念及同化問題的第六章，則大幅加筆，也更改了文章的構成方式。至於有關集體責任與社會紐帶的第五章，則是全新撰寫的。

本書觸及了生物學、心理學、社會學、政治哲學等等廣泛的領域。像這樣的跨學科的試論，可以預期將會遭受各界專家嚴厲的批判吧！那也正是所我衷心期盼的。但是，對於試圖解構民族同一性、批判近代理性主義的本書，我希望批判者不要只是為它貼上

「後現代」[1]之類的、無意義的標籤。以既定的框架、規格為思想分類，原本就是無益而空洞的，但不僅如此——對於本書所發展的論述，那樣的理解方式，光是在事實認定方面就犯了錯誤。如果將主張世界的無根據性與任意性的立場，主張關係才是一切根源的立場形容為後現代，那麼不只近代最盛期的休謨、馬克思、韋伯、索緒爾等人所發展出來的思想，就連近代以前就已出現的佛教世界觀，也都必須說是後現代的了。

與其他處理民族問題的這一類書籍不同，作者在寫作這本小書的時候，並不是從「應該建立什麼樣的社會」這種倫理問題出發的。馬克思有一句著名的話：「哲學家們只是用不同的方式解釋世界。重要的是改變世界。」（《關於費爾巴哈的提綱》）但是，我從一開始就沒有這樣的意圖。這本書呈現的只是一名生活在異文化中的少數派，試圖透過民族的議題來理解人類的日常生活是怎麼過，而社會又是怎麼運作。如今回想起來，本書的主張之所以一開始先用法文發表，原因不只是出版實務上的問題而已。儘管聲音微小，但對於包圍在我四周的異文化環境，我有一些話不吐不快。

如果世界是由虛構支撐起來的，那麼我們除了從無根據出發之外，別無他法。般若心經的「色即是空，空即是色」，是大家都知道的一句話。讀者們看到這裡，應該已經知道本書的著力點主要是放在這句話的後半部了吧！世界是由眾多關係交織的網絡所形成的，並沒有所謂的終極本質。但也就是這些交織的關係，創造出堅固的現實。

社會透過相互對抗的勢力的衝突、對立與鬥爭而維持。正義與普遍的價值只不過是社會的走向，並不存在於其他任何地方。而社會的走向，是人類相互作用的結果。但正因為如此，才更需要不斷審視、判斷人類的行為，不是嗎？我們永遠、且絕對不可能知道自己的判斷是否正確。但正因為如此，人與人之間更需要互相溝通與了解。我們不可能找到根據。除了人的主觀認定以外，沒有其他方法可以判定一個命題是否正確。也就是因為這樣，我們必須清楚坦白地讓對方知道我們的理由與推論過程，彼此討論。

人是他律的存在。對人來說，他者是最根本的需求。但是，人總是將這種他律性感知為自己的自主性；這是他唯一的生存之道。從這樣的負面起點出發，要如何轉向積極的意義？找出那條轉換的道路，是本書暗地裡的願望。

從撰寫法文版開始、到本書完稿為止，我受到了許多人的幫助。宇野重規（東京大學）、遠藤克行（法國盧昂大學）、奧立維羅（Philippe Oliviéro，巴黎第五大學）、小林敏明（德國萊比錫大學）、鈴井清巳（廣島修道大學）、高橋哲哉（東京大學）、普拉格諾（Arnaud Plagnol，法國里耳大學／國立學術研究中心）、莫斯可維奇（Serge Moscovici，法國社會科學高等研究院）、村上靖彥（日本大學）、馬戴蘭（Yves Modéran，法國康城大學）、矢田部和彥（巴黎第七大學）、山上浩嗣（關西學院大

1 譯註：本書出現「Modern」一字時，譯者一律翻譯成「近代」。但因為「Post Modern」在台灣翻譯為「後現代」已經行之有年，所以譯者沿用這個大家已經熟悉的譯名。造成譯名的不一致，請讀者見諒。

學）等等諸位，給予我許多富有建設性的批判與建議。

此外，因為池上俊一（東京大學）與岡田啟司（京都大學）兩位的引介，讓我有機會在東京大學教養學部（一九九九年度～二〇〇一年度）以及京都大學綜合人類學部（二〇〇〇年度）擔任密集的課程。對於本書的論述，當時聽講的學生們，給了我許多有意義的批判與意見。

我要特別感謝高橋哲哉先生，將我介紹給東京大學出版會。擔任編輯的羽鳥和芳先生，除了校正的工作之外，還搜尋參考文獻的日文譯本，製作並確認索引，承擔了許多繁瑣的作業。

僅向各位，致上深厚的感謝之意。

二〇〇二年初秋，於巴黎

小坂井敏晶

文庫版後記

如同第一版的〈後記〉所說，本書最初是以法文出版，之後經過大幅加筆，以日文版問世。後來更從法文版翻譯成義大利文，從日文版翻譯成韓文；幸運地，第一章也曾經在台灣翻譯發表。

本書並非對民族紛爭與歧視問題的具體處方，而是一種理論性的、抽象的探討。老實說，一開始我並沒有期待在日朝鮮人或韓國的讀者會注意到這本書。因此，當韓國出版社提議要翻譯出版的時候，我真的非常高興。我問他們為什麼會對本書產生興趣，他們告訴我，到目前為止，只要在韓國談到民族問題，討論的焦點一向是過去日本帝國主義的支配，或是對在日朝鮮人的歧視。但是居住在海外（比如美國）的韓國人，也明顯地有歧視其他外國出身者的傾向。因此他們注意到本書，希望它能成為人們從根本之處重新思考民族問題的題材。

如今我重讀當時的文章，發現許多迂迴的敘述方式，被自己文體的不成熟嚇了一跳。趁著這次發行文庫版的機會，我增添了一些標點符號，讓閱讀能較為流暢，並且刪除了一些多餘的語句。但對於內容本身，除了增加一條篇幅較長的註解以外，沒有進行任何修正。因為，一旦開始修改論述的要旨，事情就會變得無法收拾，到時候只好全部重寫。所以我只訂正了語句的敘述方式。統計的資料也沒有更新，還請讀者們原諒。

我之所以執著於世界的虛構性，並非因為我具有懷疑的態度。我並不是要揭開神祕的面紗——像破解魔術的手法那樣——將世界導向日常性。丸山圭三郎在《生命與過剩》一書中這樣寫道：

> 人類有一種欲望，總是想追求事物的意義，忍不住要一層、一層地揭開現象的面紗。但那並不是為了要發現面紗底下，終極的、絕對存在的真實面孔，而是要讓自己明白「面紗的存在是為了掩蓋一件事實：它底下並沒有任何臉孔」，不是嗎？[1]

生命並沒有意義。我們反覆進行繁殖，到死之前活著，如此而已。我們常說寶貴的生命、生命的尊嚴等等，但生命本身既沒有價值，也沒有尊嚴。想死的人結束自己的生命，這有什麼不對？真正的問題並不在於「破壞生命」這件事，而是在於有些人任意地殺害其他並不想死去的生命。因此，真正想死的時候，隨時都可以去死。

但是，如果有其他的存在會為我們的死感到悲傷，那麼不管我們喜不喜歡，都會在我們心裡激起漣漪。就像我的人生沒有意義一樣，客觀來說，我孩子的生命、我孩子的人生，也是無意義的。但是，他要用自己的存在來做什麼，不是我應該操控的事情；不管是要活下去，或是不想活，都應該由這孩子自己決定。我沒有權利控制他，但是我有養育他的義務。於是聯繫我們與他者之間的紐帶產生了。不允許我過問其存在理由的「外部」出現了，賦予了我生命的意義。不論我願不願意都必須與之建立關係的他者，其存在反過來為我的存在正當化。

作家高橋和巳在《日本的惡靈》一書中寫下這一段話，字字珠璣，直逼虛構的本質：

> 當人開始追求意義，就是他開始墮落、開始失去快樂的時候。理性哲學的登場，說不定就是人類墮落的開端。如果全人類都向宇宙追問自己存在的理由，會發生什麼事？除了全人類安安靜靜、或者激烈地自殺，不會有別的。
>
> 不……說不定不是這樣。人之所以建構位階的制度，編造命令的系譜，制定服從的規範與造反的罰則，說不定就是為了避開向虛空探問自己存在意義的危險。就為了上級賦予我們的意義，就只是為了這樣一件事，人甚至願意犧牲自己的性命，

1 原註：丸山圭三郎『生命と過剰』河出書房新社、一九八七年，五八頁。

不是嗎？「你做得很好」——人期待聽到這句話，像神的聲音，像閃電雷鳴般震天價響；希望被這樣的話語，賦予自己存在的意義。而這種被賦予的意義的頂點，有什麼東西在那裡？恐怕就像猴子剝蕗蕎一樣，一層一層剝下去，再怎麼剝也看不到核心，只有微小卻巨大的空虛而已。那只不過是人們伸長了手的祈禱，希望那裡不是空無一物。[2]

不論是道德或真理，都沒有根據。[3]儘管如此，人如果感覺不到不可動搖的根據存在，就無法生活下去。作為根據的虛構，其任意性與虛構性在形成的時候就遭到隱蔽。主體、自由、平等、正義、責任、犯罪、罪、罰、時間、過去、歷史、幸福、愛、信賴、苦惱、死、老……這些全部都是由虛構支撐起來的現象，卻也是形成人類生存基礎的事件。就像海市蜃樓，我們一靠近，它就逃開；以為捉住它的瞬間，就在手中消失。不過，儘管知道它只不過是幻影，我還是會繼續追逐、尋找虛構的樣貌吧！

本書發行文庫版的時候，從提供這個機會到實際的編輯工作，受到筑摩書房北村善洋先生全面的幫助。校閱時需要訂正的量超出預期導致截稿日期延後，數量龐大的修正點需要一一確認，還要追記引用文獻的日譯本……，我為他帶來許多麻煩。還有東京大學出版會的後藤健介先生，盡心盡力地為我爭取編輯部同意文庫版的發行。對於兩位的理解與幫助，我衷心感謝。

於巴黎
小坂井敏晶

2原註：高橋和巳『日本の悪霊』新潮文庫、一九八〇年，四四三頁。

3原註：拙著『責任という虚構』（東京大学出版会、二〇〇八年）中，曾經探討這一點。特別是第六章。

心靈工坊 PsyGarden
PsychoHistory 016

民族的虛構：建立在想像上的集體認同，如何成為現實的族群矛盾？

L' ÉTRANGER, L' IDENTITÉ. Essai sur l'intégration culturelle

小坂井敏晶 Toshiaki Kozakaï——著　林暉鈞——譯

出版者—心靈工坊文化事業股份有限公司
發行人—王浩威　總編輯—徐嘉俊
執行編輯—趙士尊　封面設計—黃怡婷
內頁排版—龍虎電腦排版股份有限公司
通訊地址—10684 台北市大安區信義路四段 53 巷 8 號 2 樓
郵政劃撥—19546215　戶名—心靈工坊文化事業股份有限公司
電話—02）2702-9186　傳真—02）2702-9286
Email—service@psygarden.com.tw　網址—www.psygarden.com.tw

製版・印刷—彩峰造藝印像股份有限公司
總經銷—大和書報圖書股份有限公司
電話—02）8990-2588　傳真—02）2990-1658
通訊地址—248 新北市新莊區五工五路二號
初版一刷—2024 年 4 月　ISBN—978-986-357-372-2　定價—580 元

●本書譯自日本文庫版『民族という虛構』（筑摩書房，2011）

L'étranger, l'identité. Essai sur l'intégration culturelle / Toshiaki Kozakaï

國家圖書館出版品預行編目(CIP)資料

民族的虛構：建立在想像上的集體認同，如何成為現實的族群矛盾？ L'étranger, l'identité. Essai sur l'intégration culturelle //小坂井敏晶著；林暉鈞譯. -- 初版. -- 臺北市：心靈工坊文化事業股份有限公司, 2024.04
面；　公分. - -（PsychoHistory；16）
譯自：民族という虛構
ISBN 978-986-357-372-2（平裝）

1.CST: 民族　2.CST: 民族認同　3.CST: 多元文化主義　4.CST: 民族主義

535.7　　113004121